Inhalt

Einleitung

„Kinder fragen nach Leid und Gott", heißt ein viel gelesenes Buch von Rainer Oberthür (München 1998), das exemplarisch für zahlreiche andere, ähnliche Veröffentlichungen stehen kann. Danach beschäftigen sich Kinder intensiv mit Gerechtigkeit, Krieg, Leid in der Welt und dabei auch mit der Frage nach Gott. Ein wichtiger Aspekt dabei ist, dass in der Sicht nicht weniger Fachleute der Gottesglaube von Kindern und Jugendlichen schwindet, wenn Gott im Leid nicht hilft – die Theodizeefrage als erste und vielleicht zentrale „Einbruchstelle für den Verlust des Glaubens an Gott" (Karl Ernst Nipkow) bei Heranwachsenden!?

Der Anlass für die vorliegende Studie waren Beobachtungen. Die hier beteiligten Autoren hegten infolge zahlreicher eigener, aber auch mitgeteilter, voneinander unabhängiger Beobachtungen Zweifel, ob die Theodizeefrage heute tatsächlich eine der Haupteinbruchstellen für den Verlust des Glaubens bei Kindern und Jugendlichen sei. Zwar sieht es in der Tat danach aus, dass viele der älteren Theologinnen und Theologen, Pfarrerinnen und Pfarrer sowie Religionslehrkräfte, die vor bzw. bis 1980 Theologie studiert haben, davon ausgehen, dass Kindern und Jugendlichen angesichts von Leiderfahrungen die Frage nach Gott auf der Seele brennt: Warum gibt es Leid, wenn Gott barmherzig und gut ist? Warum lässt Gott Menschen leiden?
   Aber ist es wirklich so? Fragen Kinder und Jugendliche heute so nach Gott oder meinen wir als theologische Fachleute nur, dass sie so fragen? Uns interessiert in vorliegendem Buch, was Gott nach der Auffassung von Heranwachsenden mit dem Leid zu tun hat. Bringen sie bzw. *wie* bringen sie Gott mit dem Leid zusammen? Wer ist Gott im Leid für sie, was kann er tun, was nicht? Diesen Fragen wollten wir uns stellen und sie nach Möglichkeit klären.

9

Dazu erhoben wir die Sicht der Kinder und Jugendlichen von „Gott und dem Leid", suchten sie zu verstehen und zu interpretieren.

Forschungstheoretisch kommen wir damit der Forderung nach dem so genannten Perspektivenwechsel innerhalb der Religionspädagogik nach, bei dem es darum geht, die Eigenlogik der Schülerinnen und Schüler im Hinblick auf ein zu untersuchendes Gegenstandsfeld in den Blick zu bekommen und zu rekonstruieren. Die Ergebnisse wurden von uns in größere religionssoziologische und -kulturelle Zusammenhänge eingeordnet und veranlassten uns zu didaktischen Schlussfolgerungen im Hinblick auf die Beschäftigung mit der Frage der Theodizee im Religionsunterricht.

Wir beginnen unsere Darstellung einleitend mit biographischen Reflexionen über das Leid (I.). Vor diesem Hintergrund fragen wir nach dem philosophischen und theologischen Verständnis der Theodizee. Im Anschluss daran beschäftigen wir uns mit der Forschungs- und Diskussionslage bezüglich der Theodizeefrage innerhalb der Religionspädagogik. Sodann stellen wir unsere eigene empirische Erhebung in Nürnberg und Leipzig vor, die sich zum Ziel gesetzt hatte herauszufinden, welche Bedeutung die Frage der Theodizee für Kinder und Jugendliche hat (II.). Die Ergebnisse dieser Untersuchung ordnen wir in einen größeren religionssoziologischen und religionskulturellen Zusammenhang ein und kommen von da aus zu didaktischen Schlussfolgerungen für den Umgang mit der Theodizeefrage im Religionsunterricht (III.).

Am Zustandekommen der vorliegenden Studie waren viele beteiligt, denen wir an dieser Stelle ausdrücklich danken wollen. Dies sind

- die Schülerinnen und Schüler an den Evangelischen Schulzentren in Nürnberg und Leipzig, die sich bereit erklärten, an der Untersuchung teilzunehmen,
- die früheren und jetzigen Lehrstuhlmitarbeiterinnen Dr. Renate Hofmann, Kerstin Czaniera M.A., Kathrin Tauscher, Michaela Albrecht, Annegrit Wenzelmann und Jas-

min Nestler, die uns bei der Datenerhebung und -auswertung geholfen haben,
- die studentischen Hilfskräfte, die die Erstellung der Transkripte besorgten und teilweise die Interpretationsergebnisse überprüften,
- die Evang.-Luth. Landeskirche in Bayern, die uns bei der Durchführung der Forschungskolloquien finanziell unterstützte.

Schließlich danken wir für namhafte Druckkostenzuschüsse der Evang.-Luth. Landeskirche in Bayern sowie der VELKD.

Bayreuth/Leipzig im Mai 2006

Werner H. Ritter, Helmut Hanisch,
Erich Nestler, Christoph Gramzow

11

1 | *Die Anfänge – (M)ein Weg*

Aus der Rückschau betrachtet reichen die Anfänge dieses Buches und des Projektes, von dem hier zu berichten ist, weit zurück in die Lebens- und Berufsgeschichte aller mitwirkenden Autoren. Wir haben uns für dieses gemeinsame Projekt zusammengefunden, weil das Thema „Leid und Gott" für uns alle von berufsbiographischer Bedeutung ist. Und obwohl jeder von uns seine eigene Geschichte der Auseinandersetzung mit diesem Thema hat, wollten wir uns im Rahmen dieses Buches dennoch auf eine einzelne einführende Stimme beschränken. Da mir[1] diese Aufgabe zugefallen ist, möchte ich im Folgenden die Relevanz, die der Themenkomplex Gott und das Leid für mich hatte und hat, exemplarisch entlang meiner persönlichen wie beruflichen Entwicklung skizzieren.

1. Eine Frage, die umtreibt

Spätestens seit meinem *2. Studiensemester der Evangelischen Theologie* – das waren die Jahre 1968/69 – treibt mich die Theodizeefrage um – und zwar derart, dass ich damals kurz davor stand, mein Theologiestudium abzubrechen, weil mir das mit Gott und dem Leid im Kopf nicht zusammengehen wollte. Neben der Hiob-Erzählung, in der Hiob rebellisch und wider die frömmelnd-richtigen Antworten seiner Freunde die Sinnlosigkeit seines Leidens vor Gott einklagt, haben mich in dieser Zeit vor allem Dostojewskis „Die Brü-

---

1 W. H. Ritter.

der Karamasoff" und Albert Camus' „Die Pest" sehr beeindruckt: „Ich werde", heißt es bei Camus, „mich bis in den Tod hinein weigern, die Schöpfung zu lieben, in der Kinder gemartert werden."[2]

Auch für mich selbst spitzte sich dieses Thema seit den frühen 80er Jahren des 20. Jahrhunderts berufsbedingt – *als Assistent an einem religionspädagogischen Lehrstuhl* – und privat – als *Familienvater* – noch einmal mit dem Blick auf Kinder und Jugendliche zu: Warum müssen ausgerechnet „unschuldige" Kinder leiden? Meine damals kleine Tochter ging infolge einer familiären Krisensituation, die sehr schmerzhaft für sie war, im Verlauf ihres weiteren Lebens immer mehr auf Distanz zum christlichen Glauben bzw. zu Gott. Wo sie – mittlerweile selbst Mutter zweier kleiner Kinder – diesbezüglich heute steht, ist schwer zu beurteilen – es gibt Zeichen bleibender Distanz zum Glauben, aber auch Indizien des „Nicht-fertig-Seins" mit Gott (und dem erlebten Leid).

Hier war und bin ich als Vater ganz „praktisch" mit dem Theodizeeproblem und dessen Konsequenzen konfrontiert. Diese Erfahrung bedingte mein „theoretisches" Interesse als Religionspädagoge der Universität sicherlich mit und mündete in folgende Fragestellung: Welche Bedeutung hat es für den Glauben und das Gottesverständnis von Kindern und Heranwachsenden, wenn sie Leiderfahrungen machen – sei es, dass sie selbst vom Leid getroffen werden, oder sei es, dass sie vom Leid und Leiden anderer erfahren und betroffen sind?

In süddeutsch-bayerischen Regionen der 70er und 80er Jahre des 20. Jahrhunderts konnte man immer noch davon ausgehen, dass Kinder und Jugendliche infolge häuslicher religiöser Erziehung und Sozialisation sowie des schulischen Religionsunterrichts von Gottes Liebe, seiner Barmherzigkeit, Gnade und (wahrscheinlich auch) seiner Allmacht einigermaßen überzeugt waren. Wie also wirkte sich das aus, wenn ihnen Leid widerfährt? Es sprach einiges dafür, dass zur damaligen Zeit Kinder und Heranwachsende

---

2 A. Camus, Die Pest, in: ders., Das Frühwerk, Reinbek bei Hamburg 1967, S. 305.

diese traditionell vermittelten Gottesattribute auf eine Weise internalisiert hatten, die es schwer machte, Gott die Schuld am Leid zu geben. Gleichwohl wollte es mir schon damals (gerade auch durch die Erfahrung mit meiner eigenen Tochter) nicht recht einleuchten, dass sich, wie es allgemeine religionspädagogische Ansicht war, generell (alle) Kinder religiös so arrangieren konnten, dass sie diese Spannung zwischen dem Glauben und ihren Erfahrungen aushielten. *Konnten Kinder und Heranwachsende im Glauben an Gottes Barmherzigkeit und Allmacht leidvolle Lebenssituationen einfach hinnehmen – ganz so wie Hiob in der Überzeugung: „Der Herr hat's gegeben, der Herr hat's genommen, der Name des Herrn sei gelobt" (Ijob 1,21)? Das war die Frage!*

2. Ein Impuls von Karl Ernst Nipkow

Zu dieser Zeit bekamen meine Überlegungen durch das Erscheinen eines Buches von *Karl Ernst Nipkow, „Erwachsenwerden ohne Gott?"*[3], einen neuen Impuls. In dieser Veröffentlichung, die thematisch der Bedeutung der Gottesfrage im Lebenslauf von Kindern, Jugendlichen und Erwachsenen unter den veränderten gesellschaftlichen Bedingungen der 70er und 80er Jahre nachging, fanden sich auch Ausführungen zu dem für mich spannenden Thema, wie Kinder und Jugendliche mit der Frage nach Gott und dem Leid umgehen. Nipkow identifizierte hierbei vier „Einbruchstellen für den Verlust des Gottesglaubens"[4], wie sie typischerweise bei Jugendlichen im Alter von 16 bis 20 Jahren zu finden seien. Dabei identifizierte er die Theodizeeproblematik als die gravierendste Belastungsprobe des Glaubens: Für viele Jugendliche „scheint alles von diesem einen Umstand abzuhängen: Entweder hilft Gott, oder nicht, und zwar möglichst konkret im Alltag".[5] Bedeutsam an Nipkows Analyse war für mich, dass er das Theodizeeproblem wie auch die drei weiteren von ihm genannten Prob-

---

3 K. E. Nipkow, Erwachsenwerden ohne Gott? Gotteserfahrung im Lebenslauf, (München 1987) Gütersloh 2000[5].
4 Ders., a. a. O., S. 49.
5 Ders., a. a. O., S. 52.

leme für *typische Ursachen einer Abwendung von Glaube und Gott im Jugendalter hielt, nicht aber im gleichen Maße im Kindesalter*.[6] Kinder erschienen Nipkow zwar durchaus sehr deutlich von dieser Frage betroffen, er konnte aber nicht feststellen, dass sie sich deswegen von Gott verabschiedeten bzw. ihren Glauben aufgaben.

3. Näherung über den Allmachtsbegriff

Seit Mitte der 90er Jahre – das Thema Gott und Leid war nach wie vor in meinem Blickfeld – beschäftigte mich zunehmend die *theologische Vorstellung* der *„Allmacht Gottes"*. Im Rahmen eines Projekts, an dem Bayreuther Kollegen aus der Biblischen (Reinhard Feldmeier) und der Systematischen Theologie (Wolfgang Schoberth) beteiligt waren, wollten wir uns diesem Gottes-Prädikat annähern.[7] Einerseits gehört die Allmachtsvorstellung zum Grundbestand des jüdisch-christlichen Glaubens von alters her bis heute. Andererseits erscheint kaum ein anderes Gottesprädikat so umstritten wie dieses. Offenkundig waren wir mit dieser Anrede aus dem Glaubensbekenntnis und der theologischen Tradition auf ein *Kernproblem gegenwärtiger religiöser Existenz und ein Kernthema gegenwärtiger theologischer Reflexion* gestoßen. Was ist und was meint Allmacht Gottes? Woher kommt dieses Gottesprädikat und was ist seine ursprüngliche Bedeutung? Welche Assoziationen und Vorstellungen verbanden und verbinden Menschen im Alltag und in ihrem gelebten Glauben damit? Und was kann hierzu die wissenschaftliche Theologie begründet und verantwortet sagen? Die „Sache" war zweifellos insofern ambivalent, als *einerseits die Vorstellung und Rede vom „allmächtigen Gott" in herkömmlicher Theologie und Volks- und praktischer Frömmigkeit nach wie vor fest zu Hause waren, die Beibehaltung dieses Attributs andererseits unweigerlich das theologisch wie reli-*

---

6 Vgl. hierzu die ausführlichere Darstellung von Nipkows Erkenntnissen in II.2.

7 Unsere Ergebnisse haben wir zusammengefasst in: W. H. Ritter/R. Feldmeier/W. Schoberth/G. Altner, Der Allmächtige, Göttingen 1997².

gionspädagogisch brisante Theodizeeproblem verschärfte. Wir mussten klären, ob die Vorstellung eines allmächtigen Gottes nicht doch wichtige Dimensionen des Glaubens und der Wirklichkeit erschließen kann, die wir sonst nicht in den Blick bekämen.[8] Dementsprechend waren wir daran interessiert, den *„produktiven (Mehr–)Wert"* dieser Vorstellung herauszuarbeiten und in das theologische Bewusstsein zu heben – gerade auch im Blick auf die damit verbundene Theodizeeproblematik.

Der Exeget Feldmeier formulierte in diesem Zusammenhang drei wesentliche *biblisch-theologisch Einsichten:*[9]

– Das Frühchristentum wollte mit der Rede von der Allmacht Gottes deutlich machen, dass Gott Herr der Schöpfung sei und letztlich seinen Heilswillen in dieser Welt verwirklichen und das Leid überwinden werde.
– Grundlage des Allmachtsgedankens sei „das Vertrauen in den Gott der Bibel"[10], wie es in Bitte, Lobpreis, Klage und Bekenntnis zum Ausdruck komme.
– Das Allmachtsprädikat begegne in der Bibel zwar „eher am Rande", aber „offensichtlich sind es vor allem Situationen der Herausforderung und Bedrängung durch fremde Mächte, die dazu führen, dass nun ... alles Gewicht auf Gottes Möglichkeiten gelegt wird". Zugespitzt formuliert: Gerade in Extremsituationen verdichte sich das Vertrauen auf Gottes Herrschaft „im Bekenntnis zur *All*macht".[11] Gottes Allmacht sei größer als die Macht des Leidens.

Für Schoberth war *systematisch-theologisch* an der Allmachtsbezeichnung entscheidend:[12] Das Bekenntnis zur Allmacht Gottes sei nicht zuerst „eine Beschreibung Gottes, sondern

---

8 Vgl. dazu ausführlicher W. H. Ritter, „Gott, der Allmächtige" im religionspädagogischen Kontext, in: W. H. Ritter u. a., Der Allmächtige, a. a. O., S. 97–151, hier S. 105f.
9 Vgl. R. Feldmeier, Nicht Übermacht noch Impotenz, in: W. H. Ritter u. a., Der Allmächtige, a. a. O., S. 13–42, hier S. 36f.
10 Ders., a. a. O., S. 36.
11 Ders., a. a. O., S. 37.
12 Vgl. W. Schoberth, Gottes Allmacht und das Leiden, in: W. H. Ritter u. a., Der Allmächtige, a. a. O., S. 43–67.

der Einspruch gegen den Augenschein, demzufolge eben nicht Gott, sondern das Leiden und der Tod die Macht in dieser Welt haben". Allmacht Gottes meint dann: „Nicht die Mächte dieser Welt behalten ihre Macht, sondern der Gott, ‚der die Toten lebendig macht und ruft das, was nicht ist, dass es sei' (Röm 4,17)."[13]

Durch Gottes Allmacht erscheint also das Leid in der Welt zeitlich und von seiner Wirkmacht her begrenzt.

Mir selbst ging es darum, wie wir *religionspädagogisch* sinnvoll- und verantwortungsbewusst mit dieser Glaubens- bzw. Gottesvorstellung umgehen können. Dazu stellte ich religionspädagogische Grundsatzüberlegungen an, wie die Vorstellung von Gottes Allmacht konkret mit den Glaubens- und Lebenshorizonten von Kindern und Jugendlichen zu vermitteln sei. Dabei erschien mir zweierlei konstitutiv: Zum einen waren die von den Kollegen herausgearbeiteten objektivierten jüdisch-christlichen *Erfahrungsgehalte zur „Allmacht Gottes" religionspädagogisch zu erschließen.* Das hieß für mich seinerzeit, diese „Spitzenformulierung" vorsichtig und sensibel zu gebrauchen.[14] Sie war als Vertrauens- und Bekenntnisaussage mit ihrem Hoffnungs- und Befreiungspotenzial zu lesen und in ihren verschiedenen Sprachgestalten als Bittgebet, Zuspruch, Lobpreis und Klage wieder zu entdecken. Zum anderen ging es mir um die religionspädagogische Erkundung der subjektiven *alltags- und lebensweltlichen Bezüge* sowie der *entwicklungsbedingten Verstehensmöglichkeiten* von Macht bzw. (All-)Macht Gottes, wie sie sich bei Kindern und Jugendlichen feststellen ließen und so das Thema religionspädagogisch mit konstituierten. Nachdem die Religionspädagogik der 80er Jahre des 20. Jahrhunderts lehrte, dass Kinder und Jugendliche als eigenständige religiöse Subjekte ernst zu nehmen seien, mussten hier vor allem entsprechende Erkenntnisse aus Psychologie und Pädagogik ins Spiel gebracht werden. Dabei war mir u. a. wichtig zu eruieren, wie, wo und mit welcher Bedeutung „(All-)Macht" im Alltag von Kindern und Jugendlichen auftauchte.[15] Sinnvoll erschien es mir zudem auch, für

13 Ders., a. a. O., S. 66.
14 Vgl. W. H. Ritter, „Gott, der Allmächtige", a. a. O., S. 140.
15 Vgl. ders., a. a. O., S. 111f.

einen Erkenntnisgewinn in der Sache die seit den 80er Jahren des 20. Jahrhunderts „heiß" gehandelten *kognitiven Stufenmodelle der Entwicklung menschlicher Religiosität*[16] heranzuziehen. Sowohl James W. Fowler[17] als auch Fritz Oser[18] und seine Mitarbeiter versuchten in eindrucksvollen, wenngleich nicht unumstrittenen Studien nachzuweisen, dass sich Religiosität in Stufen entwickele, wobei beide unabhängig voneinander fünf bzw. sechs inhaltlich unterschiedliche Stufen nachweisen konnten. Fasziniert von diesem Stufenmodell, demzufolge ein Mensch im Laufe seines Lebens fünf Stufen des religiösen Urteils durchläuft, versuchte ich seinerzeit Osers Erkenntnisse – eingegrenzt auf meinen Adressatenkreis (Kinder und Jugendliche) – anzuwenden: Auf Stufe 1 erscheint Gott als Macht bzw. Autorität, die „alles kann" und direkt in die Geschehnisse der Welt einzugreifen vermag, wogegen der Mensch nur abhängig bzw. reaktiv tätig ist („deus-ex-machina"-Religiosität). Auf Stufe 2 wird der Mensch fähig, auf Gott einzuwirken und mit ihm im Sinne bipolarer Reziprozität gleichsam zu „handeln" („do-ut-des"-Religiosität). Auf Stufe 3 geht es Heranwachsenden zunehmend um ihre Autonomie, Eigenständigkeit und Selbstverantwortlichkeit. Gott tritt in den Hintergrund des Lebens, ohne daraus völlig zu verschwinden, ganz im Sinne des sog. „Deismus", wonach Gott die Welt einst geschaffen, sich nun aber aus ihr zurückgezogen hat.

Mittels dieser (Oserschen) Theorie-Annahmen ließen sich – so meine damalige Überzeugung – Kinder und Jugendliche hinsichtlich ihres Gebrauchs und Verständnisses Gottes als Allmächtigen recht passabel „schematisch" einteilen. Daran konnte dann meines Erachtens religionspädagogisch angeknüpft und weitergearbeitet werden.[19]

Mögliche Auswirkungen der Stufentheorie auf die religiöse Interpretation von Leiderfahrungen hatte ich im Rah-

---

16 Das Folgende in Anlehnung an ders., a. a. O., S. 114ff.
17 J. W. Fowler, Stufen des Glaubens. Die Psychologie der menschlichen Entwicklung und die Suche nach Sinn, Gütersloh 1991.
18 F. Oser/P. Gmünder, Der Mensch – Stufen seiner religiösen Entwicklung, (Zürich/Köln 1984) Gütersloh 1996[4].
19 Vgl. W. H. Ritter, „Gott, der Allmächtige", a. a. O., S. 141ff.

men des Allmacht-Projekts noch nicht im Blick, begann jedoch kurze Zeit später mich verstärkt für diesen Zusammenhang zu interessieren.

4. Eine Zwischenstation

In den ausgehenden 90er Jahren des 20. Jahrhunderts befasste ich mich im Rahmen eines Artikels für ein Buchprojekt „Theologie für Lehrerinnen und Lehrer" mit *ausgewählten theologischen Schlüsselbegriffen – darunter u. a. auch mit dem Thema „Leiden"*[20], das für die Theodizee konstitutiv ist. Nach einer Erörterung biblischer Befunde und einer systematisch-theologischen Reflexion des Themas erschienen mir für den dritten – didaktischen – Teil dieses Artikels die *Oserschen Erkenntnisse zur Stufentheorie* als besonders brauchbar: Danach bringen Kinder und Jugendliche, kognitiv-entwicklungspsychologisch bedingt, Leiden mit Gott unterschiedlich zusammen. Für mich waren hier drei Stufen bzw. Typen des Verständnisses von „Leid und Gott" erkennbar:

„Jüngere Kinder führen Leid in der Tendenz generell auf Gott zurück, der alles macht und kann (deus ex machina). Ältere Kinder versuchen auf der Basis des ‚do-ut-des'-Prinzips Leid zu erklären: Gott prüft oder straft. Bei Jugendlichen kann Leiderfahrung zu zweierlei Reaktionen führen: Entweder empfinden sie das Nichteingreifen Gottes als schmerzhaften Bruch in der Gotteserfahrung [. . .] oder sie trennen den Bereich Gottes von den Menschen so ab, dass die guten und schlechten Dinge vom Menschen, nicht aber von Gott abhängen, demzufolge dann auch nicht Gott als Verursacher von Leid erscheint, sondern der Mensch, der die Freiheit zum Guten und Bösen hat [. . .]."[21]

Im Nachhinein staune ich, wie flächig und unkritisch ich

---

20 Vgl. W. H. Ritter, Leiden, in: R. Lachmann/G. Adam/W. H. Ritter, Theologische Schlüsselbegriffe, Biblisch – systematisch – didaktisch, Göttingen 2004², S. 218–225; Ergebnisse dieses Artikels sind eingeflossen in meine Ausführungen in Abschnitt II.1.2 vorliegender Veröffentlichung.

21 Vgl. ders., a. a. O., S. 224.

zu dieser Zeit mit den Stufentheorien umgegangen bin. Damals traute ich deren Erklärungskraft offenkundig wesentlich mehr zu als heute. Seinerzeit hatte ich wenig Zweifel daran, dass sich die kognitive Entwicklung von Religiosität bzw. des religiösen Urteils wirklich so vollzieht und auch abbilden lässt – trafen denn die theoretischen Aussagen der Stufentheoretiker nicht auch erstaunlich oft ins Schwarze? Zudem empfand ich einschränkende Aussagen der Stufentheoretiker (z. B.: die Stufen würden nicht von allen Menschen durchlaufen; die Entwicklung bleibe häufig auf einer früheren Stufe stehen; der Begriff der Stufe verweise weniger auf die Zielgerichtetheit der Entwicklung als auf die qualitativen Unterschiede zwischen verschiedenen Entwicklungsniveaus usw. usw.) eher als problem*ent*schärfend denn *-ver*schärfend, was mir wiederum mehr Zutrauen zu ihnen als Vorsicht entlockte. Heute muss ich sagen, dass mir der *theoretische Konstruktcharakter der Stufentheorien zu wenig bewusst* war. Will sagen: Ich sehe heute wohl, dass uns diese Theorien lehren können, auf die Wirklichkeit zu achten, und dass sie hierfür Wahrnehmungshilfen sind; sie leisten aber keineswegs, was sie suggerieren: eine Abbildung der Wirklichkeit.[22]

5. Eine unerwartete Irritation

Ein weiteres wissenschaftsbiographisch signifikantes Ereignis ergab sich aus meiner Betreuungsaufgabe als Hochschullehrer: Im Studienjahr 2000/01 verfasste Iris Winkler, eine Studentin des Grundschullehramts an meinem Lehrstuhl, eine *Zulassungsarbeit* (Erste wissenschaftliche Hausarbeit) zum Thema „*Leiderfahrung und deren mögliche Auswirkungen auf die Gottesvorstellung bzw. -beziehung von Grundschulkindern*".[23] Ziel der studentischen Arbeit war es herauszufinden, ob Kinder

---

22 Vgl. Ausführlicheres hierzu im Abschnitt III.1 dieser Veröffentlichung.
23 I. Winkler, Leiderfahrung und deren mögliche Auswirkungen auf die Gottesvorstellung bzw. -beziehung von Grundschulkindern (unveröffentlichte Zulassungsarbeit zum Ersten Staatsexamen, Bayreuth Frühjahr 2001).

mit der Problematik „Leid und Gott" überhaupt etwas anfangen können, ob sie Leid mit Gott in Verbindung bringen und ob dies Auswirkungen auf ihre Beziehung zu Gott hat. Das empirisch gewonnene Datenmaterial sollte dann Aussagen darüber zulassen, ob die Osersche Stufentheorie in Bezug auf die Problematik „Gott und das Leid" zutrifft bzw. ob sie korrigiert oder modifiziert werden müsste.[24] – Die Studentin hatte, wie sie mir vor Beginn ihrer Arbeit sagte, in meinen Lehrveranstaltungen wohl bemerkt, dass mich die Oserschen Strukturstufenannahmen und ihre Ergebnisse einerseits beeindruckten, ich aber andererseits damit auch „irgendwie" nicht zufrieden sei.

Ihre Studie wurde im Religionsunterricht, in dem das Thema bereits vorbereitet worden war, in mehreren 2. und 4. Klassen durchgeführt. Mittels einer konstruierten Leidgeschichte („Petergeschichte")[25] und eines differenzierten Fragebogens erhob die Studentin an sieben sowohl städtischen als auch ländlichen Grundschulen im nordbayrischen Raum ihr Datenmaterial: Insgesamt waren 318 Schüler und Schülerinnen daran beteiligt, 153 Zweitklässler (81 Mädchen, 72 Jungen) und 165 Viertklässler (86 Mädchen, 79 Jungen).

Die wichtigsten Ergebnisse der Studie werden im Folgenden kurz wiedergegeben:

- Erwartungsgemäß nehmen Leiderfahrungen mit dem Alter der Kinder zu.[26]
- Knapp über die Hälfte aller befragten Kinder bringt das Leid auf der Welt mit Gott in Verbindung.[27]
- Die Kinder stellen dabei Gott eine Menge Fragen, vor allem auch nicht wenige Theodizeefragen im engeren Sinn, „die teilweise einen anklagenden Unterton in sich tra-

---

24 Vgl. dies., a. a. O., S. 16ff.
25 Diese Geschichte ist später in einer gründlich überarbeiteten Fassung in unser Projekt eingegangen (vgl. II.3).
26 I. Winkler, Leiderfahrung, a. a. O., S. 8f.
27 Die häufige Verknüpfung von Leid und Gott durch die Kinder rührt möglicherweise auch daher, dass das Thema vorher behandelt wurde bzw. dass die Studie im Religionsunterricht durchgeführt wurde.

gen"[28]; bereits „über ein Drittel der Zweitklässler" formuliert solche Fragen.[29]

– Nach dem Hören der Leidgeschichte („Petergeschichte"),
die die Kinder sehr betroffen machte, blieb für „über die
Hälfte der Schüler" Gott gleichwohl lieb, nett, gut,[30] sein
„Nichteingreifen" wurde im Sinne der „deus-ex-machina"-
Vorstellung in vielen Fällen „entschuldigt".[31]

– „Ungefähr ein Drittel" der befragten Schüler und Schülerinnen äußerte sich nach der Leidgeschichte negativ über
Gott. „In den Worten der Kinder zeigt sich, dass sie traurig, enttäuscht und sogar verärgert über Gottes Nichteingreifen sind."[32] Manche von ihnen wenden sich dabei mit
anklagenden Fragen an ihn.

6. Der Sache auf den Grund gehen:
Das Projekt „Kind – Leid – Gott"

Nicht zuletzt diese Ergebnisse haben mich bewogen, Fragen
zum religiösen Umgang von Kindern mit Leiderfahrungen
nicht auf sich beruhen zu lassen, sondern den Dingen auf
den Grund zu gehen. Vordringlich verlangten folgende Fragen nach Klärung:

– Treten „Anfechtungen" des Gottesglaubens wesentlich
früher auf, als es mir bei Nipkows Studie zum Ausdruck
zu kommen schien – nämlich bereits im Kindes- und
Grundschulalter?

– Kommen wir religionspädagogisch mit der Stufentheorie
wirklich zu befriedigenden Ergebnissen? Zwar wollte nach
Winklers Untersuchung gut die Hälfte der befragten
Grundschulkinder auch angesichts von Leid am guten,
„lieben" Gott festhalten, aber für immerhin ein Drittel

---

28 I. Winkler, Leiderfahrung, a. a. O., S. 33.
29 Dies., a. a. O., S. 33.
30 Dies., a. a. O., S. 132.
31 Vgl. dies., a. a. O., S. 112f, 114f, 129. Die Entschuldigungstheorie
   Gottes hat v. a. H. Hanisch ab 1997 aufgestellt und verfochten; vgl.
   dazu II.2.5.
32 I. Winkler, Leiderfahrung, a. a. O., S. 132.

traf das so nicht zu. Müssen also Osers Annahmen im Lichte der Empirie modifiziert werden?

– Neu für mich war die – auch von Helmut Hanisch[33] vertretene – Vorstellung, dass Kinder im Grundschulalter Gott angesichts von Leiderfahrungen entschuldigen. Wie zutreffend war diese Aussage? Wenn sie nach Winkler immerhin für einen Teil dieser Altersgruppe galt, war dann nicht Osers Theorie bis zu einem gewissen Grad infrage gestellt? Oder war sie eine Variante der „deus-ex-machina"-Vorstellung und hätte dann doch wieder Osers Theorie letztendlich bestätigt?

Diese Fragen beschäftigten mich nachhaltig und waren ursächlich für Überlegungen zu weiteren Untersuchungen. Wie konnte oder sollte eine sinnvolle Erforschung des ins Auge gefassten Problems aussehen? Und wenn sich die Problematik der Strukturstufen weiterhin bestätigen sollte: Wie könnte man forschungsmethodisch neu und wirklichkeitsnäher ansetzen? Das war die letztlich entscheidende Frage!

Im Spätherbst des Jahres 2001 nahm ich deswegen Kontakt zu Helmut Hanisch in Leipzig auf. Bei einem Treffen in Leipzig im Januar 2002 beschlossen wir und unsere Mitarbeiter Kerstin Czaniera und Christoph Gramzow ein gemeinsames Projekt mit dem Arbeitstitel „Kind – Leid – Gott". Im Sommer 2002 luden wir Erich Nestler (Lehrstuhlmitarbeiter in Bayreuth), einen in empirischer Sozialforschung erfahrenen Praktischen Theologen, zu unserer Forschergruppe ein. In den Jahren 2003 bis 2005 erarbeiteten wir dann in einem Forschungsverbund zwischen Leipzig und Bayreuth unsere Studie. Davon wird in Kapitel II. – dort vor allem in den Abschnitten 3., 4. und 5. – berichtet.

Wenn auch die Frage nach Gott und dem Leid bei mir seit gut einem Jahrzehnt infolge von Krisen, Wachstumserfahrungen und Einsichten nicht mehr so emotional besetzt ist wie in den 70ern und 80ern des 20. Jahrhunderts, gehört

---

33 Vgl. dazu ausführlich II.2.5.

sie für mich von der Sache her bis heute zu den virulentes-
ten theologischen Themen und Problemen in Geschichte
und Gegenwart. Mit diesem Thema schlagen sich Menschen
herum, und deswegen ist der Theologie meines Erachtens
die Frage konstitutiv aufgegeben, warum Leid und Böses in
der Welt sind, wenn es einen guten Gott gibt.

II | Das Projekt

Achtet man auf Stimmungen und Mentalitätslagen sowie wissenschaftliche theologische und religionspädagogische Veröffentlichungen in den letzten Jahrzehnten des 20. Jahrhunderts bis heute, dann sind es vor allem zwei Gebiete theologischer wie religionspädagogischer Arbeit, die bei der Entwicklung der Religiosität von (älteren) Kindern und Jugendlichen eine, wie es aussieht, entscheidende Rolle spielen.

Zum einen ist dies der Komplex um *Evolution und Schöpfung bzw. Naturwissenschaft und Theologie,* der häufig als Konflikt zwischen Glauben und Wissen gedeutet wird. Für die religiösen bzw. atheistischen Alltagstheorien vieler Schüler und Schülerinnen ist die Klärung dieses Verhältnisses offensichtlich sehr wichtig, weil es hier um die Kompatibilität von Evolutionstheorie und biblischem Schöpfungsverständnis bzw. Naturwissenschaft und Theologie geht.[1]

Von nicht minder großer Relevanz ist zum anderen die Frage nach der *Vereinbarkeit von Leid und Bösem in der Welt mit einem guten und liebenden (Schöpfer-)Gott.* Zwar kann man sich das Leiden fremder Menschen bis zu einem gewissen Grad „vom Leib" und der Seele halten, da jedoch Leidenserfahrungen – auch wenn die religionskulturelle Bewertung differiert – gleichsam etwas anthropologisch Konstantes sind, kann man sich der Auseinandersetzung mit Leid nicht wirklich und auf Dauer entziehen. In der neueren Religionspädagogik[2] wird deshalb nicht ohne Grund die konstruktive

1 Vgl. M. Rothgangel, Gehirn und Geist – „Abseitsfallen" aus religionspädagogischer Sicht, in: KatBl 127 (2002), S. 316–320; ders., Naturwissenschaft und Theologie, Göttingen 1999.
2 Vgl. z. B. K. E. Nipkow, Erwachsenwerden ohne Gott, a. a. O.

Auseinandersetzung mit dieser Thematik – geführt unter dem Begriff Theodizee – als sehr entscheidend für die Entwicklung der Religiosität im Übergang von der Kindheit zur Adoleszenz angesehen.

1 Gott und das Leid – die Theodizee

Der amerikanische Rabbiner Harold Kushner, dessen Sohn Aaron seit Geburt an einer unheilbaren Krankheit leidet, schreibt in seinem Buch „Wenn guten Menschen Böses widerfährt" Folgendes:

> „Die Unglücksfälle, die gute Menschen treffen, stellen nicht nur ein Problem für die Leidenden und ihre Familien dar. Sie sind auch ein Problem für jeden, der an eine gerechte, faire und lebenswerte Welt glauben möchte. So ist es unvermeidlich, dass sie die Frage nach der Güte, dem Wohlwollen, ja der Existenz Gottes aufwerfen."[3]

Vermutlich kennen die meisten Menschen Versionen solchen Leidens und Unglücks, das den Glauben an eine gerechte Ordnung der Dinge und der Welt durcheinanderbringen oder zerstören kann. Die Güte oder die (All-)Macht Gottes, ja seine Existenz werden in Frage gestellt, angezweifelt und unter Umständen radikal geleugnet. In diesem Sinn hat der Schriftsteller Georg Büchner schon in der Mitte des 19. Jahrhunderts die menschliche Erfahrung des Bösen und des Leidens als den „Fels des Atheismus"[4] bezeichnet. Es ist in der Tat ein kapitales anthropologisches und theologisches Problem, dass Menschen unverschuldet leiden müssen und ihnen Böses widerfährt.

Nun stellt sich dieses Problem heute sicher nicht für alle Menschen in gleicher Schärfe. Dafür gibt es unterschiedliche Gründe: Es stellt sich nicht, wenn dualistisch gedacht wird[5], also Böses und Gutes auf Geist und Materie oder einen Schöp-

---

3 H. Kushner, Wenn guten Menschen Böses widerfährt, Gütersloh 1986, S. 16 (amerikanisch 1981).
4 G. Büchner, Dantons Tod (1835), zit. nach ders., Gesammelte Werke, 1987, S. 50.
5 Beispielsweise früher in der Gnosis und aktuell u. a. in Strömungen der Gothic-Szene.

fer- und einen Erlöser-Gott aufgeteilt werden; wenn – wie z. B. im Pantheismus – die Gottheit kein Gegenüber mehr zur leidenden Kreatur ist oder das Böse im natürlichen Kreislauf von Werden und Vergehen aufgeht; und auch in esoterisch bewegten Szenen fragen Menschen nicht mehr nach einem allmächtigen Gott, weil sie ihr Leben und Geschick in einen großen, sinnvollen Zusammenhang eingebettet sehen: Alles, was ihnen im Laufe ihres Lebens an Glück und Leid widerfährt, wird als Lernen im Sinn menschlicher Entwicklung zu immer größerer Vollendung aufgefasst. Wo Leid derart verrechnet werden kann, stellt sich das Theodizeeproblem nicht.

Für diejenigen Menschen allerdings, die sich Gott als liebend, gerecht, barmherzig vorstellen, tat und tut sich im Angesicht des Leidens ein enormes Problem auf, nämlich ob dann die Welt – wenn es diesen Gott gibt –, nicht anders aussehen müsste, als sie de facto aussieht.

Das ursprünglich als Kunstbegriff in der Philosophie geprägte, dann auch in der Theologie verhandelte Wort *Theodizee* hat mittlerweile längst die Grenzen philosophischer und theologischer Fachdiskussionen gesprengt. Es steht heute „für die überall und unablässig sich erneuernde Frage nach dem Warum widerfahrenden Leidens".[6]

Die lange philosophische Tradition der Theodizee soll im Folgenden kurz skizziert werden, um die die weitere Problemgeschichte betreffenden grundlegenden Weichenstellungen und wichtige Distinktionen aufzuzeigen (s. 1.1). Darüber hinaus bedarf es aber auch einer explizit theologischen Reflexion des Begriffs und der dahinter stehenden Probleme, die – wie zu zeigen sein wird – nicht ohne weiteres mit der philosophischen Theodizee identisch ist (s. 1.2).

6 W. Sparn, Mit dem Bösen leben. Zur Aktualität des Theodizeeproblems, in: C. Colpe/W. Schmidt-Biggemann (Hg.), Das Böse, Frankfurt/M. 1993, S. 204–228, hier S. 210.

1.1 Das philosophische Verständnis der Theodizee

Schon ab 300 v. Chr. fragten *Philosophen der Stoa*, überzeugt von einer sinnvollen göttlichen Ordnung: „Si deus unde malum?" – Wenn es Gott gibt, woher kommt dann das Übel? Die Anfänge der späteren Theodizeefrage liegen also nicht auf christlichem Mutterboden, sondern bei griechischen Philosophen. Nach einer von dem christlichen Philosophen Laktanz (um 300 n. Chr.) überlieferten Aussage hat der Philosoph Epikur (341–270 v. Chr.) die Problematik so formuliert:

> „Entweder will Gott die Übel beseitigen und kann es nicht, oder er kann es und will es nicht, oder er kann es nicht und will es nicht, oder er kann es und will es. Wenn er nun will und nicht kann, so ist er schwach, was auf Gott nicht zutrifft. Wenn er kann und nicht will, dann ist er mißgünstig, was ebenfalls Gott fremd ist. Wenn er nicht will und nicht kann, dann ist er sowohl mißgünstig wie auch schwach und dann auch nicht Gott. Wenn er aber will und kann, was allein sich von Gott ziemt, woher kommen dann die Übel und warum nimmt er sie nicht weg?"[7]

Diese Sentenz formuliert schon in aller logischen Schärfe zentrale Probleme der späteren klassischen Theodizeefrage und bringt sie auf den Punkt. Nun haben zwar christliche Theologen später immer wieder diese Sätze zitiert, sahen sich aber zu keiner Zeit zu einer Entgegnung auf diese Herausforderung im Sinn einer christlichen Theodizee als Antwort veranlasst[8]: Da bereits der christliche Philosoph Laktanz dieses Problem als durch den christlichen Glauben an den gnädigen Gott überholt ansah, hielten spätere christliche Theologen die Frage Epikurs zumindest offiziell für erledigt.

Erst die *Philosophie der Aufklärung* fragte in aller Radikalität, wie sich angesichts des Übels und des Leids in der Welt der Glaube an die Güte ihres Schöpfers festhalten ließe und man eine moralische Weltordnung behaupten könne. Diese Zweifelsfrage erforderte einen Ausgleich von Gottesglaube

---

7 Epikur, Von der Überwindung der Furcht, hg. und übers. von O. Gigon, Zürich/Stuttgart 1968², S. 136.
8 Vgl. W. Sparn, Mit dem Bösen leben, a. a. O., S. 211.

und Welterfahrung. Warum hat Gott keine übellose Welt hervorgebracht? Darüber wird seit dem Übergang vom 17. auf das 18. Jahrhundert intensiv diskutiert – jetzt konkret unter dem Stichwort „Theodizee"; ihr galt wie keiner anderen Frage das Interesse der Aufklärung. Gottfried Wilhelm Leibniz (1646–1716) prägte, nachdem er sich schon länger mit dem Problem auseinander gesetzt hatte, diesen Begriff am Ende des 17. Jahrhunderts in einem Briefwechsel mit der Kurfürstin und späteren Preußenkönigin Sophie Charlotte, und zwar unter Bezug auf Röm 3,5f. – dort fragt Paulus: „Ist Gott ungerecht?" und antwortet: „Das sei ferne." Ausgearbeitet hat er seine Theodizee im Jahre 1710 in den „Essais de Théodicée. Sur la bonté de Dieu, la liberté de l'homme et l'origène du mal".[9] Diese Schrift ist das Ergebnis eines objektivierenden, theoretisch-distanzierten und wissenschaftlichen Nachdenkens über die Welt. Die Theodizeefrage wurde von ihm also nicht aus akutem Leidensdruck heraus aufgeworfen, sondern sie entstand deswegen, weil er anerkannte Annahmen über die Existenz eines weisen und allmächtigen Schöpfers mit bestimmten (damaligen) wissenschaftlichen Deutungen der Welt im Widerstreit sah. Den letzten äußeren Anstoß für die Abfassung seiner „Essais" erhielt Leibniz – wie es aussieht – durch die Lektüre des Epikur-Artikels von Pierre Bayle in dessen 1697 erschienenem „Dictionnaire historique et critique", in welchem Bayle die Unterwerfung der Vernunft unter den Glauben an den Gott der christlichen Offenbarung forderte, weil die Vernunft zwar vor allem auf dem Gebiet der Kritik Hervorragendes leisten könne, Religionsdinge aber mit der Vernunft nicht beweisbar seien. Mit anderen Worten: Bayle wollte die begrenzte Reichweite der menschlichen Vernunft im Blick auf den Glauben aufzeigen.[10]

9 G. W. Leibniz, Die Theodizee. Von der Güte Gottes, der Freiheit des Menschen und dem Ursprung des Übels (1710), in: Philosophische Schriften. Studienausgabe, Bd. 2/1 und 2/2, übers. und hg. von H. Herring, Darmstadt 1985.
10 Vgl. H. Poser, Von der Zulassung des Übels in der besten Welt. Über Leibnizens Theodizee, in: T. Brose (Hg.), Religionsphilosophie, Würzburg 1998, S. 113–130, hier S. 116f.

In diesem Kontext der Auseinandersetzung mit Bayle entstanden also jene Ausführungen, die Leibniz schließlich in Buchform brachte. Somit bekommt die Theodizeeproblematik durch Leibniz sowohl ihren Namen als auch ihre spezifisch neuzeitliche Ausrichtung mit einem bestimmten erkenntnisleitenden Interesse.

Sein Buch erlebte zahlreiche Auflagen und hatte eine breite Wirkung in Europa. Es ist (trotz seiner 500 Seiten) eher eine populäre Gelegenheitsschrift als eine systematische Abhandlung. Im Folgenden will ich holzschnittartig den Argumentationsgang des Buches nachzeichnen.

Leibniz unternimmt mit seinen Ausführungen den Versuch einer Rechtfertigung Gottes angesichts der Anklagen, die auf Grund des Zustandes der Welt, deren Schöpfer er ist, gegen ihn erhoben werden. Das gedankliche Problem, das Leibniz bewältigen will, besteht – gemäß dem Untertitel des Buches – in der Balancierung der drei Größen *Güte Gottes*, *Freiheit des Menschen* und *Ursprung des Bösen*, die neuzeitlich von fundamentaler Bedeutung sind, aber in erheblicher Spannung zueinander stehen. Leibniz löst das Problem folgendermaßen: *Gott ist ein gütiger, guter und vollkommener Gott; er hat vor Erschaffung der Welt alle potenziellen Welten gedacht, aus welchen er dann die beste zur Wirklichkeit entließ, also diejenige, die ein Maximum an Ordnung, Harmonie und Vollkommenheit bot.* Mit anderen Worten: Im zeitlosen Gedanken des einen guten Gottes war unsere Welt als bestmögliche konzipiert und entsprechend realisiert.[11] Im Unterschied zu Thomas von Aquin, der meinte, Gott hätte eine bessere oder schlechtere Welt erschaffen können (De Potentia III,16), will Leibniz zeigen, dass unsere Welt die *beste aller möglichen Welten* sei, in der das Übel von Gott nicht gewollt, sondern nur zugelassen sei[12], wobei die „Unvollkommenheit" eines Teiles der größeren Vollkommenheit des Ganzen diene.

In dieser besten aller möglichen Welten blieb nach Leibniz der Mensch dennoch frei. Menschliche Freiheit ist in

---

11 W. Schmidt-Biggemann, Leibniz, Gottfried Wilhelm, in: B. Lutz (Hg.), Metzler Philosophen Lexikon, Stuttgart/Weimar 1995², S. 496–501, S. 498.
12 Vgl. H. Poser, Von der Zulassung des Übels, a. a. O., S. 117.

Gottes Welt möglich, weil Gott die menschlichen Verfehlungen zwar vorhersieht, aber nicht vorherbestimmt und weil er die menschlichen Sünden in das harmonische Konzept seiner besten möglichen Welt einbezieht.[13]

Damit waren – oder schienen? – die drei in Spannung zueinander stehenden Größen Güte Gottes, Freiheit des Menschen und Ursprung des Bösen durch die Vernunft ausbalanciert, wie überhaupt die Einheit der göttlichen und menschlichen Vernunft zu Leibniz' Grundüberzeugung gehört. Leibniz zufolge schließen also die Erfahrungen von Leid und Übel auf der Welt die Existenz eines gütigen und weisen Gottes nicht aus, sondern sind unvermeidliche Implikationen der von Gott geschaffenen besten aller möglichen Welten; Übel in Teilbereichen sind gewissermaßen der „Preis" für das Gute des Ganzen.

Das erkenntnisleitende Interesse der leibnizschen (philosophischen) Theodizee ist es also zu zeigen, dass der Gedanke, ein guter, weiser Schöpfergott habe die beste aller möglichen Welten geschaffen, sich mit einer Welt, in der es Leiden und Böses gibt, verträgt. Dementsprechend meint Theodizee bei Leibniz die Rechtfertigung Gottes angesichts der Leiden in der Welt vor dem *Forum der Vernunft*. Prima facie und formal durchaus an der Güte und Gerechtigkeit Gottes interessiert, fragt er „letztlich nicht nach der rechten Erkenntnis Gottes, sondern nach dem rechten Gebrauch der Vernunft".[14] Das heißt, es geht ihm nicht um Leugnung oder Bestätigung der Existenz Gottes, sondern um die *„Vereinbarkeit von Religion und Vernunft".*[15] Die (philosophische) Fragestellung der Theodizee à la Leibniz hat – so gesehen – eine bestimmte, sehr spezifische Gestalt, die mit dem zu seiner Zeit neu entstehenden neuzeitlichen Verständnis von Vernunft zu tun hat bzw. daraus resultiert: Im Zentrum steht die Frage nach der *Geltung und Reichweite der Vernunft*. Nicht Gott steht in der Leibnizschen Theodizee vor Gericht, sondern die Vernunft selbst wird in Frage gestellt.[16] Leibniz'

---

13 Vgl. W. Schmidt-Biggemann, Leibniz, a. a. O., v. a. S. 497f.
14 W. Schoberth, Gottes Allmacht und das Leiden, a. a. O., S. 55.
15 Ders., a. a. O., S. 55.
16 Ders., a. a. O., S. 53f.

Interesse gilt letztlich dem Anspruch der Vernunft auf die prinzipielle Erkennbarkeit des Ganzen der Wirklichkeit – worüber theologisch zu streiten ist (s. 1.2) – und der Rechtfertigung der sich als „autonom setzenden Vernunft".[17]

Geistes- und ideengeschichtlich gesehen stand Leibniz' Gotteskonzept, welches von dessen umfassendem Vernunftverständnis dominiert war, in der Tradition der „philosophia perennis" und vor allem der so genannten „natürlichen Theologie", die die Einheit von Glaube und Vernunft postulierte. Und so hatte Leibniz, bei aller Kritik, die man an seinem Entwurf üben muss[18], zu seiner Zeit immerhin zweierlei erreicht: Die Ordnung der Welt schien vernünftig erklärbar und der Glaube an Gottes Güte mit der Vernunft vereinbar.[19] Leibniz' Theodizee und seine Philosophie sind markante Meilensteine in der Philosophiegeschichte: Die Philosophie ist nicht länger Magd der Theologie, sondern setzt sich mit dem Glauben eigenständig auseinander, und zwar mit dem Ziel der Ermöglichung des Glaubens durch den Nachweis seiner Vereinbarkeit mit der Vernunft.[20]

Seit Leibniz werden für gewöhnlich unter Theodizee *Antwortstrategien auf die doppelte Frage* verstanden, wie angesichts der Allmacht und Güte Gottes das Böse und das Übel in der Welt möglich sind bzw. wie Gott, da es doch Übel in der Welt gibt, allmächtig und gütig sein kann.[21] Mit der Leibnizschen Theodizee wird das Übel vernünftig erklärt und damit bis zu einem gewissen Grad „entübelt", ja, in gewisser Hinsicht verharmlost.

Leibnizens Philosophie und Theodizee haben das 18. Jahrhundert maßgeblich geprägt, und seine Problemlösung hat mehrere Jahrzehnte lang als das seine Zeit tragende Selbstverständnis zu überzeugen vermocht, da sich damit die Sinnhaftigkeit des Weltlaufs – zumindest eine Zeit lang – aufrecht erhalten ließ.

Mit der zweiten Hälfte des 18. Jahrhunderts – beim Erdbeben

---

17 Ders., a. a. O., S. 60 und 55.
18 Vgl. hierzu ders., a. a. O., S. 60ff.
19 Ders., a. a. O., S. 57.
20 Vgl. ders., a. a. O., S. 129f.
21 Vgl. H. Poser, Von der Zulassung des Übels, a. a. O., S. 114.

von Lissabon 1755 kamen etwa 30 000 Menschen ums Leben – sollte sich dies gravierend und nachhaltig ändern. Voltaire (1694–1779) wird von der Unmöglichkeit sprechen, Glaube und Vernunft miteinander zu vereinen, und die pessimistische Gegenposition etwa eines Arthur Schopenhauers (1788–1860), derzufolge die Welt die schlechtest mögliche ist, tritt konsequenterweise als heroischer oder resignierter Pessimismus, als Nihilismus oder Atheismus des *19. Jahrhunderts* auf. Von einigen Ausnahmen abgesehen ist mit dem 19. Jahrhundert die große Zeit der Theodizeen vorbei, ohne dass das Problem wirklich gelöst worden wäre.

Im *20. Jahrhundert* wird auf lange Strecken die Unlösbarkeit des Theodizeeproblems zur vielseitig variierten Konstante und Denkfigur.[22] Nichtsdestotrotz bleibt die Auseinandersetzung mit der Problematik durchaus intensiv. Die Unbegreiflichkeit menschlichen Leidens im Angesicht Gottes veranlasst Philosophen und katholische wie evangelische Theologen im letzten Drittel des 20. Jahrhunderts, sich dem Theodizeeproblem wieder neu zu stellen.[23] In der Tat: Wenn dieses Problem kulturgeschichtlich zur Neuzeit und zum neuzeitlichen Christentum gehört und wenn die Frage nach Gott und dem Leid seit alttestamentlicher Zeit bis heute eine Grundherausforderung des christlichen Glaubens darstellt, dann kann man sie nicht einfach übergehen.

Geistesgeschichtlich gesehen zeigt dieser kurze Überblick sehr deutlich, dass Begriff und Sache der Theodizee – von ihren altgriechischen Anfängen einmal abgesehen – neuzeit-

---

22 Vgl. H. Häring, Art. Theodizee, in: V. Drehsen u. a. (Hg.), Wörterbuch des Christentums, Gütersloh/Zürich 1988, S. 1235–1237, v. a. S. 1236.
23 Vgl. M. N. Olivetti (Hg.), Teodizea oggi?, Archivio di filosophia LVI, Padova 1988; W. Oelmüller (Hg.), Worüber man nicht schweigen kann. Neue Diskussionen zur Theodizeefrage, München 1990; ausführliche Literaturhinweise finden sich bei: W. Sparn, Mit dem Bösen leben, a. a. O.; R. Lux, Das Böse – warum lässt Gott das zu? Hiobs Fragen an den Gott, der der Allmächtige ist, in: Union der Evangelischen Kirchen in der EKD (Hg.), Leben im Schatten des Bösen, Neukirchen-Vluyn 2004, S. 26–49; A. Kreiner, Gott im Leid. Zur Stichhaltigkeit der Theodizee-Argumente, Freiburg 2005.

liche Phänomene sind[24], die das Leiden aus einer gewissen Distanz heraus kritisch räsonierend anschauen lassen. Genau dies aber gilt für eine theologisch verstandene Theodizee als Frage nach Gott und dem Leid *nicht*, vor allem wenn man sie von ihren biblischen Ursprungszusammenhängen her liest. Biblische Stimmen zum Thema „Gott und das Leid" bleiben – ein Hauptunterschied zur neuzeitlichen Theodizee[25] – Gott, dem Leiden und dem Bösen gegenüber gerade nicht auf Distanz, sondern sind Stimmen der Betroffenheit und aus Leidensdruck entstandene Erfahrungszeugnisse.

1.2 Das theologische Verständnis der Theodizee

Gott wird im Kontext der jüdisch-christlichen Tradition als barmherzig, gütig und allmächtig verstanden. Insoweit stellt sich die Theodizeeproblematik verschärft – gerade im Unterschied etwa zu einem deistischen Gottesverständnis, dem zufolge Gott zwar die Welt geschaffen hat, aber nicht in sie eingreift.[26] Materialiter begegnen uns das Problem des Leidens und Bösen in der Welt und – damit einhergehend – die Frage nach ihrem Warum und nach Gott schon in der *Bibel*, dann in der weiteren (theologischen) *Tradition* und als wieder verhandeltes *theologisches Thema* heute.

1.2.1 Biblische Traditionen

Die Bibel behandelt die Theodizee selbstverständlich noch nicht in ihrem neuzeitlichen Sinne. Gleichwohl wird die Frage nach Gott und seiner Gerechtigkeit angesichts des Leidens in der Welt sowohl im Alten als auch im Neuen Testament vielfach zum Thema, z. B. in der Geschichte von Isaaks Opferung (Gen 22), in den Psalmen, im Hiobbuch, in der

---

24 Vgl. so O. Marquard, Entlastungen. Theodizeemotive in der neuzeitlichen Philosophie, in: ders., Zukunft braucht Herkunft, Stuttgart 2003, S. 124–145, hier S. 127f.

25 Vgl. O. Marquard, a. a. O.

26 W. Härle, Dogmatik, Berlin/New York 1995, S. 288–291.

Passionsgeschichte Jesu Christi. Es ist also keineswegs so, dass Menschen in biblischer Zeit für dieses Problem noch kein Gespür gehabt hätten. Angesichts menschlichen Leids ringen in biblischen Texten Menschen mit Gott („Warum?", „Wie lange?"), sie fragen, bitten, erinnern ihn, harren, warten und hoffen auf ihn, sie klagen vor ihm, klagen ihn an und (ver-)zweifeln auch an ihm (vgl. Ps 88,6ff.). Im Unterschied zur neuzeitlichen Theodizee, die zu Gott (und dem Bösen) auf Distanz geht, „bleiben" biblische Menschen „dennoch" an ihm (vgl. Ps 73,23), wenden sich also nicht von Gott ab, sondern liegen ihm angesichts des Leids „in den Ohren". Biblische Texte und mit ihnen die christliche Tradition bis zum ausgehenden Mittelalter beschäftigen sich insofern immer wieder mit der Leidproblematik, wenn auch in anderer Form als der neuzeitlich-philosophischen Theodizeefrage.[27] Im *Alten Testament* finden sich viele unterschiedliche Vorstellungen zur Leidproblematik bzw. zu Umgangsmöglichkeiten mit dem Leid[28]: Kontingentes, unverschuldetes Leid stellt hier eine enorme Herausforderung dar. Da der Gedanke des Zufalls biblisch unbekannt ist, hat in der Regel alles, was geschieht, einen Konnex und einen Sinn, den es jeweils zu erforschen und zu erkennen gilt.[29] Hierbei kommt der Religion eine weitaus größere Bedeutung zu als in der Moderne. Näherhin entwickelt der antike bzw. biblische Mensch *vielfältigste Erklärungs- und auch Bewältigungsmodelle für Leid:* So wird Leid z. B. auf menschliche Schuld zurückgeführt (Gen 3,16ff.); es wird die Hinnahme guter und böser Tage aus Jahwes Hand vorgeschlagen (Koh 3; Ijob 1,21); „weisheitliche" Autoren verwenden das altorientalische Modell des „Tun-Ergehen-Zusammenhangs", das als Charakteristikum der alttestamentlichen Weisheit im Rahmen des Weltordnungsdenkens gelten kann. Als immanent erfahrene Gesetzmäßigkeit – Böses

---

27 Vgl. G. Kaiser, Theodizee als biblisch erzählte Geschichte, in: ZThK 102 (2005), S. 115–142, hier S. 125.
28 Vgl. W. H. Ritter, Leiden, a. a. O., v. a. S. 218f. Siehe auch die Teile II.3 und III.2 unserer Studie.
29 Vgl. E. Otto, Magie – Dämon – göttliche Kräfte. Krankheit und Heilung im Alten Orient und im Alten Testament, in: W. H. Ritter/B. Wolf (Hg.), Heilung – Energie – Geist, Göttingen 2005, S. 208–225.

kommt vom Bösen, Gutes vom Guten – stößt allerdings dieses Denken zuletzt bei Hiob und Kohelet auf Widerspruch. Im Hiobbuch ist Leiden *das* Thema (vgl. Ijob 9,2; 13,3.19; 40,2). Die Vorstellung, Gott prüfe und/oder erziehe den Gerechten durch Leiden (so die Rahmenerzählung), steht hier neben dem Bekenntnis zu Gott, der in der Schöpfung mächtig und überwältigend (Ijob 38–42) entgegenkommt und an dem trotz aller Leiderfahrungen festgehalten werden kann. Im Hiobbuch, aber auch bei Kohelet sowie in einigen Psalmen (Ps 37; 49; 73) kommt eine eher kritische Weisheit zu Wort, die den vorausgesetzten Tun-Ergehen-Zusammenhang mit widersprechenden Erfahrungen konfrontiert und so auch problematisiert. Unbeschadet aller „Ursachenforschung" überlässt man die Antwort auf die Leid-Frage aber letztlich doch dem „Geheimnis Gottes".[30]

Dass Menschen sich im Leid an Gott wenden (können), zeigt sich besonders in den Psalmen. Hier finden sich Klage, Bitte und Lob, das Gott an seine frühere Barmherzigkeit erinnern soll.[31] Beschwichtigungsresistent („Meine Seele lässt sich nicht trösten"; Ps 77,3) wird Gott auch intensiv angeklagt: „Mein Gott, mein Gott, warum hast du mich verlassen?" (Ps 22,2) Gott wird auch in seinen „dunklen Seiten" erkannt und „ausgehalten" (vgl. Ijob; Jes 45,7), z. B. wenn Jeremia infolge seines Gottesglaubens massiv ins Leiden gezogen wird (Jer 15,18; 20,14f.). Vom „Knecht Gottes", der stellvertretend Leiden trägt, hatte schon Jesaja gesprochen (vgl. Jes 53). Manche Schriftstellen sehen Leid als direkt oder indirekt von Jahwe gewirkt: als „Versuchung" (vgl. Gen 22; Ijob), bei der sich Gottes „dunkle Seiten"[32] zeigen, als Sühnestrafe für Abkehr von Gott oder Gesetzesübertretungen. Spitzenaussagen finden sich bei Amos („Ist ein Unglück in der Stadt, das der Herr nicht tut?"; Am 3,6) und Jesaja („Ich bin es, der ich Unheil schaffe"; Jes 45,7).[33] Da-

---

30 Vgl. E. Otto, a. a. O., S. 225.
31 Vgl. W. H. Ritter, Gebet, in: R. Lachmann/G. Adam/W. H. Ritter, Theologische Schlüsselbegriffe, a. a. O., S. 74–83, v. a. S. 74.
32 Vgl. W. Dietrich/C. Link, Die dunklen Seiten Gottes, Neukirchen-Vluyn 1995.
33 W. Groß/K.-J. Kuschel, „Ich schaffe Finsternis und Unheil!" Ist Gott verantwortlich für das Übel?, Mainz 1992.

raus folgt aber nicht die generelle Verantwortung Gottes für alles Leid in der Welt. Im Hiobbuch und bei Kohelet wird sie verneint, während Hosea und Jeremia sie durch die Vorstellung relativieren, dass Gott selbst leidet, wenn er straft.

Im *Neuen Testament* gehört Leid zu Jesus: ärmliche Geburt, Flucht, Heimatlosigkeit, Passion, Kreuzestod. Das Problem des von Gott verlassenen Sohnes (Mk 15,34) ist geradezu „Ursituation und Ausgangspunkt" des christlichen Glaubens.[34] Jesus ist der exemplarisch Leidende (vgl. Phil 2,5ff.). Sein Leiden wird frühen christlichen Gemeinden zum „Vorbild" und prägt ihr Leidensverständnis. Nachfolge schließt Leiden ein (vgl. Mt 10,24). Nach Matthäus (5,4) und Lukas (6,20ff.) preist Jesus Leidende selig. Er selbst wendet sich Leidenden zu (vgl. Lk 11,20), erbarmt sich, heilt exemplarisch und zeichenhaft, wenngleich auch er die Welt nicht leidensfrei machen kann. Nach Jesus und Paulus ist das Leid der Schöpfung nicht von Gott gewollt, sondern Hinweis darauf, dass sie „gebrochen ist" und ihrer Vollendung noch entgegengeht (Röm 8,19ff.). Die Leiden dieser Zeit stehen dabei in keinem Verhältnis zur künftigen Herrlichkeit (vgl. Röm 8,18; 2 Kor 4,17). Paulus wird, obwohl er inständig darum bittet, von seinem Leiden ebenso wenig befreit (vgl. 2 Kor 12,8), wie der Leidenskelch an Jesus vorübergegangen ist (Mk 14,36). Paulus versteht die eigenen Leiden von der Passion Jesu Christi her (2 Kor 4,10). Wenn Gottes Kraft „in Schwachheit zur Vollendung" kommt (2 Kor 12,9), muss Leiden weder Strafe Gottes sein noch ein Leben fern von Gott bedeuten, sondern kann als Chance verstanden werden.[35] Auch den Leidenden kann – weil Gott Jesus nicht im Grab ließ – eine Zukunft verheißen sein, in der Gott „alle Tränen von ihren Augen abwischen wird und der Tod nicht mehr sein wird" (Offb 21,4).

Insgesamt zeigt sich: Die Frage nach Gott und dem Leid ist in beiden Testamenten vorhanden und wird – wenn auch nicht im Sinne der neuzeitlichen Leibnizschen Theodizee mit ihrer Vernunftbetonung, so doch der *Sache* nach – polyvalent verhandelt. Die Wirklichkeit Gottes und der Glaube an ihn

34 Vg. H. Häring, Art. Theodizee, a. a. O., S. 1236.
35 Vgl. U. Heckel, Schwachheit und Gnade, Stuttgart 1997.

sind dabei vorausgesetzt. Biblisch-theologische Antworten auf die Leidfrage sind *menschliche* Verstehensversuche, die allesamt auch ihre Problematik haben und sich z. T. gegenseitig relativieren. Stärker als die gedanklichen Bewältigungen des Leids sind jedoch meines Erachtens die *biblisch-theologischen Umgangsmöglichkeiten* damit zu beachten. Auffällig ist hierbei dies: Viele biblische Texte, die Leid vor Gott bringen, sind *konfessorische, narrative Erfahrungsniederschläge*, wie Menschen im Leid mit Gott umgehen. Sie tun dies vor allem so, dass sie sich *vor Gott aussprechen* und andere in einen erzählerischen Vollzug hineinnehmen, weil bezüglich des Leidens dies offensichtlich eher weiterzuhelfen vermag als abstrakte Ratio und Logik: Gebet, Bitte, Klage, Bekenntnis und Narration, nicht rationale Argumentation sind die biblisch bevorzugten Modi, der Frage nach Gott und dem Leid nachzugehen und mit ihr umzugehen.[36] Dabei kann, weil (biblisches) Erzählen keineswegs niveau- und reflexionslos ist, Leiden im Erzählen gedanklich erhellt und durchdrungen werden, ohne dass dies eine ausgefeilte argumentative Theodizee zur Folge haben müsste (vgl. Hiob und die Passionsgeschichte).[37]

Für ein theologisch zu gewinnendes Verständnis von Gott und Leid erscheinen letztlich folgende fünf biblisch-theologische Perspektiven besonders relevant:

– Gott hat *nicht* nichts mit dem Leid zu tun – er wird auf unterschiedliche Weisen damit in Verbindung gebracht.
– Die Frage nach Gott und dem Leid wird nicht rational und kritisch-distanziert durchgearbeitet, sondern von an Leib und Seele Betroffenen in (unerschütterlichem) Gottvertrauen zum Teil in direkter Anrede Gottes emphatisch und in vielfältiger Weise vor ihn gebracht.
– Biblische Texte zum Stichwort Leiden sind Versuche, Leiderfahrungen „vor Gott" zu artikulieren und – womöglich – in die gläubige Existenz zu integrieren.
– Klage, Anklage, Bitte/Bittgebet und „vorgezogenes" Lob, welches Gott an seine Verheißungen und seine frühere

---

36 Vgl. G. Kaiser, Theodizee als biblisch erzählte Geschichte, a. a. O.
37 Vgl. ders., a. a. O., S. 130; siehe auch die weiteren Überlegungen im Abschnitt II.1.2.3.

Barmherzigkeit erinnert, sind markante Formen, mit dem Leid erfahrungsbezogen umzugehen.

– Leiden braucht nicht als Zustand der Gottesferne zu erscheinen, sondern kann als (zum Teil sogar integraler) Bestandteil gläubiger und gottnaher Existenz erfahren werden.

– Eine definitive, rational zufrieden stellende Antwort auf das Warum des Leidens hat die Bibel nicht – und sie sucht offensichtlich auch nicht danach.

1.2.2 Theologische Entwicklungslinien: Alte Kirche, Mittelalter, Neuzeit[38]

Grundsätzlich ist zu sagen: In biblischer Zeit, in der Epoche der Alten Kirche und im Mittelalter belastet Leiden Menschen eminent, lässt sie nach Gott schreien, nach seiner Güte und Allmacht fragen und klagen, stellt aber seine konsensuell vorausgesetzte Existenz nicht in Frage. Eine gravierende Veränderung erfolgt diesbezüglich erst in der Neuzeit: Nun kann wegen und mittels der Vernunft Gottes Güte, Allmacht und Existenz in Frage gestellt, bezweifelt, ja bestritten werden. Im Einzelnen: Bereits in der *Alten Kirche* machten sich Askese als freiwilliges Leiden bzw. Entbehren und eine Leidensrhetorik bemerkbar, die sich – vorbereitet durch die *Christusmystik* des Hl. Bernhard von Clairvaux im 12. Jahrhundert – im *Mittelalter* und später im *Pietismus* zur Leidensmystik und Leidensverklärung steigern konnten. Die *reformatorische Theologie* mit ihrer Kreuzestheologie betont, dass Gott verborgen im Leiden gegenwärtig ist. Später jedoch zeigte sich im Morden des 30-jährigen Krieges (1618–1648), im katastrophalen Erdbeben von Lissabon (1755) sowie in zahllosen Kriegen der Neuzeit ein bis dahin nicht gekanntes, unsagbares, „sinnloses" Leid, das in der Massenvernichtung des Dritten Reiches sowie in Hunger- und Flüchtlingskatastrophen des 20. Jahrhunderts seinen

---

38 Die nachfolgenden knappen Bemerkungen erheben keinen Anspruch auf Vollständigkeit, sondern versuchen wesentliche Entwicklungslinien aufzuzeigen.

(vorläufigen) Höhepunkt gefunden hat und den christlichen Glauben radikal herausfordert.

Die bis dahin immer noch vorausgesetzte Existenz Gottes wird nun massiv in Frage und in Abrede gestellt. Jüdische und christliche Theologen, aber auch Philosophen im *20. Jahrhundert* haben vor allem die mit dem Holocaust verbundenen Leiderfahrungen immer wieder so zu bewältigen versucht, dass sie von Gottes Selbstzurücknahme, seinem Verzicht auf Macht und von seiner Ohnmacht sprachen.[39]

Das heißt: Sowohl in biblischen als auch in späteren christlich-theologischen Traditionen werden die Massivität und die Schwere der Frage nach Gott und dem Leid verspürt, zum Ausdruck gebracht und unterschiedlich bearbeitet, doch kommt es außerhalb der historischen Epoche der Aufklärung zu keiner Fragestellung im Sinn der Leibnizschen Theodizee. So weit wir sagen können, werden Menschen also in biblischen wie in späteren Zeiten die immense Spannung zwischen dem Glauben an einen gütigen, allmächtigen Gott und Leiderfahrungen verspürt und darunter gelitten haben, im Unterschied zur Aufklärungszeit wird hier aber nicht der Versuch gemacht, diese Spannung mittels der Vernunft aufzulösen. Biblisch wie in späterer Tradition sind die beiden Momente des Theodizeeproblems – Güte und Allmacht Gottes einerseits, Leid andererseits – durchaus bekannt, konstituiert wird die spezifisch neuzeitliche Theodizeefragestellung aber erst durch die Vernunft als das dritte Moment.

1.2.3 Systematisch-theologische Überlegungen heute

Wie können Menschen der Gegenwart Leid in ihren Glauben integrieren? Folgendes ist theologisch festzuhalten:

Die Herkunft des Leids wird heutzutage unterschiedlich erklärt. Die einen sehen Leiden als die Folge eines *metaphy-*

---

39 Vgl. D. Bonhoeffer, Widerstand und Ergebung. Neuausgabe, München 1970, S. 394; H. Jonas, Der Gottesbegriff nach Auschwitz. Eine jüdische Stimme, Tübingen 1984; vgl. dazu: W. H. Ritter, „Gott der Allmächtige", a. a. O., S. 137ff.

sischen Dualismus: Neben dem guten Gott existiert eine ent-gegengesetzte negative Macht, das Böse, der Teufel. (Doch wer ist dann der Herr der Welt? Hat Gott keine Gewalt über das Böse?) Manche betrachten Leid als *von Menschen verur-sacht*. (Aber ist alles Leid menschlich verursacht?) Schließ-lich wird es von wieder anderen als Resultat der *dunklen Seiten Gottes* gesehen. (Wie aber steht es dann mit seiner Vollkommenheit?) – Es zeigt sich erneut: Fragen des Leids und der Theodizee können mit Spekulationen und Affir-mationen nicht allgemein verbindlich oder dauerhaft gelöst werden. Bereits Immanuel Kant hat in diesem Sinne 1791 vom „Misslingen aller philosophischen Versuche in der Theodizee"[40] gesprochen, weil sie die Grenzen der endli-chen Vernunft der Menschen übersteigen.

Die Theodizeefrage zeugt ferner von den *Schwierigkeiten menschlicher Rede von Gott* und des Gottesglaubens ange-sichts der Welterfahrung. Hier greift das moderne jüdisch-christliche Verständnis von Theodizee: Beim Wort genom-men (theós = Gott, díke = Rechtsstreit) meint Theodizee den Streit darüber, wie wir von Gott zureichend reden kön-nen, und zwar angesichts von Leid und Not auf der Welt. Es geht also um den Begriff bzw. das „rechte" Verständnis Gottes.[41]

Der *Hauptunterschied zum philosophischen Verständnis der Theodizee* (s. 1.1) liegt darin, dass theologisch nicht die Sa-che der Vernunft im Vordergrund steht und auch gar nicht stehen kann und dass dementsprechend kein Rechtferti-gungsversuch Gottes angesichts der Übel in der Welt vor dem Forum der Vernunft unternommen wird. Dies bedeu-tet zwar nicht, dass das, was theologisch zur Theodizee ge-sagt werden kann, unvernünftig ist, aber es kommt hier ent-schieden darauf an, die Frage nach Gott und dem Leid *im Kontext des Sinnsystems des christlichen Glaubens* zu sehen und

---

40 I. Kant, Über das Misslingen aller philosophischen Versuche in der Theodizee (1791), in: ders., Werkausgabe, Bd. 11, hg. v. W. Weisch-edel, Frankfurt/M. 1991.

41 Vgl. H. Ott, Vom Ursprung des Bösen in der Welt – Das Theodizee-problem, in: ders., Die Antwort des Glaubens, Stuttgart/Berlin 1972, S. 187–196, hier S. 188.

zu stellen.[42] Das aber heißt wahrzunehmen, dass es ein Grundakt und -anliegen christlichen Glaubens ist, mit der Kontingenz und Irrationalität des Leids vor Gott erfahrungsorientiert und konstruktiv umzugehen und so deren Macht zu reduzieren. So lassen nachgerade biblische Texte immer wieder exemplarisch erkennen, dass es ihnen nicht vorrangig um intellektuelles Begreifen des Leidens geht, sondern darum, es vor und mit Gott zu bestehen und zu überstehen.[43] Womit Menschen nämlich nicht umgehen können, das beherrscht sie und macht sie hilflos.

Insoweit ist es nicht Aufgabe der Theologie, den Widerspruch zwischen einem gütigen, allmächtigen Gott und dem Leid in der Welt vernünftig aufzuklären. Vom biblischen Befund sowie neueren theologischen Auslegungsversuchen her behauptet der christliche Glaube nämlich keinen „schon jetzt" erkennbaren „Sinn von allem". Letztlich heißt dies aber, dass die philosophisch gestellte Theodizeefrage nicht mit dem biblisch vorgestellten Gott zusammengebracht werden kann und von dorther auch nicht zu beantworten ist. In diesem Sinn hat schon Blaise Pascal davon gesprochen, dass der biblische Gott, „der Gott Abrahams, Isaaks und Jakobs" ist, „nicht der Gott der Philosophen".[44]

Von *theologischer Seite* liegt daher das Augenmerk in Sachen Theodizee auf folgenden Punkten: Es ist

42 Vgl. W. Schoberth, Gottes Allmacht und das Leiden, a. a. O., S. 51.
43 Ganz in diesem Sinne vermerkt O. Marquard, Entlastungen, a. a. O., S. 127f: „Die Lebenserfahrung scheint mir zu zeigen: vor Ort des Leidens, unter seinem unmittelbaren Druck, ist das Problem niemals die Theodizee; denn wichtig ist dort allein das Stehvermögen bei passio und Sympathie, die Kondition beim Aushalten, Helfen und Trösten. Wie erreiche ich das nächste Jahr, den nächsten Tag, die nächste Stunde? Angesichts dieser Frage ist die Theodizee kein Thema; denn ein Bissen Brot, eine Atempause, ein Minimum an Linderung, ein Augenblick Schlaf sind dort stets wichtiger als Anklage und Verteidigung Gottes. Erst wo der direkte Leidens- und Mitleidensdruck nachlässt, unter den Bedingungen der Distanz – kommt es zur Theodizee."
44 Vgl. B. Pascal, Über die Religion und über einige andere Gegenstände (Penseés), hg. von E. Wasmuth, Frankfurt/M. 1987, S. 248, 483ff.

a) vom *Umgang* mit dem Leid zu sprechen und davon, welche erfahrungsorientierten religiösen Umgangs- und Kompensationsstrategien[45] im Reservoir des christlichen Glaubens aufgehoben sind und Menschen potenziell zur Verfügung stehen,

b) zu fragen, welche Bedeutung angesichts des Leids die Rede von einem gütigen, allwissenden und allmächtigen Gott haben kann,

c) Leiden in eschatologischem Licht zu sehen und

d) die Theodizeefrage als eine regulative Idee und unverzichtbare Frage in den Blick zu nehmen.

Zu a): Theologisch kommt es im neuzeitlichen Christentum vor allem darauf an, Menschen zum *religiösen Umgang mit dem Leiden anzuleiten*. Dieser erfahrungsorientierte religiöse Umgang mit dem Leid beinhaltet dreierlei:

Erstens ist damit „ganz praktisch" der produktive Rückgriff auf *überlieferte und bewährte Erfahrungsmodelle* im Umgang mit dem Leid gemeint. In Gestalt der Klage/Anklage, der Bitte bzw. des Gebets, aber auch des vorgezogenen Lobes und Dankes[46], die Gott an seine frühere Gnade und Barmherzigkeit erinnern und ihn auffordern, sie aufs Neue zu erweisen, im Still-Werden, mittels Meditation, aber auch im Aushalten der „Anfechtung" lernen wir mit Leid praktisch und konstruktiv umzugehen. Ein Weg ist für viele auch die Rezeption von (Erbauungs-)Literatur, Ikonographie, bildender Kunst oder von Musik.[47]

Zweitens ist hinsichtlich des religiösen Umgangs mit dem Leid – ebenso praktisch – die Entdeckung der *temporalen Struktur der (Leid-)Erfahrung* gemeint, „die das Jetzt der Erfahrung in ein Gefälle zwischen Erinnerung und Erwartung zieht".[48] Das bedeutet: Leiderfahrungen werden durch neue, andere Erfahrungen relativiert, modifiziert, überwunden und erscheinen dann in einem anderen Licht. An-

---

45 Vgl. dazu auch III.3.2.

46 Vgl. W. H. Ritter, Gebet, a. a. O., S. 96.

47 Vgl. W. Sparn, Mit dem Bösen leben, a. a. O., S. 223f; O. Bayer, Art. Theodizee, in: TRT, Bd. 5, Göttingen 1983⁴, S. 161–164, hier S. 163.

48 W. Sparn, Mit dem Bösen leben, a. a. O., S. 223.

gesichts des Leids hilft uns keine bessere, richtigere „Theodizee-Theorie" (wie es uns exemplarisch an Hiobs räsonierenden Freunden vorgeführt wird), sondern es braucht erfahrungsgesättigte Einsichten – zum Beispiel die, dass Gott „unsere Klage verwandelt in einen Reigen" (vgl. Ps 30,12), sprich: die Erfahrung der „erhörte(n) Klage".[49] Durch neue Erfahrung werden das Leid und die Klage überholt und überboten, durch neue Erfahrungen verändern sich Leiderfahrungen und mit ihnen auch die Vorstellungen über Leid und Gott.[50]

Drittens schließlich gehen (biblisch) erzählte Leiderfahrungen zwar nicht mit dem Anspruch einher, theologisch den vollen rationalen Durch- und Überblick zu haben. Aber wenn sie von ihrem Ende erzählt werden, erscheint auf einmal „pragmatisch miteinander vereinbar, was auf der Simultaneitätsebene der Logik in der theoretischen Abhandlung unvereinbar ist", wie etwa Leiden und Allmacht Gottes (vgl. Hiob, Psalmen, Passions- und Ostergeschichte).[51]

Das aber heißt: *In einem theologischen Verständnis von Theodizee geht es nicht darum, Gott als Inbegriff von „Sinntotalität" zu begreifen.* Mit dem Anspruch auf prinzipielle Erkennbarkeit Gottes und des Ganzen der Wirklichkeit würden sich Glaube und Vernunft übernehmen. Für das jüdisch-christliche Gottesbild ist gerade die erfahrene Spannung von Gottes abgründiger *Verborgenheit* (vgl. Ijob 37,23; Hebr 10,31) und seinem innigen *Nahesein* (vgl. Ps 139; Mt 6,8) konstitutiv und darf nicht ausgespart werden. Die Rede von der Heiligkeit Gottes erinnert nachdrücklich daran. Erst wenn man dem unheimlichen, rätselhaften und verborgenen Gott begegnet ist, kann einem aufleuchten, was „Liebe" Gottes – dennoch – meint. Für den christlichen Glauben und die

---

49 Vgl. O. Bayer, „Erhörte Klage", in: NZSTh 25 (1983), S. 259–272, hier v. a. S. 261f.

50 Dies bringt die viel zitierte Formulierung von Gerhard Ebeling und Eberhard Jüngel, „eine (neue) Erfahrung mit der Erfahrung" machen, gut zum Ausdruck; vgl. W. H. Ritter, Glaube und Erfahrung im religionspädagogischen Kontext, Göttingen 1989, S. 139ff, 189ff, 301ff.

51 G. Kaiser, Theodizee als biblisch erzählte Geschichte, a. a. O., S. 118.

Theologie ist dabei der Dreh- und Angelpunkt, dass es keine Gotteslehre an und für sich gibt, sondern die Gotteslehre durch die Christologie „gebrochen" wird: Gott erfahren und kennen wir in Jesus Christus, er ist das „Ebenbild Gottes" (Kol 1,15; 2 Kor 4,4), in ihm zeigt Gott sich und ist offenbar. Gott ist inkarnations- und kreuzestheologisch von Ex 3,14 her („Ich werde da sein, als der ich da sein werde") in Jesus Christus der fleischgewordene „Immanuel" (Mt 1,23: „Gott-mit-uns"), der im Leiden sein erfahrbares Da- und Dabei-Sein zusagt, dessen konkrete Form und Gestalt freilich offen bleibt. Sie kann reichen von der Zusage des Herrn „Meine Gnade genügt dir, denn meine Kraft kommt in den Schwachen zur Vollendung" (2 Kor 12,9) bis zum Mitleiden Christi bzw. Gottes selbst mit den Leidenden, auch im Modus der „Compassion"[52], also der „tätigen Mitleidenschaft" und des Beistands von Christinnen und Christen in Situationen des Leids.

Solches Offenbarsein schließt aber ein, dass Gott gleichwohl *Geheimnis* ist und seine Wege „unerforschlich" sind (vgl. Röm 11,33ff.; Jes 40,13); darum können wir Gottes Handeln nicht in allem verstehen. Leid kann uns immer wieder ratlos, auch gottlos machen. Angesichts des Leidens von, mit und zu Gott zu sprechen, kann zeigen, dass Leid, das nicht immer, aber oft genug unerklärlich ist, doch stets vor ihn gebracht werden kann. Mit der reformatorischen Tradition fliehen wir hierbei vom „deus absconditus" zum „deus revelatus". Dabei kann nicht vorab von einem generellen „Sinn" des Leidens, der sich durch die Vernunft oder den Glauben erschließt, gesprochen werden. Wir können zwar darauf hoffen, dass sich uns und anderen der Sinn des Leidens eröffnet, aber die Erkenntnis dieses Sinns gibt es weder vorab im Konstrukt noch grundsätzlich und verallgemeinerbar. *Der Sinn des Leids erschließt sich den von Leid betroffenen Menschen selbst, ergibt sich also in aller Regel erst im Nachhinein in der betrachtenden Rückschau.*[53]

52 Vgl. J. B. Metz/L. Kuld/A. Weisbrod (Hg.), Compassion. Weltprogramm des Christentums, Freiburg 2000.
53 Vgl. W. Härle, Dogmatik, a. a. O., S. 450.

Zu b): Was lässt sich in theologischer Hinsicht dazu sagen, dass Menschen „dennoch"[54], also trotz negativer Erfahrungen, Gott als gütig, weise, mächtig bezeichnet haben und – im Bekenntnis gesteigert – von seiner *unendlichen Güte, seiner Allwissenheit und Allmacht* sprechen? Offensichtlich sind diese Attribute eine beständige Komponente des Gottesglaubens, ohne damit gleichzeitig Gott von aller konkreten Erfahrung von Schmerzen, Leiden, Trauer etc. freihalten zu können. Dadurch aber entsteht das Theodizeeproblem erst, denn wenn wir von Gott nicht dreierlei aussagen würden, nämlich dass er

- allmächtig ist, also eine Macht hat, die nicht einschränkbar ist,
- allwissend ist, also seine Erkenntnis der Wirklichkeit nicht eingeschränkt werden kann, und
- gütig ist, also der Welt liebend zugewandt,

dann hätten wir kein Theodizeeproblem.[55]

Aber der christliche Glaube hält bewusst und nachdrücklich an diesen drei Bezeichnungen Gottes fest. Warum und mit welcher Intention tut er dies?

Nach meinem Dafürhalten ist dies deswegen der Fall, weil die Aussage dieser drei Gottesattribute gerade angesichts von Leid und der daraus erwachsenden Anfechtung im Sinne eines Härte- und Qualitätstests zu verstehen ist. Der christliche Glaube schweigt nämlich angesichts extremer Leidsituationen im Blick auf Gott gerade nicht, sondern gibt extreme, extravagante, d. h. über das normale Maß hinausgehende, bis ins Äußerste ausgreifende konfessorische Antworten. Gott ist nicht nur in guten Tagen ein allmächtiger, allwissender und gütiger Gott, sondern er wird gleichermaßen in bösen Tagen so benannt und in Anspruch genommen. Die drei Bezeichnungen *allmächtig, allwissend, gütig* müssen aber „richtig" verstanden werden:

---

54 Zum „Dennoch" des Glaubens vgl. W. H. Ritter, Glaube, in: R. Lachmann/G. Adam/W. H. Ritter, Theologische Schlüsselbegriffe, a. a. O., S. 93–100, v. a. S. 96.

55 Vgl. W. Härle, Dogmatik, a. a. O., S. 445; vgl. auch die Ausführungen zu Epikur in II.1.1.

Es handelt sich dabei *erstens* – systematisch-theologisch gesehen – um den Modus begrifflicher Rede von Gott.[56] Bereits biblisch wird Gott in Begriffen gefasst – eine Tendenz, die in der weiteren Theologiegeschichte zunimmt. Näherhin geschieht dies hier via eminentiae, indem unsere menschlichen Vorstellungen von Macht, Wissen und Güte gesteigert und überboten werden.[57]

Für das Zustandekommen der drei Gottesbezeichnungen ist *zweitens* wichtig, dass es sich dabei nicht um abstrakte oder rein spekulativ gewonnene Eigenschaften Gottes handelt. Vielmehr sind diese drei Epitheta theologische Abbreviaturen, Summierungen und Zusammenfassungen vielfältiger vorausliegender, konkreter positiver Erfahrungen von glaubenden Menschen mit Gott, die – von Erfahrung her auf Erfahrung hin – im Bekenntnis auf Dauer gestellt wurden.[58] Diese drei Bezeichnungen greifen auf authentische Glaubenserfahrungen von Menschen mit Gott zurück, ungeachtet aller negativen Erfahrungen mit ihm.

Schließlich ist *drittens* für das Verständnis Gottes als allmächtig, allwissend und gütig die Darstellungs- bzw. Redeweise entscheidend. Es handelt sich dabei um poetisch-metaphorische und doxologische Rede sowie um Rede, die aus Hoffnung bzw. Vertrauen erwächst und dies zum Ausdruck bringt – mit anderen Worten um *Bekenntnisaussagen*.[59]

Die in der Bibel und von Christen verwendete Sprache ist in hohem Maße die Sprache *religiöser Poesie*, also nicht definierende oder abbildende Faktensprache, sondern Sprache verweisender Art.[60] Unsere normalen Vorstellungen von Macht, Güte und Wissen werden also damit noch einmal überboten,

56 Daneben existieren als weitere markante theologische Redeweisen zunächst Lied, Hymnus, Gotteslob/-dank, Klage, Anklage, dann (Beziehungs-)Geschichten von Gottes Taten und Reklamationen zu Menschen sowie Mystik und mystische Gotteserfahrungen.
57 Zwei weitere klassische Weisen von Gott zu reden sind via negationis (z. B. Gott ist *un*sterblich usw.) und via analogiae (Gott ist *wie* ein Vater).
58 Vgl. W. H. Ritter, „Gott, der Allmächtige", a. a. O., S. 97, 125ff.
59 Vgl. dazu ausführlicher ders., a. a. O., S. 131ff.
60 Vgl. dazu A. Grözinger, Die Sprache des Menschen, München 1991, S. 94ff, 130ff.

zugleich werden wir aber an eine letzte Unangemessenheit unserer Sprache für unser Reden von Gott erinnert.

Zudem ist der ursprüngliche und authentische Ort der Anrede Gottes als allmächtig, gütig, allwissend die *Doxologie* – in der Form von Bitte und Lobpreis, Klage und Zusage.[61] Diese Anreden haben ihren „Sitz im Leben" im lebendigen Dialog von Gott und Mensch. Edmund Schlink hat vor fast fünf Jahrzehnten in diesem Sinn auf die doxologische Struktur theologischer bzw. dogmatischer Aussagen aufmerksam gemacht: In der Doxologie wird Gott als heilig, allmächtig etc. verherrlicht. Das anbetende Ich des Menschen tritt dabei eigentümlich zurück. Doxologische Aussagen sind, obgleich objektiv wirkend, in erster Linie existenzielle und subjektive Aussagen.[62]

Bei der Rede vom allmächtigen, allwissenden und gütigen Gott handelt es sich insofern um *Hoffnungs- und Vertrauensaussagen*. Was den Status und die Qualität betrifft, geht es nicht um definitorisches Reden, auch nicht um zeit- und beziehungslos gültige Wesensaussagen, sondern um personale Glaubens-, Bekenntnis- und Vertrauensaussagen im Zeugenstand: Gott ist uns inmitten aller extremen Erfahrungen des Leidens der letztlich Allmächtige, Allwissende und Gütige, der Bestand hat und uns Bestand gibt:

„Das Vertrauen auf seine Wirklichkeit ist das Letzte und Äußerste, was der Mensch der Hoffnungslosigkeit und dem Tod entgegenzusetzen hat. Gott ist die Kraft der Hoffnung gegen alle Hoffnung. Und das Bekenntnis zu seiner Allmacht, das Bekenntnis zu ihm als dem Schöpfer aller Dinge ist nicht einfach Feststellung von etwas, was unbestreitbar vorhanden wäre, sondern Ausdruck der Hoffnung und des Vertrauens auf die Übermacht der göttlichen Liebe über alles Grauen und alle Absurdität dieser Welt, ja auch über den Tod."[63]

---

61 Vgl. R. Feldmeier, Nicht Übermacht noch Impotenz, a. a. O., S. 13ff.
62 Vgl. E. Schlink, Art. Gott VI. Dogmatisch, in: RGG, Bd. 2, Tübingen 1958³, Sp. 1736f. Vom Akt der Anbetung losgelöst können doxologische Aussagen leicht mit metaphysischen Aussagen verwechselt werden und sind auch in der Geschichte der Theologie zum Einfallstor metaphysischer Aussagen geworden. Gleichwohl sind sie doch „von diesen grundsätzlich unterschieden" (Sp. 1737).
63 W. Pannenberg, Gottesfrage heute, Stuttgart 1969, S. 55.

Dementsprechend ist das Bekenntnis zum allmächtigen, gütigen und allwissenden Gott nicht etwa die neutrale Feststellung, dass diese drei Gottesattribute objektiv vorhanden sind, sondern Ausdruck des Glaubens und der Hoffnung auf den Gott, von dessen „Liebe in Jesus Christus" uns nichts scheiden kann, „weder Tod noch Leben, weder Engel noch Fürstentümer noch Gewalten, weder Gegenwärtiges noch Zukünftiges, weder Hohes noch Tiefes noch eine andere Kreatur" (Röm 8,38f.).

Von Gott als dem Allmächtigen, Allwissenden und Gütigen zu reden, kann Angst reduzieren, sie vielleicht sogar nehmen, Sicherheit geben; es kann sich befreiend auswirken und Mut zum Widerstehen schenken.

Zu c): Wenn (biblische) Leidgeschichten oft von ihrem Ende her erzählt werden (siehe oben), dann kommt es darauf an, die Theodizeefrage in die Zeitlichkeit und Geschichtlichkeit des Handelns Gottes zu rücken, sie also nicht rational-argumentativ philosophisch, sondern erzählend (heils-)geschichtlich zu sehen, als „eine temporale Rede, die Gott nicht als ein Jenseits zur Zeit, sondern als ihr rettendes Ende weiß".[64] Am Ende der Geschichte steht – so hofft der christliche Glaube – jene universal-eschatologische Gerechtigkeit, „die auch die vergangenen Leiden rettend einschließt".[65] Die Hoffnung richtet sich also darauf, dass sich schließlich der im Begriff der Theodizee komprimierte Sachverhalt *eschatologisch* aufhellen wird. Im Lichte der zukünftigen Herrlichkeit (und des Weltgerichts) sollen sich die wahren Verhältnisse zwischen göttlichem und menschlichem Handeln herausstellen.[66] Unsere menschlichen Sätze über Gottes Güte, Allwissenheit und Allmacht sind bis dahin vorläufige Sätze (vgl. 1 Kor 13,12), die das Eschatologische weder vorwegnehmen können noch wollen. Nach die-

---

64 J. B. Metz/J. Reikersdorfer, Theologie als Theodizee, in: ThR 95 (1999), S. 179–188, hier S. 180.

65 J. B. Metz, Theologie als Theodizee, in: W. Oelmüller (Hg.), Theodizee – Gott vor Gericht?, München 1990, S. 103–118, hier S. 109.

66 Vgl. M. Luther, De servo arbitrio (1525), WA18, S. 551–787, v. a. S. 685f., 784f.; J. Bauke, Gottes Gerechtigkeit. Hinweise zur Theodizeeproblematik, in: ZThK 102 (2005), S. 333–351.

sem Hoffnungsziel, an dem das Übel vorbei und das „Alte vergangen" ist, sehnen sich (gläubige) Menschen (Röm 8,22f.).

Zu d): Die Theodizeefrage ist im theologischen Verständnis kein überflüssiger Ballast, sondern sinnvoll. Sie hat den Charakter einer „echten Frage", da das Theodizeeproblem vielen Menschen zu einer aus eigener Lebenserfahrung erwachsenden Anfechtung ihres Gottesglaubens wird.[67] In ihrer Funktion als Wahrnehmungs- und Artikulationshilfe ist die Theodizee unverzichtbar. *Im Sinn einer theologisch regulativen Idee sorgt sie legitim und notwendig dafür, dass ein Problem-Komplex wahrgenommen, benannt und ausgesprochen wird, der sonst unthematisiert bliebe.*[68]
Weder muss sie von vornherein das theologische Interesse in die falsche Richtung oder auf eine falsche Ebene lenken, noch muss sich damit der Mensch automatisch zum selbstherrlichen Richter über Gott aufschwingen. Genau genommen zielt die Theodizeefrage nämlich auf den menschlichen Gottesglauben und unser menschliches Reden von Gott, nicht aber auf Gott selbst.[69] Und wie die Suche nach Antworten auf die Theodizeefrage nicht von vornherein ein Akt des Unglaubens ist, so machen solche Antworten das Vertrauen in Gottes Allmacht, Allwissen, Güte und Gerechtigkeit nicht überflüssig. Der Verzicht auf eine rationale Rechtfertigung Gottes bedeutet gleichwohl nicht, auf Verstehens- und Antwortversuche a priori und pauschal zu verzichten. Dementsprechend gibt es eine Anzahl von Antworten auf die Theodizeefrage, die aus der Glaubenserfahrung erwachsen sind, von der Antwort Hiobs an Jahwe: „Darum habe ich geredet im Unverstand, Dinge, die ich nicht begriff …" (Ijob 42,3) bis zum Gedanken der „Zulassung" des Leids durch Gott. Sie alle sind aber *relative* Antworten, die – als „Lösungen" verstanden – nur bedingt zu befriedigen vermögen.

---

67 Vgl. H. Ott, Vom Ursprung des Bösen, a. a. O., S. 187.
68 Vgl. dazu J. Werbick, Von Gott sprechen an der Grenze zum Verstummen, Münster 2004.
69 Vgl. W. Härle, Dogmatik, a. a. O., S. 440.

1.3 Schlussbemerkungen

Der Glaube an Gott gerät durch Schicksalsschläge, Nöte, Krankheiten und Katastrophen in schweres Fahrwasser und unter Argumentationsdruck: Wer und was ist Gott angesichts solcher Leben und Welt destruierenden Ereignisse? Das ist und bleibt die Frage – Antwort- und Verstehensversuche hin oder her, sie lässt sich weder argumentativ beruhigen noch rational lösen. Sie muss, darf und kann aber gestellt werden, so wahr der christliche Glaube nicht einfach fixe Lösungen hat oder ein Sedativum ist und so wahr sich Gott – zumindest in dieser Weltzeit – oft nicht als happy-end-Gott erweist.

Der christliche Glaube kennt summa summarum in Geschichte und Gegenwart vielfältige und unterschiedliche Erfahrungen respektive Erfahrungsmöglichkeiten, wie Menschen mit dem Leid vor Gott umgehen und zurechtkommen. Sie gilt es zu entdecken, zu erinnern und gegebenenfalls in Brauch zu nehmen und zu probieren. Sie können die unlösbare Theodizeefrage nicht bewältigen, aber dabei helfen, sich zu orientieren und zu positionieren, ohne den letzten Schleier vor diesem Geheimnis – in diesem Leben – zu lüften. Und das hat vielleicht auch sein Gutes: „Die interessantesten Fragen", schreibt der französische Schriftsteller Eric-Emmanuel Schmitt in einer Erzählung über einen krebskranken Jungen, „bleiben immer Fragen. Sie bergen ein Geheimnis. Jeder Antwort muss man ein ,vielleicht' hinzufügen. Nur uninteressante Fragen haben eine endgültige Antwort."[70]

Was wir aber in Sachen Theodizee schon heute brauchen, sind begehbare und lebbare Erfahrungen, damit wir im Leiden leben und glauben können.

---

70 E.-E. Schmitt, Oskar und die Dame in Rosa, Zürich 2003[9], S. 94.

2 | Zur Forschungs- und Diskussionslage in der Religionspädagogik

Im Folgenden geht es weder um eine historisch minutiöse und vollständige noch um eine systematische Erkundung der Forschungs- und Diskussionslage zur Frage, wie Kinder und Jugendliche mit dem Thema Gott und Leid umgehen. Mit Blick auf das hier vorzustellende Projekt interessiert lediglich *exemplarisch, was, wie* und *mit welchen Ergebnissen* diesbezüglich während der letzten drei Jahrzehnte in der Religionspädagogik geforscht wurde. Wir gehen dabei chronologisch vor (II.2.1–II.2.6), fassen Wesentliches zusammen (II.2.7) und formulieren in einem Ausblick wichtige Fragen (II.2.8).

2.1 Karl Ernst Nipkow (1987)

Nipkow ist der früheste und entschiedenste Vertreter der Auffassung, dass die Entwicklung des Gottesglaubens von Kindern und Jugendlichen von der Theodizeefrage maßgeblich mit abhängt. Er kommt darauf im Zusammenhang seiner Publikation „Erwachsenwerden ohne Gott?"[71] zu sprechen, die der Gotteserfahrung im Lebenslauf – Kindheit, Jugend, Erwachsenenalter – nachgeht. Bei der Interpretation von über 1200 Texten von Berufsschülerinnen und -schülern im Alter von 16 bis über 20 Jahren aus Württemberg[72] wurde Nipkow Folgendes deutlich: Auch wenn die Kirche die Heranwachsenden mit ihren Lehrtraditionen längst nicht mehr wie früher erreicht, bleibt die Frage nach Gott ein, ja *das* religiöse Thema, nicht im Sinne eines „Restes", sondern als der „Kern"

---

71 K. E. Nipkow, Erwachsenwerden ohne Gott, a. a. O.; vgl. dazu auch die Ausführungen in I.

72 Diese Befragung wurde im Religionsunterricht im Winter 1982/83 durchgeführt. Sie ist dokumentiert bei R. Schuster (Hg.), Was sie glauben. Texte von Jugendlichen, Stuttgart 1984.

von allem anderen. Besonders ausführlich erörtert Nipkow die Gottesfrage im Jugendalter.[73] Im Wesentlichen arbeitet er dabei vier Aspekte heraus, die er für die Gewinnung eines eigenen selbstständigen Gottesglauben bzw. für dessen möglichen Zusammenbruch als entscheidend erachtet. Er formuliert sie als Fragen:

- Ist Gott Helfer und Garant des Guten?
- Ist Gott Schlüssel zu Erklärung von Welt, Leben und Tod?
- Ist Gott bloß ein Wort und Symbol?
- Ist Gott glaubhaft verbürgt in der Kirche?[74]

Für den Verlust des Gottesglaubens bzw. das Festhalten an Gott sei näherhin an erster Stelle „die Schwierigkeit mit einer Rede von Gott, der sich nicht zeigt, nicht konkret eingreift, nicht hilft"[75] zu nennen. Wenn „die Grunderwartung an *Gott als Verkörperung und Garant des Guten*"[76] enttäuscht werde, sich Gott also nicht als „wirksam eingreifende Macht"[77] erweise, stoße der Gottesglaube schnell auf Ablehnung, es komme zu „Vertrauens- und Glaubensverlust"[78] und einer Verabschiedung von Gott. Wichtig an Nipkows Sicht der Dinge ist, dass er die vier „Einbruchstellen"[79] für den Verlust des Gottesglaubens als typisch für das Jugendalter zwischen 16 und 20 erachtet. Ihr Ursprung zwar dürfte in der Kindheit liegen:

73 Vgl. K. E. Nipkow, Erwachsenwerden ohne Gott, a. a. O., S. 43ff.
74 In späteren Veröffentlichungen führt Nipkow nur noch drei (Ein-) Bruchstellen für den Verlust des Gottesglaubens an, nämlich Anfang (Schöpfung), Ende (Tod), Leid; vgl. K. E. Nipkow, Jugendliche und junge Erwachsene vor der religiösen Frage, in: G. Klosinski (Hg.), Religion als Chance oder Risiko. Entwicklungsfördernde und entwicklungshemmende Aspekte religiöser Erziehung, Bern u. a. 1994, S. 111–136, hier S. 124ff.; vgl. ders., Kinder und Jugendliche und der Glaube an Gott, in: M. Wermke (Hg.), Aus gutem Grund: Religionsunterricht, Göttingen 2002, S. 44–51, v. a. S. 45.
75 K. E. Nipkow, Erwachsenwerden ohne Gott, a. a. O., S. 33.
76 Ders., a. a. O., S. 52.
77 Ders., a. a. O.
78 Ders., a. a. O., S. 55.
79 K. E. Nipkow, Gotteserfahrung im Jugendalter, in: U. Nembach (Hg.), Jugend und Religion in Europa, Frankfurt/M. 1987, S. 233–260, hier S. 238.

„Durchgehend ist zu beobachten, daß auch die für das kritische Jugendalter zwischen 16 und 20 charakteristischen Zweifel, die … zu den ausschlaggebenden Entscheidungsfeldern für den Verlust des Gottesglaubens oder das Festhalten an Gott zu führen scheinen, alle in der Kindheit angelegt und zum Teil schon sehr deutlich von Kindern unter zehn Jahren aufgeworfen werden."[80]

Aber – so wird man Nipkow wohl verstehen dürfen, auch wenn er das so nicht explizit formuliert – die vier von ihm angeführten Aspekte werden für Kinder im Unterschied zu den Jugendlichen nicht zu „Einbruchstellen" für den Verlust ihres Gottesglaubens. Den von Nipkow beobachteten Jugendlichen scheint dabei eines gemeinsam zu sein: Sie bringen den Glauben an Gott mit dem Wunsch nach Hilfe in Verbindung, um die Welt, in der sie leben, zu bestehen und zu verstehen. *Insgesamt* lautet jedenfalls Nipkows religionspädagogische Folgerung: „Wo immer die Kirche gegenüber jungen Menschen Verantwortung hat, ist die Theodizeefrage vorrangig zu behandeln."[81]

Im Jahr 2003 hat sich Nipkow neuerlich explizit theologisch und religionspädagogisch mit dem Thema Theodizee auseinander gesetzt, näherhin im Kontext der Elementarisierungsthematik.[82] Sein Beitrag „Theodizee – Leiden verstehen, Böses überwinden?" verbleibt im Wesentlichen im Rahmen theoretischer philosophisch-theologischer Erörterungen: Böses – Gottes gute Schöpfung; Theodizee – Anthropodizee; Gott und Teufel; das Böse als fehlendes Gutes usw. Jedoch fallen, während er ansonsten auf seinem religionspädagogischen Erkenntnisstand von 1987 verbleibt, zwei Akzentsetzungen auf:

– Nipkow nimmt deutlich das religiöse Subjektsein von Kindern und damit den Aspekt der „Kindertheologie"[83] in den Blick, ohne ihn allerdings wirklich für die Theodizee zu explizieren.

80 K. E. Nipkow, Erwachsenwerden ohne Gott, a. a. O., S. 33.
81 Ders., a. a. O., S. 57.
82 Vgl. K. E. Nipkow, Theodizee – Leiden verstehen, Böses überwinden?, in: F. Schweitzer (Hg.), Elementarisierung im Religionsunterricht, Neukirchen-Vluyn 2003, S. 31–46.
83 Ders., a. a. O., S. 32f.

- Ferner beobachtet er ein „heute allenthalben gefördertes *Zweck-Mittel-Denken*", das „versucht, mit der Wirklichkeit ... *rational* fertig zu werden".[84] Allerdings expliziert Nipkow auch diesen Gedanken nicht spezifisch für die Theodizee.[85]

Daraus ergeben sich aus heutiger Sicht Fragen an Nipkow:

- Haben sich seit Nipkows Untersuchung Veränderungen ergeben, die an neuem empirischen Material expliziert werden können?
- Hat die Mehrzahl der Jugendlichen Erwartungen an Gott als „Helfer und Garant des Guten"?
- Ist die Theodizeefrage wirklich die erste Einbruchstelle für den Verlust des Gottesglaubens?
- Betrifft das Theodizeeproblem zwar Jugendliche im Alter von 16–20 Jahren, nicht aber Kinder?
- Inwieweit kann man mit Nipkows religionspädagogischen Schlussfolgerungen von 1987 gegenwärtigen Heranwachsenden gerecht werden?[86]

---

84 Ders., a. a. O., S. 34.
85 Siehe II.4 (Ergebnisse unseres Projektes). Interessanterweise zeichnete sich in unserem Projekt deutlich ab, dass heute Heranwachsende mit dem Leid häufig rationalisierend umgehen und damit fertig zu werden versuchen, indem sie es innerweltlich erklären.
86 Hinsichtlich seiner Untersuchungsmethode merkt Nipkow selbst knapp an, dass er die Auswertung des von R. Schuster gesammelten Datenmaterials im Anschluss an B. G. Glasers und A. L. Strauss' „Grounded Theory" vorgenommen habe (vgl. K. E. Nipkow, Erwachsenwerden ohne Gott, a. a. O., S. 51). Diese konzentriert sich auf wiederkehrende Merkmale, mittels derer man zu „theoretischen Kernkategorien" gelangen kann. Sieht man davon ab, dass die „Grounded Theory" ein ganzes Methodenarsenal umfasst, erscheint Nipkows Vorgehen akzeptabel. Problematisch ist allerdings seine Behauptung, „(f)ür den Südwesten der Bundesrepublik ist die Erhebung (von Schuster) repräsentativ" (K. E. Nipkow, a. a. O., S. 50). Woher will Nipkow das wissen? Und wie lange kann man diese Gültigkeit voraussetzen?

2.2 Johannes A. van der Ven und H. J. M. Eric Vossen (1989)

Van der Ven und Vossen fragen in ihrer Studie[87] „nach der religiösen Entwicklung" der „Sinngebung im ernsten, unaufhebbaren und persönlichen *Leiden*"[88], wie sie sich nach ihrer Auffassung bei Kindern, Jugendlichen und Erwachsenen darstellt. Sie sind dabei an der Frage interessiert, „ob die religiöse Entwicklung des Menschen in einer festen Stufensequenz verläuft"[89], wie das Fritz Oser und Mitarbeiter annehmen. Näherhin handelt es sich bei dieser Veröffentlichung um eine „empirisch-theologische(n) Untersuchung"[90], die zweiteilig aufgebaut ist. In einem *ersten* Teil geben die Autoren eine „theoretische Antwort" auf die Frage, „wie dem Leiden in theologischer und entwicklungstheoretischer Hinsicht Sinn gegeben werden kann".[91] Dafür verbinden sie „bestimmte theologische Sichtweisen des Leidens" mit dem Entwicklungsstufen-Konzept.[92] In einem *zweiten* Teil legen sie Daten aus zwei Altersklassen (Kinder; Adoleszente/Erwachsene) vor, die sie in einer empirisch-theologischen Untersuchung gewonnen haben, und überprüfen damit ihre theoretisch-konzeptionellen Grundannahmen.

In ihrem *ersten* Teil konzeptualisieren und postulieren van der Ven und Vossen (im Anschluss an Piaget und Inhelder) *zwei Theodizeekonzepte*, eine „nicht formal-operatorisch geprägte Theodizee" und eine „formal-operatorisch strukturierte".[93] Die *nicht formal-operatorische Theodizee* ist durch „absolute Transzendenz"[94] gekennzeichnet: Gott ist „der allmächtige und allwissende Lenker und Verursacher des Weltgesche-

---

87 J. A. van der Ven/H. J. M. E. Vossen, Entwicklung religiöser Deutungen des Leidens, in: A. A. Bucher/K. H. Reich (Hg.), Entwicklung von Religiosität, Freiburg/Schweiz 1989, S. 199–215.
88 Diess., a. a. O., S. 199.
89 Diess., a. a. O.
90 Diess., a. a. O.
91 Diess., a. a. O.
92 Diess., a. a. O.
93 Diess., a. a. O., S. 201.
94 Diess., a. a. O.

hens".[95] Der Mensch erscheint demgegenüber als „absolut abhängig, unfrei".[96] Entsprechend sieht die religiöse Sinngebung des Leidens aus: Es wird als „von Gott verursacht", „von ihm gewollt, beabsichtigt und aktiv zugelassen"[97] verstanden. Die zweite *formal-operatorische Theodizee* ist durch „immanente Transzendenz"[98] bestimmt. Hier werden allerdings „Eigenschaften Gottes" wie seine Allmacht und Allwissenheit „auf seine relationale Verbundenheit mit dem Menschen bezogen".[99] Entscheidend sind damit „seine Liebe, sein Erbarmen, seine Güte, Weisheit und sein Mitleiden". Gott steige „im Leiden zum Menschen herab", „was seit Karl Barth theologisch als ,Kondeszenz Gottes' bezeichnet" wird.[100] Gott geht aber nicht in Immanenz und Kondeszenz auf, er bleibt in allem der Transzendente. Diese Theodizeekonzeption „überwindet" „den raum-zeitlichen Konkretismus eines direkt eingreifenden Gottes".[101] Die religiöse Sinngebung des Leidens besteht darin, „daß Gott als derjenige wahrgenommen wird, der dieser Situation existenziellen Sinn verbürgt und neue Perspektiven eröffnet".[102] Für die Untersuchung wird damit die Frage wichtig, ob zwischen den kognitiven Entwicklungsstufen (nicht formal-operatorisch, formal-operatorisch) und den beiden Theodizeekonzepten eine Korrelation besteht oder nicht. Dies wiederum macht es nach Auffassung der Autoren nötig, nach dem Einfluss des soziokulturellen Kontextes generell, der religiösen Sozialisation speziell zu fragen.

Im *zweiten* Teil ihrer Studie referieren van der Ven und Vossen die empirischen Daten und Ergebnisse zweier 1988 durchgeführter Untersuchungen, die eine bei insgesamt 102 *Kindern im Alter von 9–12 Jahren*, die andere bei 982 *Adoleszenten und Erwachsenen*. Die Ergebnisse sehen folgenderma-

---

95 Diess., a. a. O., S. 202.
96 Diess., a. a. O.
97 Diess., a. a. O.
98 Diess., a. a. O.
99 Diess., a. a. O.
100 Diess., a. a. O.
101 Diess., a. a. O.
102 Vgl. diess., a. a. O., S. 203. Van der Ven und Vossen ordnen die Stufen eins und zwei nach Oser dem nicht formal-operatorischen, Stufe vier dem formal-operatorischen Theodizeekonzept zu.

ßen aus: Bei 71,5 % der *Kinder* findet sich eine absolut-trans-zendente Theodizeekonzeption, während eine immanent-transzendente mit 2 % nahezu nicht ins Gewicht fällt. Genau umgekehrt verhält es sich bei *Heranwachsenden und Erwachsenen*: Nur 5 % vertreten das absolut-transzendente Theodizeekonzept, aber 38,7 % das immanent-transzenden-te.[103] Im Anschluss daran versuchen die Autoren zu zeigen, dass die Theodizeekonzepte sowohl der Kinder als auch der Adoleszenten/Erwachsenen nicht nur kognitiv-strukturell entwicklungsbedingt[104], sondern auch von (religiöser) „Sozialisation und Kirchlichkeit"[105] abhängig sind. Das entwicklungspsychologische Niveau der formalen Operationen erweist sich, so gesehen, „als die zwar notwendige, aber keineswegs hinreichende Bedingung dafür, dass diese Denkstrukturen auch im religiösen Bereich, konkret: bei der religiösen Sinngebung des Leidens zum Zuge kommen oder nicht".[106]

Für die Gruppe der *Kinder* ergibt sich hier näherhin Folgendes: 82,7 % der religiös sozialisierten Kinder vertreten ein absolut-transzendentes Theodizeekonzept, wie ihm nur 47,4 % der nicht religiös sozialisierten Kinder anhängen. Nur 3,1 % vertreten ein immanent-transzendentes Theodizeeverständnis. Bemerkenswert ist schließlich, dass 52,6 % der nicht religiös Sozialisierten dem Leiden keinen religiösen Sinn zuschreiben.[107]

Für die Gruppe der *Adoleszenten/Erwachsenen* ergibt sich: Die absolut-transzendente Sicht des Leidens wird von religiös wie nichtreligiös Sozialisierten ohne signifikanten Unterschied im hohen Maße auf einer Skala von 3 (Zustimmung) bis 15 (Ablehnung) mit einem Wert über 12 verworfen. Die

---

103 Das ergibt zusammen genommen knapp 44 % der Befragten. Wie aber votierten die „restlichen" 56 %? Hierzu finden sich in der Studie keine Hinweise.
104 Diesen Anschein vermittelt Bucher (vgl. II.2.3).
105 J. A. van der Ven/H. J. M. E. Vossen, Entwicklung religiöser Deutungen des Leidens, a. a. O., S. 205. Ich halte es an dieser Stelle für wichtig, darauf hinzuweisen, dass auch Oser den Faktor Sozialisation sehr wohl erwähnt; vgl. III.1.3 unserer Studie.
106 Diess., a. a. O., S. 209.
107 Diess., a. a. O., S. 206.

immanent-transzendente Theodizeekonzeption wird auf einer 15er Skala von den religiös Sozialisierten mit einem 7.4 Punktwert eher favorisiert, während ihn die nicht religiös Sozialisierten mit 11.1 eher ablehnen.

Summa summarum finden van der Ven und Vossen damit einerseits bestätigt, dass

> „das den beiden ersten Stufen entsprechende absolut-transzendente Theodizeemodell ... bei jüngeren Probanden angetroffen wird, das immanent-transzendente hingegen ... bei Jugendlichen und Erwachsenen".[108]

Mit einer gewissen Plausibilität unterscheiden sie sinnvoll zwischen Kindern und Jugendlichen sowie Erwachsenen. In Ergänzung zu Oser weisen sie allerdings – zu Recht – auf die soziokulturellen Faktoren hin, die die Entwicklung auch mit beeinflussen.

Aus heutiger Sicht ergeben sich Fragen an van der Ven und Vossen:

- Lässt sich mit einer solcherart erwachsenenzentrierten und theologisch reflektierten Theodizeekonzeptualisierung wirklich die (religiöse) Lebens- und Erfahrungswelt von Kindern, Jugendlichen und Erwachsenen erforschen?
- Entscheidet damit nicht die Theodizeekonzeptualisierung über das, was in der Lebenswelt gefunden werden kann?
- Gibt es lebens- und erfahrungsweltlich wirklich nur diese zwei Theodizeekonzepte? Oder ist es nicht vielmehr so, dass andere gar nicht vorkommen können, weil sie durch die Grundannahmen a priori ausgeschlossen sind?
- Sind van der Vens und Vossens Ergebnisse wirklich so valide – v. a. bei den Adoleszenten/Erwachsenen –, wie das die Ergebnisdarstellung behauptet?
- Verleitet die Annahme zweier gleichsam konstrukthaft a priori vorhandener und (als Entitäten) abrufbarer Theodizeekonzepte nicht zu der Vorstellung, der/die Einzelne übernehme lediglich solche vorgefertigten Konzepte, das einzelne (religiöse) Subjekt sei aber nicht selbst gefordert und müsse nicht individuell „konstruieren"?

---

108 Diess., a. a. O., S. 211.

2.3 Anton A. Bucher (1992)

In einer empirisch angelegten Studie ist Bucher der Frage nachgegangen, wie Kinder und Jugendliche das Problem „Gott und das Leid" sehen und zu bewältigen versuchen: „Kinder und die Rechtfertigung Gottes"[109] hat er seine Studie überschrieben, in der er davon ausgeht, dass bereits Kinder die Frage nach der Gerechtigkeit Gottes angesichts des Leids in der Welt stellen und Antworten darauf geben können. Untersuchungsmethodisch legte Bucher in drei Altersgruppen (5–7 Jahre; 11–13 Jahre; 15–17 Jahre) den Kindern und Jugendlichen eine Dilemmageschichte zu „Gott und Leid" vor, an die sich Fragen zur Sache anschließen, z. B. „ob Gott dies Unglück zugelassen, ob er es sogar gewollt habe".[110]

Ein erstes wichtiges Ergebnis ist: Kinder und Jugendliche bringen kognitiv-entwicklungspsychologisch bedingt (hier ist Bucher ganz deutlich von J. Piaget und F. Oser/P. Gmünder[111] abhängig) „Gott und Leid" unterschiedlich zusammen.

Ein zweites wichtiges Ergebnis: Bucher meint drei unterschiedliche Theodizeekonzeptionen bei Kindern und Jugendlichen feststellen zu können, die er für entwicklungsbedingt hält. Seiner *ersten* Theodizeekonzeption zufolge sehen Kinder Gott als allmächtig an: Gott kann den Menschen Leid zufügen und die Menschen können nichts dagegen tun; Gott hat aber auch die Macht, Menschen zu heilen. Er kann direkt in das Weltgeschehen eingreifen und Gutes wie Böses tun; er erscheint als „deus ex machina". Die Kin-

---

109 A. A. Bucher, Kinder und die Rechtfertigung Gottes? – Ein Stück Kindertheologie, in: Schweizer Schule 79 (1992), S. 7–10.
110 Ders., a. a. O., S. 8.
111 Buchers drei Argumentationsniveaus bewegen sich nachweisbar eindeutig auf den ersten drei Strukturstufen von F. Oser/P. Gmünder, Der Mensch – Stufen seiner religiösen Entwicklung, a. a. O.; zur Kritik an Oser/Gmünder vgl. exemplarisch aus empirisch-sozialwissenschaftlicher Sicht E. Billmann-Mahecha, Entwicklung von Moralität und Religiosität, in: C. Henning/S. Murken/E. Nestler (Hg.), Einführung in die Religionspsychologie, Paderborn 2003, S. 118–137, v. a. S. 127ff.

der dieser Konzeption haben ein anthropomorphes Gottesbild. Einige Kinder vertreten auch ein dualistisches Welt-
bild: Gott ist für das Gute, der Teufel jedoch für das Böse
verantwortlich. Für diese Konzeption ist typisch, dass Kinder das Leiden direkt auf Gott zurückführen, die zweitge-
nannte Gruppe auch auf den Teufel. Die Menschen können
jedenfalls nichts dagegen tun.

Die *zweite* Theodizeekonzeption lässt sich beschreiben
mit: „Wie der Mensch zu Gott, so Gott zum Menschen".[112]
Kinder sehen einen Zusammenhang zwischen dem menschlichen Handeln und dem darauf reagierenden Handeln
Gottes. Der Mensch kann durch sein Verhalten Gott so beeinflussen, dass dieser das Leid verhindert – dass er eingreift und die Menschen belohnt – oder dass er *nicht* eingreift und so die Menschen bestraft. Bei den Antworten der
Kinder, weshalb Gott in einer Leidsituation nicht eingreift,
gibt es verschiedene Erklärungsversuche, z. B. die, dass Gott
den Menschen prüfen will oder dass die Schuld beim Menschen liegt, der vielleicht vorher nicht gottgemäß gehandelt
oder gelebt hat. Gott ist in jedem Fall nach dem do-ut-des-
Schema gerechtfertigt. Das Leid wird als Strafe Gottes für
menschliches Versagen angesehen.

Die *dritte* Theodizeekonzeption findet sich Bucher zufolge erst ab dem Jugendalter. Gott wird in dieser Konzeption
durch die Vorstellung gerechtfertigt, dass er dem Menschen
Freiheit gibt, sich dem Guten oder dem Bösen zuzuwenden.
Der Mensch wird als freies und selbstverantwortliches Wesen gesehen, das selbst schuld am Leid und verantwortlich
dafür ist.

Die von Bucher identifizierten Stufen haben eine hohe
Affinität zur Stufentheorie von Oser und bestätigen sie,
und zwar auch hinsichtlich der altersmäßigen Verteilung:
100 % der 5–7-Jährigen argumentieren auf der ersten,
75,8 % der 11–13-Jährigen und 66,7 % der 15–16-Jährigen
auf der zweiten und 23,3 % der 15–16-Jährigen auf dem Niveau der dritten Theodizeekonzeption. Die Lebensjahre
8–10 sind in Buchers Studie ausgespart; Gründe dafür werden nicht genannt.

112 A. A. Bucher, Kinder und die Rechtfertigung Gottes?, a. a. O., S. 9.

Buchers Verdienst ist es zweifelsohne, den Sachverhalt „Kind – Gott – Leid" empirisch untersucht, dabei verschiedene Niveaus bzw. Konzeptionen des religiösen Umgangs mit dem Leid entdeckt und schließlich die Erwachsenenzentriertheit religiöser Urteile aufgesprengt zu haben. Fragen an Bucher aus heutiger Sicht:

- Ist es nicht so, dass aufgrund der Hypothesen prüfenden Anlage der Untersuchung im Grunde nichts anderes in den Blick genommen werden kann als das, was die Strukturstufentheorie vorgibt?
- *Ließen* – und *lassen* – sich diese drei kognitiven Niveaus von Theodizeekonzeptionen auch mit einem alternativen Forschungsdesign mit qualitativen Methoden generieren?
- Wo bleibt bei Bucher der Faktor soziokulturelle Umwelt?

2.4 Reinhold Mokrosch (1995)

Mokroschs Ergebnissen liegen Gespräche zugrunde, die er während des Golfkrieges (1991) und während des Völkermordes in Ruanda (1994) mit insgesamt 17 Kindern im Alter von 5–11 Jahren über die Leiden der davon betroffenen Menschen geführt hat.[113] Nach seiner Auffassung fragen Kinder generell nach Gott, wenn sie Leid erfahren, also sowohl nicht religiös wie religiös sozialisierte Kinder. Während A. Bucher die Auffassung vertritt, dass die verschiedenen Theodizee-Verständnisse entwicklungsbedingt sind, will Mokrosch bei Kindern *vier Theodizeekonzeptionen* identifizieren können, die *ohne eindeutige Altersabgrenzungen* zu finden sind: Kinder, die zum *ersten* Theodizee-Typ zu rechnen sind, denken magisch-mythisch und hätten gern, dass Gott, der alles kann, ins Weltgeschehen eingreift. Kinder des *zweiten* Theodizee-Typs zweifeln an der Macht Gottes, wenn er in einer Leidsituation nicht eingreift; manche Kinder fragen sich sogar, ob es Gott überhaupt gibt. Diesen zweiten Typ findet man Mokrosch zufolge eher selten. Die meisten Kinder glauben trotz des Leids, dass

---

113 R. Mokrosch, Kinder erfahren Leid und fragen nach Gott – Wie sollen wir reagieren?, in: RpB 35 (1995), S. 87–95.

es Gott gibt. Zweifel an der Existenz Gottes treten nach Mokrosch verstärkt im frühen Jugendalter auf. Erst dann kommt es oft zu direkter Gotteskritik oder auch zur Gottesleugnung. Kinder des *dritten* Theodizee-Typs entdecken, dass Gott selbst mit den leidenden Menschen mitleidet. Sie fordern aber nicht, dass der allmächtige Gott auf magische Weise ins Weltgeschehen eingreifen soll, sondern wollen, dass er ihnen im Leiden beisteht und ihnen Kraft und Trost spendet. Kinder, die zum *vierten* Typ zu rechnen sind, suchen in einer Leidsituation die Schuld nicht bei Gott, sondern machen Menschen dafür verantwortlich und halten Leid für etwas ganz Selbstverständliches. Sie führen, um das Leid zu erklären, konkrete Ursachen dafür an.

Für die von Mokrosch ins Auge gefassten Kinder ergibt sich proportional Folgendes: *Viele* Kinder vertreten den *ersten* Theodizee-Typ, nur *wenige* den *zweiten*, eine *kleine* Gruppe den *dritten*, und es gibt auch *Kinder*, die dem *vierten* Typ zuzurechnen sind; sobald sie eine natürliche oder menschliche Ursache für das Leid finden können, erklären sie es nicht länger magisch, mythisch oder animistisch und hadern dann auch nicht mit Gott.[114]

Markant für Mokrosch ist seine Auffassung, dass sich die Leidbearbeitung der Kinder gerade nicht durch kognitiv-strukturell bedingte Theodizeemuster bzw. -niveaus entwickelt und entsprechend geprägt wird – wie könnten sonst Kinder relativ gleichen Alters so unterschiedliche Erklärungstypen bzw. -muster gebrauchen? Bei den Theodizee-Typen handele es sich vielmehr „um archetypische Denkmuster ..., welche die Kinder schon vor ihren Leiderfahrungen kollektiv übernommen haben".[115] Die konkreten Leiderfahrungen der Kinder formen dann allerdings die kollektiven individuell um, so dass Kinder im nahezu gleichen Alter unterschiedliche Theodizeekonzepte vertreten.

Positiv erscheint an Mokroschs Studie, dass sie nahe am Kind explorieren will, dazu die schöpferisch-konstruierende

---

114 Mokroschs Quantifizierungen sind nichts sagend, da er zum einen nicht zeigt, wie sie zustande kamen. Zum anderen fehlt den Zahlenangaben Mokroschs für die vier Typen die notwendige Präzision.
115 Mokrosch, a. a. O., S. 94.

Kraft der Kinder im Umgang mit der Theodizee bemerkt und es vermeidet, bestimmte Theodizee-Typen bestimmten Altersstufen zuzuweisen.

Fragen an Mokrosch aus heutiger Sicht:

– Welchen Grad der Verallgemeinerung lassen seine Ergebnisse auf einer so schmalen Erhebungsgrundlage zu?

– In welchen intersubjektiv nachvollziehbaren Schritten wurden die vier Theodizee-Typen gebildet? Sie wirken eher als vom theologisch-religionspädagogischen Experten konstruiert und scheinen weniger der (religiösen) Lebens- und Erfahrungswelt der Kinder abgelauscht.

– Welche grundlagentheoretischen Kategorien verwendet Mokrosch bei seiner Auswertung? Und wie generiert er die Typen aus dem Datenmaterial?

– Wieso zeigt er nicht anhand seines Materials, wie er – Oser und Bucher umkehrend – zu der Annahme kommt, dass kindliche Leidverarbeitungen die religiösen Denktypen bzw. -muster der Kinder beeinflussen?

– Was ergibt sich aus Mokroschs Annahmen für Jugendliche und Erwachsene? Gelten sie auch hier oder sind sie nur einzuschränken?[116]

2.5 Helmut Hanisch (1997)

Im Rahmen eines deutsch-österreichischen religionspädagogischen Forschungsprojektes sind Ursula Arnold (für Österreich) sowie Gottfried Orth (Braunschweig) und Helmut Hanisch (Leipzig) der Frage nachgegangen, „Was Kinder glauben".[117] Dazu wurde mit insgesamt 56 9–11-jährigen

---

116 Mokrosch mischt verschiedene Datentypen für seine Analyse (vgl. a. a. O., S. 87): 17 „Gespräche" mit Kindern, die wissenschaftlich nicht näher bestimmt werden – offen bleiben etwa die Methode der Gesprächsführung wie die soziale Situation der Probanden und der Ort der Gespräche; es geht ferner nirgends hervor, ob Einzel- oder Gruppengespräche geführt wurden bzw. ob eine Interview-Situation vorlag oder nicht.

117 U. Arnold/H. Hanisch/G. Orth, Was Kinder glauben. 24 Gespräche über Gott und die Welt, Stuttgart 1997.

Schülerinnen und Schülern im Dezember 1995 und Januar 1996 im Religionsunterricht gearbeitet. Zum Zwecke der Datengewinnung sollten die Kinder Gottesbilder malen; anschließend wurden mit ihnen anhand von Leitfragen 30–40-minütige Interviews im näheren oder weiteren Kontext des Religionsunterrichts geführt. Davon wurden 24 Gespräche ausgewählt, die Einblick „in den Reichtum religiöser Sprachfertigkeit und theologischer Reflexionskompetenz von Kindern"[118] geben. Bei der Auswertung dieser Gespräche machte Helmut Hanisch eine Entdeckung, die mit unserem Thema zentral zu tun hat und in einem Gegensatz zu einer Grunderkenntnis von Karl Ernst Nipkow steht. Letzterer hatte – wenn auch nur in einem Nebensatz – darauf hingewiesen, dass die Probleme, die im kritischen Jugendalter zum Festhalten oder Verlust des Gottesglaubens zu führen scheinen, „alle in der Kindheit angelegt und zum Teil schon sehr deutlich von Kindern unter zehn Jahren aufgeworfen werden".[119] Im Gegensatz dazu wurde Hanisch im Rahmen der obigen Untersuchungen darauf aufmerksam, dass Kinder am Ende der Grundschulzeit Gott keineswegs aufgrund von Leiderfahrungen in Frage stellten oder an ihm zu zweifeln begännen, weil er in bestimmten Situationen nicht geholfen habe oder helfe. Vielmehr fänden die Kinder, deren Gespräche analysiert wurden, infolge eigener Überlegungen *eine Reihe von Gründen*, die das Handeln bzw. Nichthandeln Gottes rechtfertigten würden. Insofern erscheinen Kinder geradezu als Apologeten oder Advokaten Gottes.[120] Auf diese Weise gelinge es ihnen jedenfalls, ihren Gottesglauben aufrechtzuerhalten. So erklärt beispielsweise Silvia aus Leipzig, warum es Gott zugelassen hat, dass ihr Großvater sterben musste, obwohl sie Gott gebeten hatte, ihn am Leben zu lassen, mit den Worten: „ . . . Gott hat das auch schon gewollt, dass mein Opa dann auch mal stirbt. Weil, es kann ja ein Mensch nicht so lange leben bleiben, sonst wäre ja die Mensch . . . ähm, die Welt übervoll mit

---

118 Diess., a. a. O., S. 9.
119 K. E. Nipkow, Erwachsenwerden ohne Gott, a. a. O., S. 33.
120 Vgl. entsprechende Ergebnisse bei I. Winkler, Leiderfahrung, a. a. O.; vgl. Teil I der vorliegenden Studie.

Menschen. Und deswegen finde ich es auch, da hat Gott schon etwas Recht, dass er meinen Opa eben sterben lassen hat. Ich meine, ich finde es auch gut, dass Gott ihm nicht eine so schlimme Krankheit gegeben hat, dass er sich nicht gequält hat und so. Das finde ich auch schön, dass mein Opa in Frieden gestorben ist."[121] Silvia klagt Gott also keineswegs wegen des Verlustes ihres Opas an, sondern sie findet plausible Gründe, warum Gott so handelte, wie er handelte. Sie hat also keinen Grund, Gott in Frage zu stellen oder an ihm zu zweifeln.

An anderer Stelle führt Hanisch ein weiteres Beispiel für das apologetische Verhalten von Kindern angesichts des Leids an. Die zehnjährige Stefanie – ebenfalls aus Leipzig – betet regelmäßig abends im Bett. Zusätzlich betet sie auch vor Klassenarbeiten. Dabei geht sie grundsätzlich davon aus, dass Gott ihr immer hilft. Dennoch macht sie die Erfahrung, dass sich ihre Noten bei Klassenarbeiten trotz ihrer Gebete keineswegs verbessern. Wie geht sie damit um? Die Verantwortung für die schlechten Noten schreibt sie nicht Gott zu, sondern sich selbst, weil sie, wie sie sagt, „alles falsch hingeschrieben hat".[122] Auch Stefanie findet also eine plausible Erklärung dafür, warum sie trotz ihrer Gebete bei Klassenarbeiten keinen Erfolg hat. Sie klagt Gott deswegen keineswegs an, sondern sucht die Verantwortung dafür bei sich selbst, wobei sie davon ausgeht, Gott wolle nicht, dass sie Fehler mache. Ihr Vertrauen in Gott erscheint unerschüttert, weil dieser ihr offenbar alles richtig einsagt, sie es aber dennoch falsch hinschreibt. Die letzte Verantwortung liegt demnach nicht bei Gott, sondern bei Stefanie.

Silvia und Stefanie unterscheiden sich zwar inhaltlich deutlich hinsichtlich ihrer Apologie Gottes, beide klagen ihn aber nicht an, sondern Gottes Handeln erscheint aus ihrer Sicht gerechtfertigt. Sieht man genauer hin, kann man entdecken, dass sich die beiden Mädchen in unterschiedlicher Weise zum Anwalt Gottes machen: Denkt die eine von Gott her und auf ihn hin, so bringt die andere sich selbst

121 U. Arnold/H. Hanisch/G. Orth, Was Kinder glauben, a. a. O., S. 148.
122 Aus einem unveröffentlichten Interview.

ins Spiel – eine erstaunliche Differenzierung angesichts einer geringen Altersspanne.[123]

Es ist das Verdienst von Hanisch, sich der Sache „Kind – Leid – Gott" phänomen- und schülernah zuzuwenden, also – ohne die Strukturstufen in den Vordergrund zu rücken – v. a. durch Beobachtung und „dichte Beschreibung" zu forschen und zu tragfähigen Erkenntnissen zu kommen.

Fragen an Hanisch aus heutiger Sicht:

– Ist die Anwalts- bzw. Entschuldigungsthese Gottes für Kinder (mittleren Alters) verallgemeinerbar? Oder handelt es sich bei Kindern auf diesem Argumentationsniveau bzw. mit diesem Argumentationsmuster um Ausnahmefälle?
– Lässt sich diese Beobachtung heute – in weiteren Untersuchungen – erneut machen?

2.6 Reto L. Fetz u. a. (2001)

Im Rahmen einer breit angelegten, empirisch gearbeiteten Studie zur Weltbildentwicklung und zum Schöpfungsverständnis bei Kindern und Heranwachsenden, die – wie vorausgeschickt werden muss – relativ deutlich auf der Oserschen Strukturstufentheorie aufbaut, kommen Reto Luzius Fetz, Karl Helmut Reich und Peter Valentin[124] unter anderem – freilich nur kurz – auch auf die Theodizeeproblematik zu sprechen. Mit unseren kritischen Ausführungen zu einem theologisch zureichenden Theodizeeverständnis im Hintergrund („Kann Gott theologisch zureichend als universaler ‚Sinnstifter' verstanden werden?")[125], halten wir folgende Passage aus dem genanntem Werk von Fetz u. a. für aussagekräftig, zumal sie zudem das erkenntnisleitende Forschungsinteresse dieser Veröffentlichung kennzeichnet:

---

123 Vgl. Weiteres bei H. Hanisch, „ . . . manchmal träume ich, dass Gott eine Tochter hat, die sich um die Gedanken, Wünsche und Träume der Kinder kümmert . . ." Zur religiösen Phantasie von Kindern, in: W. H. Ritter (Hg.), Religion und Phantasie, Göttingen 2000, S. 89–112, hier S. 100.

124 R. L. Fetz/K. H. Reich/P. Valentin, Weltbildentwicklung und Schöpfungsverständnis, Stuttgart/Berlin/Köln 2001.

125 Vgl. dazu den Teil II.1.2.

„Die Welt des Kinderglaubens kennt also einen Gott, der nicht nur durchgängig Sinn stiftet, sondern auch in jedem Fall den Sinn wiederherstellt. Dank diesem Gott werden für das Kind alle Sinnfragen beantwortbar, alle Theodizeeprobleme lösbar. Das Kind ‚weiß‘ auf seine Weise mehr als der Erwachsene; es hat nach einigem Nachdenken auf alles eine Antwort bereit. Die kindliche Denkstruktur erzeugt in Verbindung mit dem kindlichen Urvertrauen einen Gottesglauben, für den die Welt im Prinzip immer sinnvoll ist und daher in jedem Fall sinnvoll gedacht oder genauer ‚erzählt‘ werden kann, sofern nur die Erfahrungswelt und die Einbildungskraft des Kindes ausreichen, die für diesen Fall passende Erklärung oder ‚Geschichte‘ zu fabulieren.“[126]

Im Buch wird die Überzeugung vertreten, dass Kinder keine Probleme mit Gott haben, wenn sie auf Leiderfahrungen treffen.[127]

Fragen an Fetz/Reich/Valentin aus unserer Sicht:

– Verstellt hier eine normativ genommene Strukturstufentheorie die Erkenntnis der kindlichen Eigenperspektive mehr, als sie sie ermöglicht?
– Werden die Ergebnisse den Erfahrungswelten von Kindern gerecht?

2.7 Resümee

Wiewohl die einzelnen oben dargestellten Untersuchungen wichtige Aspekte zur Theodizee-Thematik bei Kindern und Jugendlichen beisteuern, lassen sich doch daraus keine Thesen formulieren oder verallgemeinerbare Schlussfolgerungen ableiten, die als Ausgangspunkt unserer Untersuchung dienen könnten, und zwar aus folgenden vier Gründen:

Erstens sind die Fragestellungen, von denen sich die einzelnen Forscher leiten ließen, nicht vergleichbar. Zweitens unterscheiden sich die Stichproben teilweise erheblich im Hinblick auf das Alter und die Zusammensetzung der Pro-

126 Diess., a. a. O., S. 182.
127 Dies steht im Widerspruch zu Ergebnissen von I. Winkler (vgl. I.), teilweise auch von H. Hanisch (vgl. II.2.5) und unserem Projekt (vgl. II.3, 4 und 5).

bandinnen und Probanden. Drittens sind methodisches Instrumentarium und Vorgehen ebenfalls unterschiedlich und von daher nur in Ansätzen vergleichbar. Viertens sind die Untersuchungen zu unterschiedlichen Zeiten durchgeführt worden, wobei anzunehmen ist, dass Zeitumstände und geschichtliche Entwicklungen nicht nur zur Veränderung der jeweiligen Ausgangslagen führen, sondern auch die jeweiligen Ergebnisse beeinflussen und verändern.

Dennoch sind die oben aufgeführten einzelnen Untersuchungen (II.1–II.6) wichtig, um zu einer eigenen differenzierten Sichtweise der Probleme zu kommen. Dabei stellen sich nach kritischer Durchsicht obiger Studien folgende Fragen:

- Taucht die Theodizeefrage bei Kindern *und* Jugendlichen in gleicher Weise auf?
- Kommt es bei Jugendlichen eher zum Verlust des Gottesglaubens als bei Kindern?
- Sehen nur Kinder Gott als allmächtig an, als jemanden, der in die Welt eingreift, Leid zufügt und beendet?
- Verwenden die Schülerinnen und Schüler verschiedene Theodizeekonzepte?
- Lassen sich die anzutreffenden Theodizeekonzepte als Archetypen oder auf der Basis einer Stufentheorie verstehen?
- Welche Rolle spielt die religiöse Sozialisation?

2.8 Fragen und Ausblick

Die Forschergruppe „Bayreuth/Leipzig" interessierte zunehmend, wie Kinder und Jugendliche – wenn sie ihre Eigenperspektive und ihr eigenes Relevanzsystem artikulieren können – mit „Gott und dem Leid", also der Theodizeefrage, umgehen. Welche Auswirkungen haben Leiderfahrungen auf ihr Gotteskonzept, Welt- und Selbstverständnis? Die oben referierten Studien erbrachten diesbezüglich nicht nur interessante Erkenntnisse, sondern werfen auch zahlreiche Fragen auf, die nach grundsätzlicher Klärung verlangen.

1) *Die Dringlichkeit des Themas.* Die Studien gehen seit Nipkows „Erwachsenwerden ohne Gott" durchweg davon aus,
dass für Kinder und Jugendliche die Theodizeefrage das
Problem schlechthin sei. Wir hatten demgegenüber in zahlreichen Gesprächen mit Religionslehrkräften (in den letzten drei bis vier Jahren) den Eindruck gewonnen, dass das
in dieser Dringlichkeit heute nicht mehr zutrifft, die Theodizeefrage also heute bei Kindern und Jugendlichen nicht
mehr das gleiche Gewicht hat wie vor zwanzig bis dreißig
Jahren; sie erscheint uns relativiert und anders konnotiert.

2) *Theoretische Grundannahmen.* Das Grundproblem der dargestellten Studien besteht darin, dass sie in aller Regel mit
massiven theoretischen Grundannahmen arbeiten, die ihre
Ergebnisse entsprechend beeinflussen und vorwegnehmen.
So basieren die vorgestellten Arbeiten nicht ausschließlich,
aber doch in hohem Maße – wenn auch im Einzelnen unterschiedlich – auf der kognitiv-strukturellen Stufentheorie
Osers. Wie tragfähig ist dieses Konzept aber heute im konkreten Zusammenhang der Theodizeefrage bei Kindern
und Jugendlichen wirklich? Könnte es sein, dass die Strukturstufentheorie zu Zeiten eines mehrheitlich akzeptierten
theistischen Gotteskonzeptes erklärungskräftiger war, als
das heute in religiös veränderten und pluralisierten Zeiten
der Fall ist?[128] Handhabt man das Osersche Modell zu normativ, unterschlägt man womöglich diese Veränderung auf
der makrosozialen Ebene. Zudem erscheinen oben analy-
sierte Studien deutlich aus der Perspektive des Relevanzsystems von Erwachsenen (und theologisch Gebildeten!), und
nicht aus der von Kindern und Jugendlichen gearbeitet.

3) *Erkundung der Eigenperspektiven.* Unser Ausgangspunkt
lautet daher: Wie kann eine Untersuchung zum Thema
Kind – Leid – Gott aussehen, die nahe an den Kindern und
Jugendlichen (und nur mit sparsamen theoretischen Vorannahmen) forscht? Könnten sich in einer entsprechenden

---

128 Vgl. dazu die differenzierten Ausführungen bei H.-G. Ziebertz/B.
Kalbheim/U. Riegel, Religiöse Signaturen heute, Gütersloh/Frei-
burg i. Br. 2003, v. a. S. 325ff.

empirischen Erhebung, die mittels offener methodischer Verfahren die Eigenperspektive von Kindern und Jugendlichen erforscht und also wirklich deren eigene Relevanzsysteme wahrnimmt[129], nicht zum Teil ganz andere Denk- und Argumentationsweisen zeigen[130], als sie in der Strukturstufentheorie bzw. in den oben vorgestellten Arbeiten postuliert werden? Dementsprechend gilt es, die (religiösen) Eigenperspektiven und Relevanzsysteme von Kindern und Jugendlichen explorativ zu *erkunden*[131], damit wir sie wirklich „kennen *lernen*" können. Unsere religionspädagogische Forschung soll sich demzufolge nicht auf das richten, „was es schon gibt", sondern auf das, was noch nicht identifiziert und in dem Sinne noch nicht „Gegenstand" ist. Zu klären wird also sein, wie der Umgang von Kindern und Jugendlichen mit der Thematik „Gott und das Leid" im Rahmen ihrer eigenen Relevanzsysteme aussieht.

4) *Schulbezogene Untersuchung.* Nachdem es bislang keine entsprechenden schulbezogenen Studien gibt, soll geklärt werden, wie Schülerinnen und Schüler vom späten Grundschulalter (4. Klasse) bis zum 12. Schuljahr mit dem Thema umgehen. Die Konzentration auf diese Altersspanne und die Schule hat mit unserem religionspädagogischen Interesse am schulischen Religionsunterricht und mit erhebungspragmatischen Gegebenheiten zu tun.

5) *Religionspädagogische Reflexion.* Das erkenntnisleitende Interesse der vorliegenden Studie gilt nicht allein der Erhebung und der Interpretation von Daten. Vielmehr zielen wir damit durchgängig auf die Praxis in Schule und Gemeinde, verfolgen also schul- und gemeindepädagogische Absichten. Insofern wollen unsere Ausführungen insgesamt Hilfen für den (pädagogischen) *Umgang* mit der Theodizeeproblema-

---

129 Siehe dazu v. a. II.3 unserer Studie.
130 Vgl. E. Billmann-Mahecha, Entwicklung von Moralität und Religiosität, a. a. O., S. 128 und II.4 und 5 unserer Studie.
131 Vgl. K. Lorenz, Art. Forschung, in: Enzyklopädie Philosophie und Wissenschaftstheorie, Bd. I., Mannheim 1980, S. 663f; J. Mittelstraß, Die Häuser des Wissens, Frankfurt/M. 1998.

tik sein – diesem dienen letztlich die theologisch-philoso-
phischen Ausführungen zur Sache (II.1 und II.2), die empirischen Befunde mit den dazugehörigen Interpretationen
(II.3–II.5) sowie die religionspädagogischen Folgerungen
und Anstöße (III).

3 | Projektaufbau

3.1 Erkenntnisinteresse

Im folgenden Abschnitt geht es darum, die Überlegungen zur empirischen Erhebung und ihre Durchführung darzustellen. Wir beginnen mit der Benennung der Erkenntnisinteressen und schildern anschließend ihre Umsetzung in ein Erhebungsdesign.

Das Forschungsprojekt untersuchte die thematische Fragen, ob, wie, wann und unter welchen Bedingungen sich die religiöse Auseinandersetzung mit Leiderfahrungen vom Grundschul- bis zum jungen Erwachsenenalter verändert bzw. welche Gesichtspunkte und Dimensionen konstant bleiben.[132] Die Studie verfolgte dabei zwei Ziele. Zum Ersten sollte eine „entwicklungspsychologische Kartografie"[133] der Auseinandersetzung mit der Theodizeefrage von der Phase des Grundschulkindes (4. Jahrgangsstufe) bis zur Phase des frühen Erwachsenenalters, also dem Ende der Schulzeit, erstellt werden. Wir waren an einer möglichen Altersvertei-

---

132 Die starke Ausrichtung auf den Entwicklungsaspekt war jedenfalls die ursprüngliche Intention. Es ist eine andere Sache, dass dieser Aspekt im Zuge der Durchführung in den Hintergrund rückte, weil sich nur wenige entwicklungspsychologische Anhaltspunkte ergaben.

133 Mit entwicklungspsychologischer Kartografie ist der Versuch gemeint, ein Landschaftsbild der religiösen Entwicklung bezüglich der Theodizeethematik zu zeichnen. Das bedeutet sowohl die Bestandsaufnahme der für die Kinder und Jugendlichen thematisch relevanten Kategorien bei der Beschäftigung mit dieser Frage sowie auch die Entdeckung möglicher Entwicklungslinien und -verläufe von der vierten bis zur zwölften Jahrgangsstufe. Die bewusst sparsame theoretische Vorannahme bestand darin, dass die schulorganisatorisch gebildeten Alterskohorten in Form von Jahrgangsklassen beim Vergleich Veränderungen bei der Beschäftigung mit der Theodizeefrage erkennen lassen würden.

lung im Sinn von „Entwicklung" interessiert. Hintergrund für die Frage der religiösen Verarbeitung von Leiderfahrungen war die These, dass Kinder, die sich in einer Notsituation an Gott um Hilfe wenden, bei ausbleibender Gebetserhörung tendenziell in Gefahr seien, ihren Glauben zu verlieren, so die These Nipkows.[134] Ob dem so sei, wollten wir überprüfen. Zum Zweiten sollten die Ergebnisse der Studie Möglichkeiten für den religionspädagogischen und den didaktischen Umgang mit der Theodizeefrage artikulieren helfen.

3.2 Methode

Ein seit langem bekannter Schwachpunkt der meisten Untersuchungen zur Entwicklung von Religiosität liegt auf methodischem Gebiet. Vereinfachend gesagt überwiegt die Tendenz, aufgrund der gewählten Methoden sich eher an den Sinnbestimmungen von Erwachsenen zu orientieren, als diejenigen von Kindern und Jugendlichen in den Blick zu bekommen. Wir verwenden dafür den Begriff des Relevanzsystems. Den Begriff des Relevanzsystems entlehnen wir der Terminologie von Alfred Schütz.[135] Im von uns verwendeten Sinn stellt ein Relevanzsystem den Sonderfall eines Sinn- oder Bezugssystems dar.[136] Das Relevanzsystem eines Individuums oder einer Gruppe beschreibt die Gewichtung (Valenz, Wertigkeit, Hierarchie) der Elemente eines Sinn- oder Bezugssystems. Ein Weg zur Überwindung dieses Problems der ungewollten bzw. ungeplanten Erwachsenenzentrierung des empirischen Materials besteht in der Anwendung von Erhe-

134 Siehe dazu II.1 und II.2.2 vorliegender Studie.
135 A. Schütz, Das Problem der Relevanz, Frankfurt/M. 1982; A. Schütz/Th. Luckmann, Strukturen der Lebenswelt, Bd. 1, Frankfurt/M. 1988[3] u. Bd. 2, Frankfurt/M. 1990[2], passim in beiden Bänden.
136 Vgl. E. Nestler, Denkfähigkeiten und Denkweisen. Ein bereichs- und biographietheoretischer Rahmen zur Rekonstruktion der Entwicklung religiöser Kognition, in: C. Henning/E. Nestler (Hg.), Religionspsychologie heute, Frankfurt/M. u. a. 2000, S. 123–159, hier S. 150–154.

bungsmethoden, die vorwiegend zu einer Artikulation der Relevanzen der Untersuchten führen bzw. eine methodisch kontrollierte Unterscheidung zwischen Eigen- und Fremdrelevanzen ermöglichen. Wir entschieden uns deswegen methodologisch für die von Bohnsack erarbeitete Grundlegung des *Gruppendiskussionsverfahrens*.[137] Der Dreh- und Angelpunkt dieses Verfahrens ist, dass die Gesprächsgruppe ihre Relevanzen selbst artikulieren kann, wobei gruppendynamischen Prozessen eine tragende Rolle zukommt.

Unter *erhebungsmethodischer* Perspektive können die Gruppenmitglieder aufgrund ihrer Relevanzen so „natürlich wie möglich argumentieren". Unter *unterrichtsmethodischer* Perspektive wollten wir die schulische Situation so „normal" wie möglich erhalten.

Zur Initiierung der Gruppengespräche haben wir eine fiktive *Erzählung* über einen an Krebs erkrankten Jungen verwendet („Leiderzählung"). Mit Hilfe vorgegebener Leitfragen sollten die Schülerinnen und Schüler die Leidthematik bearbeiten (Unterrichtsaspekt). Erhebungsmethodisch handelt es sich für uns dabei um den in offenen Interviewverfahren üblichen *„Leitfaden"*.

Methodisch waren wir bei der Planung der Studie also daran interessiert, dass die Relevanzen der Schülerinnen und Schüler das erhobene Material stärker strukturieren sollten, nicht so sehr die Interventionen der Forscher. Besonders in Passagen starker „Selbstläufigkeit"[138] der Gespräche und an Stellen von großer „metaphorischer Dichte"[139]

---

137 R. Bohnsack, Rekonstruktive Sozialforschung, Opladen 2003[5]; P. Loos/B. Schäffer, Das Gruppendiskussionsverfahren, Opladen 2001.
138 Der Begriff der Selbstläufigkeit spielt bei Bohnsack eine große Rolle. Bei selbstläufigen Diskursabschnitten ist eine Gruppe ganz bei sich, bewegt sich innerhalb ihres eigenen Erfahrungshorizonts und ihres eigenen Relevanzsystems. In solchen Passagen können das Kollektive, der Rahmen und die Orientierungsmuster, Geschlechts- und Generationenspezifisches besonders gut beobachtet werden. Vgl. R. Bohnsack, Rekonstruktive Sozialforschung, a. a. O.
139 An solchen Stellen lassen sich häufig so genannte Fokussierungsmetaphern beobachten. Bohnsack hat den Begriff der Fokussierungsmetapher als methodisches Prinzip zum Identifizieren von Schlüsselstellen in Texten eingeführt. Von Fokussierungsmetaphern aus

lassen sich nach Bohnsack die Relevanzen der Diskutanten rekonstruieren. Obwohl wir, wie bei anderen Interviewverfahren auch, Fragen stellten bzw. Gesprächsimpulse gaben, ermöglichte es das Gruppendiskussionsverfahren, uns weitgehend aus dem Gespräch der Schülerinnen und Schüler heraushalten zu können.

Daneben war es uns ein Anliegen, uns bei der Erhebung so eng wie möglich an die übliche Praxis des Religionsunterrichts zu halten bzw. uns im Wesentlichen im Rahmen des Religionsunterrichts selbst zu bewegen. Wir wollten eine Religionsstunde halten, deren Erträge für uns Forscher empirisches Material bereitstellen, die für die Schülerinnen und Schüler jedoch mehr Religionsunterricht als Erhebung sein sollte. Wir wählten also ein typisches Medium des schulischen Religionsunterrichts, eine Erzählung, und eine übliche Sozialform des Unterrichtens, das Gruppengespräch.[140]

3.3 Institutioneller Erhebungskontext

Auf der Seite der Bayreuther Forschergruppe gab es eine längere Phase, in der wir überlegten, in welchem institutionellen Kontext die Erhebung sinnvoll durchgeführt werden könnte. Nicht von Anfang an stand die Institution Schule im Mittelpunkt. Möglich erschienen uns auch Kindergarten und Kirchengemeinde als geeignete Erhebungskontexte. Da jedoch der schulischen Religionspädagogik unser Hauptinteresse gilt, entschieden wir uns – auch aus Gründen der Durchführbarkeit – für die Schule. Im Planungsstadium schloss sich der Bayreuther die Leipziger Forschergruppe an. Aus dieser Kooperation ergab sich bald ein Fokus auf west- und ostdeutsche Schulen in kirchlicher Trägerschaft. Hierbei spielten auch pragmatische Überlegungen eine Rolle.

lassen sich grundlegende Orientierungsmuster rekonstruieren. Vgl. das Stichwort „Fokussierungsmetapher" in W. Fuchs-Heinritz u. a. (Hg.), Lexikon zur Soziologie, Opladen 1994[3], S. 207. Ausführlicher in P. Loos/B. Schäffer, Das Gruppendiskussionsverfahren, a. a. O., S. 70f.

140 Die ausführliche Darstellung des Aufbaus der Erhebung findet sich im Anhang.

3.4 Durchführung der Erhebung

Im Winter 2002/2003 führten an zwei Schulstandorten Teams aus Dozenten, Assistenten und wissenschaftlichen Hilfskräften die Erhebung durch. In der Regel bestand ein Erhebungsteam aus zwei Personen. Bei Terminkollisionen konnte auch eine einzelne Person die Erhebung in einer Klasse durchführen. Vor dem Beginn der Religionsstunde – zum Beispiel während der Pause oder beim Wechseln von einem Klassenzimmer zum anderen – wurden die Aufnahmegeräte im Klassenzimmer aufgebaut. Die Lehrkraft, die Unterricht in der Klasse hatte, stellte das Forscherteam kurz vor, dann übernahm dieses den Unterricht. Den Schülerinnen und Schülern wurde nach einer kurzen Einleitung zur Untersuchung eine auf Tonträger aufgenommene Erzählung, die wir „Leiderzählung" (Peter-Geschichte) nannten, vorgespielt. Anschließend sollten sie in Sitzgruppen von drei bis fünf Personen die auf einem Blatt vorgegeben Fragen besprechen. Das Anhören der Erzählung und die anschließende Gruppendiskussion nahmen den größten Teil der Unterrichtsstunde ein. Sollte im Anschluss an diese Unterrichtsstunde weiterer Diskussions- und Gesprächsbedarf in einer Klasse bestehen, empfahlen wir den Lehrkräften, das Thema weiter zu bearbeiten. Als Einstiegsmöglichkeit in eine weitere Unterrichtsstunde schlugen wir ein kleines Schreibprojekt vor, in dem ein neuer Schluss der Leiderzählung in Partner- oder Einzelarbeit geschrieben werden sollte.

Auf diese Weise erhoben wir 45 Gruppendiskussionen in Leipzig und 39 in Nürnberg. Damit lagen uns 84 Gespräche vor. Die Diskussionsgruppen bestanden in der Regel aus drei bis fünf Schülerinnen und Schülern. In Ausnahmefällen – zum Beispiel in der Sekundarstufe II in Nürnberg – bildeten sich auf Eigeninitiative der Schülerinnen und Schüler auch Gruppen mit sieben bis acht Personen. Auf diese Weise kamen wir auf eine Gesamtzahl von 199 Kindern und Jugendlichen in Leipzig sowie 193 in Nürnberg. Das Sample umfasste demnach 392 Personen aus beiden Städten. Da wir Neigungsgruppen zuließen, bildeten die Schülerinnen und Schüler sowohl gemischte Gruppen als auch reine Jungen- und Mädchengruppen. Alle Diskussionen wurden mit Hilfe von Kassettenrekordern elektromagnetisch aufgezeichnet. Ein Team von acht wissenschaftlichen Hilfskräften am Institut für Religionspädagogik in Leipzig verschriftlichte unter Aufsicht von Christoph Gramzow nach von Erich Nestler zusammengestellten Transkriptionsregeln die Tonaufzeichnungen. Zur Möglichkeit der späteren Rekonstruktion der Gesprächssituation in bestimmten Gruppen wurden von Renate Hofmann für alle Nürnberger Gruppendiskussionen Gedächtnisprotokolle angefertigt, die in fünf bis sechs Sätzen die Erhebungssituation und besondere Vorkommnisse beinhalteten.

3.5 Leiderzählung

Um die Gruppendiskussionen in Gang zu bringen, wählten wir eine Erzählvorlage von Iris Winkler.[141] Nach einer gründlichen Überarbeitung des Textes legten wir ihn unserer Erhebung zugrunde. Mit der Erzählung wollten wir den Schülerinnen und Schülern ein Medium an die Hand geben, mittels dessen sie ihre eigenen Erfahrungen erörtern konnten. Dadurch sollte es den Schülerinnen und Schülern möglich werden, über Leiderfahrungen zu sprechen. Das Gespräch über die Leiderzählung ermöglichte den Schülerinnen und Schülern zudem die Wahl von Distanz und Nähe gegenüber dem Thema. Da Gruppengespräche häufig eine Eigendynamik entwickeln, in denen die Beteiligten engagiert Position beziehen und auch persönliche Erfahrungen thematisieren, rechneten wir mit Diskussionspassagen, die von Offenheit und Selbstläufigkeit geprägt sein würden.

Wir waren uns dessen bewusst, dass die von uns gewählte Erzählung möglicherweise eine Engführung des Themas Leid auf Krankheitserfahrungen zur Folge haben könnte. Diese Gefahr nahmen wir in Kauf. Andererseits wollten wir den Schülerinnen und Schülern Material an die Hand geben, das konkret genug war, eigene Erfahrungen darzustellen und zu erörtern. Darüber hinaus musste die Erzählung noch weiteren wichtigen Anforderungen genügen. Wir be-

---

141 Siehe Abschnitt I.5.

nötigten sie für ein relativ breites Altersspektrum. Sie musste für Zehnjährige und auch für Achtzehnjährige als Gesprächsimpuls dienen können. Weiterhin sollte die Erzählung die Religionsthematik fokussieren. Schließlich war es nötig, dass sie die Kinder und Jugendlichen zur Auseinandersetzung mit der Theodizeefrage motivierte. Es erschien uns hierbei sinnvoll, die Gottesthematik vorzugeben, weil der Schwerpunkt unserer Fragestellung auf der Theodizeefrage lag, die die Gottesthematik voraussetzt.

Es wäre nach der abgeschlossenen Erhebung also müßig nachträglich zu fragen, ob die Schülerinnen und Schüler bei allgemeineren Vorgaben, die die Gottesthematik bewusst ausgeklammert hätten, von sich aus das Thema Gott eingeführt hätten.

Unser Erkenntnisinteresse bezog sich auf die spezifischere Frage des Umgangs mit der Theodizeethematik und nicht auf die allgemeinere Frage, ob die Schülerinnen und Schüler überhaupt ein wie auch immer geartetes Gotteskonzept in ihre Diskussionen über Leiderfahrungen einbringen würden.

Letztlich kam noch eine weitere Überlegung ins Spiel. Wir wollten in unserer Untersuchung einen sparsamen und offenen Weg der Theoriebildung hinsichtlich der religiösen Entwicklung erkunden. Trotz aller berechtigten Kritik, die an einzelnen Dilemmageschichten von Kohlberg und Oser in der Fachliteratur geäußert wird, hielten wir ihren Grundgedanken, über Dilemmata zur Auseinandersetzung mit einem Thema anzuregen, für fruchtbar. Zwar stellt unsere Erzählung kein Dilemma im engeren Sinn dar, weil es darin nicht um sich wechselseitig ausschließende Handlungsalternativen geht. Die Erzählung legt jedoch mehrere ausgesprochene und unausgesprochene Deutungs- und Handlungsalternativen nahe, die von den Schülerinnen und Schülern entdeckt und diskutiert werden können.

Um sicher zu gehen, dass auch in weniger diskussionsfreudigen Gruppen sinnvolle Gespräche zustande kommen, beschlossen wir, den Kindern und Jugendlichen Fragen an die Hand zu geben, die eine Hilfe dafür sein konnten, Äußerungen zu dem uns interessierenden Themenbereich in Gang zu setzen. Wir werden die Fragen weiter unten nennen. Zuerst jedoch sei hier die „Leiderzählung" von Peter wiedergegeben:

Peter Müller ist 9 Jahre alt und geht in die 4. Klasse. Er sitzt neben seinem besten Freund Andi. Fast jeden Nachmittag nach den Hausaufgaben unternehmen die beiden Jungen etwas zusammen. Zur Familie Müller gehört auch Peters kleine Schwester Susi, sie geht noch in den Kindergarten. Peters Schwester hat einen Lieblingsteddy, den sie ständig mit sich herumträgt; der Teddy hat nur noch ein Auge, weil er schon so viel Kuscheln und Im-Dreck-Spielen mitmachen musste. Oft spielen Peter und Susi zusammen und vertragen sich meistens ganz gut.

Abends bevor Peter und Susi ins Bett müssen, liest ihnen ihre Mutter oder manchmal ihr Vater immer noch eine Geschichte vor. Danach beten sie zusammen, entweder lesen sie ein Gebet aus Peters Gebetbuch oder sie sprechen eines, das sie sich selbst ausdenken.

Seit einiger Zeit hat Peter häufig Kopfschmerzen. Die kommen ganz plötzlich, z. B. früh in der Schule oder am Nachmittag und hören nach einiger Zeit wieder auf. Peters Kopf tut manchmal im Unterricht so sehr weh, dass er gar nicht mehr richtig aufpassen kann. Er erzählt seiner Mutter und seiner Lehrerin davon. Zuerst haben sich seine Mutter und die Lehrerin nichts weiter dabei gedacht. Kinder haben oft einmal Kopfschmerzen, wenn sie z. B. erkältet sind oder zu wenig geschlafen haben. Aber bei Peter werden die Schmerzen immer stärker und lassen nie so richtig nach, auch seine Augen tun ihm weh. Peter betet oft allein zu Gott, er erzählt ihm von seinen Schmerzen und bittet ihn, sie aufhören zu lassen.

Peter muss mit seinen Eltern zu vielen Ärzten gehen, die ihn untersuchen. Er hofft so, dass die Ärzte ihm helfen. Peter muss sogar eine Zeitlang im Krankenhaus bleiben und kann nicht in die Schule gehen. Die Ärzte lächeln Peter immer zu, also kann die Krankheit nicht so schlimm sein. Aber einmal hat Peter beobachtet, wie seine Eltern mit einem Arzt leise gesprochen haben, er konnte nichts verstehen, doch er hat genau gesehen, dass seine Mutter geweint hat. Peter hat Angst, er weiß nicht, was mit ihm los ist! Keiner erzählt ihm etwas. Wenn er Tabletten nimmt, lassen seine Kopfschmerzen nach, ohne Tabletten tut sein Kopf sehr weh. Peter traut sich aber auch nicht, seine Mutter zu fragen, woran er erkrankt ist. Er fürchtet, dass seine Mutter dann wieder weint, und er will nicht, dass seine Mutter traurig ist.

Peter ist jetzt wieder zu Hause, er kann aber noch nicht in die Schule gehen. Er schläft viel, auch tagsüber. Er ist sehr schwach und wackelig auf den Beinen und muss im Bett bleiben. Einmal in der Woche kommt der Doktor, schaut nach ihm und bringt ihm neue Tabletten mit. Zweimal in der Woche muss Peter ins Krankenhaus, dort wird sein Kopf bestrahlt. Zusammen mit seiner Mutter und seiner Schwester Susi betet Peter mehrmals am Tag, er erzählt Gott, was ihm Angst macht.

Peter geht es immer schlechter, und er kann nicht in die Schule gehen. Wenn er allein in seinem Zimmer ist, weint er oft. Er vermisst seinen Kumpel Andi und die anderen Klassenkameraden. Eines Tages klingelt das Telefon, es ist Andi. Peter freut sich, Andis Stimme zu hören: „Peter, wie geht es dir? Wir wollten doch im Frühling anfangen, unser Baumhaus zu bauen. Bist du wieder fit, dass wir anfangen können?" Peters Stimme ist sehr leise, er schluckt: „Andi, ich würde so gerne mit dir draußen spielen und das Baumhaus bauen, aber ich kann nicht, ich bin so schwach, ich kann mich kaum auf den Beinen halten. Außerdem habe ich schreckliche Kopfschmerzen". Peter schluchzt, er kann nichts mehr sagen. Seine Mutter nimmt das Telefon und geht aus dem Zimmer. Nach kurzer Zeit kommt sie wieder herein, nimmt Peter ganz fest in den Arm und sagt: „Morgen kommt Andi dich besuchen!" Kurz darauf kommt auch Susi in Peters Zimmer – sie hat wie immer ihren Teddy im Arm – sie setzt sich zu Peter ans Bett und schiebt ihren einäugigen Teddy in Peters Arm: „Den schenk ich Dir! Du hast dann immer jemanden zum Kuscheln." Peter streichelt die Wange seiner Schwester und bedankt sich bei ihr. Er drückt Susis Teddy fest an sich.

An einem Samstagnachmittag sitzen Peters Eltern auf seinem Bett und spielen mit ihm ein Kartenspiel. Peter ist nicht so recht bei der Sache. Völlig in Gedanken versunken hört Peter, wie seine Mutter sagt: „Peter, du bist an der Reihe, wo bist du denn mit deinen Gedanken?". Peter legt irgendeine Karte auf den Stapel. Jetzt nimmt er seinen ganzen Mut zusammen und fragt seine Eltern, was er sich so lange nicht zu fragen getraut hat: „Mama, Papa, sagt mir doch bitte, welche Krankheit ich habe. Warum geht es mir so schlecht – muss ich sterben?"". Peter sieht, wie über die Wangen seiner Mutter Tränen kullern. Peters Vater legt den Arm um seine Schulter und sagt ihm, dass er einen Gehirntumor hat, das ist eine Art Krebskrankheit. Die Ärzte können Peter nicht operieren, weil sich der Tumor an einer Stelle im Kopf befindet, wo man nicht operieren kann. Es gibt keine Hilfe für Peter, nur die Schmerzen können gelindert werden. Peter betet zusammen mit seinen Eltern.

Peter weiß jetzt, dass er sterben wird. Er denkt: „Ich wollte doch noch das Baumhaus bauen und wieder neben Andi in der Schule sitzen ... Ich will nicht sterben!'""

3.6 Probelauf der Leiderzählung im Religionsunterricht

Um zu prüfen, ob sich die Erzählung tatsächlich eignete, und um günstige Frageformulierungen herauszufinden, legte sie Erich Nestler vorab verschiedenen Klassen und Jahrgangsstufen einer staatlichen Berufsschule vor, an der er als Religionslehrer unterrichtet. Wir betrachten diese Versuche im Religionsunterricht der Berufsschule als so genannte „qualitative Experimente" (Kleining).[142] Der methodologische Zusammenhang ist die „Praxisforschung" (Prengel), ein Typ von Forschung, der sich ganz innerhalb des Handlungsvollzugs von Unterricht abspielt und der in eine wissenschaftliche Erforschung des Unterrichts einmünden kann.[143]

---

142 G. Kleining, Das qualitative Experiment, in: Kölner Zeitschrift für Soziologie und Sozialpsychologie 38 (1986), S. 724–750; ders., Das qualitative Experiment, in: U. Flick/E. v. Kardorff/H. Keupp (Hg.), Handbuch qualitative Sozialforschung. Grundlagen, Konzepte, Methoden und Anwendungen, Weinheim 1995², S. 263–266. Siehe auch B. Vollmers, Kreatives Experimentieren. Die Methodik von Jean Piaget, den Gestaltpsychologen und der Würzburger Schule, Wiesbaden 1992.

143 Siehe hierzu A. Prengel, Perspektivität anerkennen – Zur Bedeutung von Praxisforschung in Erziehung und Erziehungswissenschaft, in: B. Friebertshäuser/A. Prengel (Hg.), Handbuch qualitative Forschungsmethoden in der Erziehungswissenschaft, Weinheim/München 1997, S. 599–627.

Erich Nestler wählte für seine Erkundung zwei methodisch unterschiedliche Unterrichtsabläufe. Im ersten Ablauf spielte er den Jugendlichen die Leiderzählung vor und ließ sie – jedoch ohne Aufzeichnungsgeräte – anschließend ebenso wie in der Erhebungssituation die Fragen beantworten. Im zweiten Ablauf entwarf Erich Nestler ein Unterrichtsprojekt zum Thema Leid, bei dem die Jugendlichen eine Gestaltungsaufgabe zu bearbeiten hatten.

In beiden Abläufen tauchten ähnliche Reaktionen gegenüber der Leidgeschichte auf. Die Jugendlichen waren in der Regel betroffen und empfanden die Erzählung trotz ihres fiktiven Charakters als reales Ereignis. Diese Betroffenheit behinderte jedoch nicht den kritischen Umgang mit den Personen der Geschichte. So wurden zum einen die fehlende Kommunikation der Eltern über die Krankheit und die ausbleibende Information ihres Kindes über dessen Zustand bemängelt. Viele Jugendliche empfanden zum anderen die Frömmigkeitspraxis der Familie und Peters als überzogen. Beides wirkte sich teilweise hinderlich auf den Gesprächsfluss und auf die Bereitschaft zur Auseinandersetzung mit der Leidfrage aus.

Diese Voruntersuchung erwies sich als äußerst hilfreich, weil wir beobachten konnten, dass Jugendliche einzelne Fragen unseres ursprünglichen Fragenkatalogs nicht verstanden. Daraufhin überarbeiteten wir die Fragen mit dem Ziel besserer Verständlichkeit für die Schülerinnen und Schüler und größerer Genauigkeit bezüglich unseres Erkenntnisinteresses. Auffällig war weiterhin, dass viele Schülerinnen und Schüler mit dem Schluss der Erzählung nicht zufrieden waren und das „wirkliche" Ende wissen wollten. Aus dieser Beobachtung entwickelte Erich Nestler für andere Klassen die Aufgabe, einen neuen Schluss für die Petergeschichte zu schreiben. Diese Variante ging in die Vorschläge für die an der empirischen Untersuchung beteiligten Religionslehrerinnen und Religionslehrer zur thematischen Weiterführung nach der Erhebungsstunde ein.

3.7 Fragen zur Leiderzählung

Abhängig von der Jahrgangsstufe teilten wir die Aufgaben für die Gruppenarbeit in der Du- oder der Sie-Anrede in schriftlicher Form aus. Erhebungsmethodisch handelt es sich dabei um einen Interview-Leitfaden. Im Folgenden sind beide Fassungen abgedruckt:

Fassung für die 4. bis 9. Jahrgangsstufe:

1. Über die Familie kommt unsägliches Leid. Kennst du Menschen, die ähnliche Erfahrungen gemacht haben?
2. Peter hat eine besondere Beziehung zu Gott. Worin drückt sie sich aus?
3. Hast du einen ähnlichen Glauben wie Peter? Kannst du deine Beziehung zu Gott mit der von Peter vergleichen?
4. Welche Erfahrungen hast du in leidvollen Lebenssituationen mit deinem Glauben/mit deiner Beziehung zu Gott gemacht?

Fassung für die 10. bis 12. Jahrgangsstufe:

1. Über die Familie kommt unsägliches Leid. Kennen Sie Menschen, die ähnliche Erfahrungen gemacht haben?
2. Peter hat eine besondere Beziehung zu Gott. Worin drückt sie sich aus?
3. Haben Sie einen ähnlichen Glauben wie Peter? Können Sie Ihre Beziehung zu Gott mit der von Peter vergleichen?
4. Welche Erfahrungen haben Sie in leidvollen Lebenssituationen mit Ihrem Glauben/mit Ihrer Beziehung zu Gott gemacht?

Diese Fragen wurden in schriftlicher Form jeder Gruppe zur Besprechung vorgelegt.

3.8 Beobachtungen während und nach der Erhebung

Kommunikation in den Erhebungsgruppen. Ungewohnt war für die Kinder und Jugendlichen der mitlaufende Kassettenrekorder. Manche Gruppen „vergaßen" im Zuge der Diskussion das Aufnahmegerät, andere bezogen sich hin und wieder explizit auf die Aufnahmesituation, sei es durch Äußern einer Irritation, sei es durch Herumalbern. In den Gruppen, in denen es zu einem aus unserer Sicht guten Gesprächsverlauf kam, schien die Aufnahmesituation in den Hintergrund zu treten.

Für den Verlauf der Gespräche, sei es, dass sie gut oder weniger gut voranschritten oder stockten, scheinen mehrere Faktoren eine Rolle gespielt zu haben. Das war zum einen der Aufforderungscharakter, der vom Tonband (Hardware) ausging. Wir beobachteten die Freude an der Nachahmung der Rundfunksituation, dann sich selbst zu hören, einen gewissen Spieltrieb und die Lust an Verfügungsgewalt (Stopptaste drücken, anhalten und zurückspulen). Schließlich gab es Hemmungen, sich zu äußern, weil das Tonband daran erinnerte, dass eine Forschergruppe später das Band abhören würde. Es gab natürlich auch Kinder und Jugendliche, die eher gesprächsbereit waren als andere.

Des Weiteren scheint der Modus der Gruppenbildung, ob spontan oder reglementiert, eine Rolle gespielt zu haben.

Es gab ganz offenbar „dysfunktionale Kommunikationssituationen" aufgrund von Konflikten in der Gruppe (Dominanz, über Bemerkungen spotten etc.). Eine gelungene Kommunikationssituation scheint sich dagegen aufgrund einer gewissen Vertrauensbasis[144] ihrer Mitglieder ergeben zu haben.

Die Gesprächsdynamik in den einzelnen Gruppen war unterschiedlich. Dies hing in erster Linie von einzelnen Schülerinnen und Schülern ab, die gleichsam das Heft in die Hand nahmen und die Gruppe moderierten. Die Moderation erstreckte sich auf die Konzentration bezüglich der

---

144 Wir weisen hier auf die Theorieebene der „Basisregeln der Kommunikation" in der Konversationsanalyse hin, die ein Forschungsgebiet der Ethnomethodologie ist. Vgl. R. Hettlage, Ethnomethodologie, in: G. Endruweit/G. Trommsdorff (Hg.), Wörterbuch der Soziologie, Bd. 1, Stuttgart 1989, S. 166–170, besonders S. 168–169. Die fundamentale Funktion des Vertrauens für die Kommunikation erstreckt sich zwar auch auf die situationsspezifischen „Oberflächenregeln", sie setzt jedoch schon unterhalb dieser Ebene ein, nämlich bei den so genannten „Basisregeln".

gestellten Fragen, auf Ermahnungen, zum Thema zurückzu-
kehren, auf die Feststellung, einen Sachverhalt hinreichend
diskutiert zu haben, bis hin zur Rekonstruktion der Geschichte und das systematische Abfragen der Gruppenmitglieder.

Entscheidend für die Qualität der Gespräche war (wie
bereits angedeutet) ganz offenbar die Frage, ob sich die
Schülerinnen und Schüler innerhalb ihrer Gruppe vertrau-
ensvoll und offen gegenüber traten oder ob der Diskurs von
„Störfeuern" verbaler Art durchzogen wurde.

Beobachtungen zur Leiderzählung. Abgesehen von einzelnen
Ausnahmen ließen sich die Kinder und Jugendlichen aller
Altersgruppen auf die Peter-Geschichte ein. Manche Kinder und Jugendliche empfanden das Verhalten von Peter
und seiner Familie als befremdend. Der idealisierende Charakter der Geschichte wurde teilweise kritisiert. So wurde
beispielsweise das Familienbild in der Leiderzählung bean-
standet. Peters Gebetsverhalten erschien vielen Kindern
und Jugendlichen unrealistisch.

Für die Qualität der Gruppengespräche spielte auch eine
unterschiedlich motivierte Distanz oder Nähe gegenüber
der Peter-Geschichte eine Rolle. Aus der Perspektive mancher Kinder und Jugendlicher hatte die Leiderzählung entweder eine Relevanz oder nicht. Die Bereitschaft sich auf
das Thema Krankheit und Sterben einzulassen oder nicht
einzulassen beeinflusste den Gesprächsmodus ebenso wie
die Bereitschaft sich auf die religiösen Implikationen der
Geschichte (Gott, beten etc.) einzulassen oder nicht einzulassen.

Umgang mit den Fragen. Deutlich zu sehen ist, dass unsere
Fragen 2.) und 4.) auf die Gespräche strukturierend gewirkt
haben. Unklar sind uns diejenigen Fälle, in denen Schüler
die ihnen gestellte Frage nicht zu verstehen schienen. Auffällig ist, dass die Gruppenmitglieder in Leipzig eher Ver-
ständnisschwierigkeiten mit Frage 2.) hatten, hingegen in
Nürnberg die Fragen 3.) und vor allem 4.) Verständnisprob-
leme bereiteten. Manche Gruppen hielten sich fast sklavisch
an die gestellten Fragen, andere nahmen sie als Anlass zu

weiter gehenden thematischen Assoziationen, Erzählungen oder Selbstreflexionen.

In den Fällen, in denen die Schülerinnen und Schüler die gestellten Fragen 2.), 3.) und 4.) nicht zu verstehen schienen, könnte es sich um einen Hinweis darauf handeln, dass

a) die Fragestellung für die Schülerinnen und Schüler unklar war,
b) die Kinder und Jugendlichen das Gebet nicht als Indikator für die Beziehung zu Gott verstanden und
c) die hierfür einschlägigen Sozialisationsvoraussetzungen nicht bestanden,
d) bei den betreffenden Schülern keine Gebetspraxis im Alltag gegeben ist, die jene besagte Konstruktion mitbedingen und stützen würde.

Wie bereits gesagt, fällt bei der Frage nach Peters Glauben und Gottesbeziehung (4. Frage) auf, dass sie in Nürnberg bei den Jüngeren *gelegentlich* auf Verstehensschwierigkeiten stieß. Dies war in Leipzig nicht in gleicher Weise beobachtbar: Diese Frage – „Welche Erfahrungen habt ihr in leidvollen Lebenssituationen mit eurem Glauben/mit eurer Beziehung zu Gott gemacht?" – wurde besonders in den Klassenstufen 4 bis 8 *häufig* nicht verstanden.

Krankheit als alleiniges Thema – Unterschied zwischen dem Nürnberger und dem Leipziger Sample. Die oben geschilderten Beobachtungen, wie die Jugendlichen die Leiderzählung in der Berufsschule aufnahmen, decken sich mit den Reaktionen und Prozessen in den Leipziger und Nürnberger Erhebungsgruppen. Als besonders auffällig stellte sich jedoch in allen Erhebungskontexten die Tatsache heraus, dass die Rezeption der Leidthematik aufgrund der Konstruktion der verwendeten Leiderzählung im Wesentlichen auf Krankheit eingeengt wurde.

Das war natürlich nicht unsere Intention. Vielmehr wollten wir die Untersuchung für die religiöse Verarbeitung möglichst aller Typen von Leiderfahrungen offen halten. Wie das Leipziger Sample zeigt, wurde auch tatsächlich eine große Bandbreite menschlicher Leiderfahrungen thematisiert: Hochwasser und Überschwemmungen, der 11. September 2001, Aids, der Krieg im ehemaligen Jugoslawien und die Auseinandersetzungen zwischen Israelis und Palästinensern. Im Nürnberger Sample spielten dagegen fast ausschließlich Krankheitserfahrungen eine Rolle. Bei der Wahl der Erzählung hatten wir dieses potenzielle Problem zwar vorausgesehen, hofften jedoch, dass auch andere Formen des Leidens von Schülerinnen und Schülern in die Gespräche eingebracht würden.

Als besonderes Problem zeigte sich bereits bei der Durchführung der Erhebung – und dieses wurde anschließend durch die Auswertung bestätigt –, dass nur sehr wenige Kinder und Jugendliche über derart drastische Krankheitserfahrungen verfügten wie Peter in der Erzählung und aus diesem Grund die Frage nach ähnlichen Erfahrungen verneinten. Das heißt, Peters paradigmatische Leiderfahrung wurde nicht als solche aufgenommen, sondern auf ihre Konkretheit eingeschränkt. Inhaltlich reichhaltig – in Bezug auf unser Forschungsinteresse – waren dagegen jene Gruppendiskussionen, in denen Jugendliche ihre eigenen Leiderfahrungen einbrachten bzw. in denen sie sich engagiert auf die Thematik einließen.

Peters Glaube/Peters Beziehung zu Gott. Weiterhin fällt unter erhebungstechnischen Gesichtspunkten auf:[145] Entsprechend den Vorgaben der Geschichte wurden „äußere" Religiositätsmerkmale wie Gebet und Gebetshäufigkeit zur Grundlage der Diskussionen gemacht. Die ostdeutschen Schülerinnen und Schüler scheinen bezüglich des Gebets expliziter („Diasporasituation") auf christliche Konzepte und Praxen zu rekurrieren als die westdeutschen („Marktsituation").

Peters Glaube und Gottesbeziehung werden in den meisten Fällen über die Gebetshäufigkeit, jedoch in einzelnen Fällen auch über die vermutete Qualität seines Glaubens (Vertrauen, Erwartung von Gottes Eingreifen) definiert.

---

145 Es lässt sich nicht vermeiden, dass zur Darstellung und Reflexion des erhebungstechnischen Vorgehens bereits Hinweise auf inhaltliche Ergebnisse auftauchen, die natürlich in ausführlicher Form Gegenstand der Auswertung in einem späteren Abschnitt sind.

Bei der Frage nach Peters Glauben und Gottesbeziehung fällt ferner auf, dass sie in Nürnberg von den Jüngeren gelegentlich nicht verstanden wurde. Dies ist nicht in gleicher Weise in Leipzig beobachtbar: Wenn diese Frage 4.) – „Welche Erfahrungen habt ihr in leidvollen Lebenssituationen mit eurem Glauben/mit eurer Beziehung zu Gott gemacht?" – in Nürnberg nicht verstanden wurde, dann war dies in den Jahrgangsstufen 4 bis 8 der Fall.

Man könnte befürchten, dass die explizit christlich-religiöse Fassung der Leiderzählung und unserer Fragen andere Sichtweisen ausblenden würde. Dies war nicht der Fall. Besonders in Leipzig waren explizit atheistische Stellungnahmen in vielen Gruppendiskussionen präsent und auch andere Religionen und weltanschauliche Positionen wurden sowohl in Nürnberg als auch in Leipzig in die Gespräche eingebracht. Es zeigte sich trotz der Gefahr einer christlich-religiösen Engführung vielmehr, dass die expliziten religiösen Vorgaben eine aktive thematische Auseinandersetzung begünstigten. Die ostdeutschen Schülerinnen und Schüler scheinen außerdem eine stärker an konkrete Personen geknüpfte Erfahrung atheistischer Positionen zu besitzen, was aufgrund des soziokulturellen Umfeldes nahe liegt.

3.9 Auswertungsverfahren

Für die Auswertung der Gruppendiskussionen orientierten wir uns an der so genannten „dokumentarischen Methode", die Ralf Bohnsack im Anschluss an Karl Mannheim vertritt. Grundlegend für die dokumentarische Methode ist die „komparative Analyse". „Das bedeutet, dass der zu analysierende Fall vor dem Vergleichshorizont anderer Fälle interpretiert wird und nicht vor demjenigen eines Allgemeinen, über welches zu verfügen der Interpret bzw. die Interpretin dann immer schon in Anspruch nehmen müsste."[146] Verfahrenstechnisch orientierten wir uns dabei an den Schritten der „formulierenden" und „reflektierenden Interpreta-

---

146 R. Bohnsack/P. Loos/B. Schäffer, Die Suche nach Gemeinsamkeit und die Gewalt der Gruppe, Opladen 1995, S. 425.

tion".[147] Bei der formulierenden Interpretation wird eine Nacherzählung innerhalb des Bezugsrahmens der Diskussionsgruppe versucht, bei der reflektierenden Interpretation geht es dann um die Explikation dieses Bezugsrahmens.[148] Die Analyse richtet sich dabei auf die Erfahrungshintergründe der Diskutierenden, das heißt auf die Frage: Welche Erlebnishintergründe kollektiver – bei Bohnsack steht der kollektive Aspekt im Mittelpunkt des Interesses – und/oder (so würden wir für unsere Untersuchung ergänzen) individueller Art dokumentieren sich in den Äußerungen der Gesprächsteilnehmer? Bei der Analyse der Gruppengespräche untersuchten wir also alle thematisch relevanten Äußerungen immer im Zusammenhang des gemeinsam getragenen Diskurses und suchten nach Anhaltspunkten dafür, inwieweit die Äußerungen der Kinder und Jugendlichen auf ihre gemeinsame oder individuelle Erfahrung verwiesen. Natürlich mussten wir eine Bestandsaufnahme aller thematisch relevanten Aussagen der Gesprächsteilnehmer einer Arbeitsgruppe festhalten. Dabei ergaben sich auch Erkenntnisse zu sich in den Gesprächen dokumentierenden Sozialisationshintergründen, zur Gender-Frage und zum Ost-West-Vergleich.

Da im Zuge der konkreten Durchführung von Forschungsprojekten im Rahmen des qualitativen sozialwissenschaftlichen Paradigmas aufgrund seines „entdeckenden", „offenen" Charakters nicht schon im Voraus feststeht, wie die einzelnen zu

---

147 Vgl. R. Bohnsack, Generation, Milieu und Geschlecht: Ergebnisse aus Gruppendiskussionen mit Jugendlichen, Opladen 1989, S. 359–369; ders., Rekonstruktive Sozialforschung, a. a. O. Zur formulierenden Interpretation siehe auch P. Loos/B. Schäffer, Das Gruppendiskussionsverfahren, a. a. O., S. 61ff und zur reflektierenden a. a. O., S. 63f.

148 Der „Bezugsrahmen" oder kurz „Rahmen" wird durch die von den Diskutierenden eingebrachten Vergleiche, in der Terminologie Bohnsacks die „positiven und negativen Gegenhorizonte" sowie die „Enaktierungspotenziale", also die Handlungsmöglichkeiten, konstituiert. Vgl. R. Bohnsack, Generation, Milieu und Geschlecht, a. a. O., S. 28. Vgl. auch die Ausführungen zum Relevanzsystem, das vorwiegend einen größeren Bereich umfasst – nämlich häufig ein ganzes Sinnuniversum wie eine Religion – als der Rahmen, in: E. Nestler, Denkfähigkeiten und Denkweisen, a. a. O.

bewältigenden methodischen und interpretativen Schritte verlaufen werden, soll der Prozess nach Abschluss des Forschungsprojekts noch selbst zum Gegenstand der abschließenden Reflexion gemacht werden. Deshalb dient auch der Begriff „rekonstruktive" Sozialforschung als Alternativbegriff für den Ansatz der qualitativen Sozialforschung. Mit seinem Begriff einer „praxeologischen Methodologie" weist Bohnsack unter anderem mit Berufung auf die Untersuchungen des Physikers und Wissenschaftstheoretikers Michael Polanyi darauf hin, dass ein großer Teil des aus der Handlungspraxis des Forschens resultierenden Erfahrungswissens kein theoretisches, sondern ein „atheoretisches" (Karl Mannheim) ist.[149] Polanyi nennt es „stillschweigendes" oder „implizites" Wissen. Wir wissen mehr, als wir zu sagen wissen, und dieses stillschweigende Wissen oder „unausdrückliche Erkennen" liegt jeder Art von Erkennen zugrunde.[150] Bohnsack „erscheint der Versuch einer methodischen Kontrolle *vorab* der eigentlichen Forschungspraxis, nämlich durch explizit formulierte Hypothesen *ex-ante*, in wissenssoziologischer Perspektive als eine rationalistische Verkürzung und Verharmlosung der Wissensstrukturiertheit des Handelns und Interpretierens. Aussichtsreicher für eine methodische Kontrolle ist hier das mit der rekonstruktiven Sozialforschung verbundene Modell der Textinterpretation mit seinem Prinzip der Sequenzanalyse, also der kontrollierbaren Abfolge von Interpretationsschritten. Hier eröffnen sich Möglichkeiten der forschungspraktischen Kontrolle des Vorwissens zugleich mit einer systematischen Erkenntnis ...".[151] Eine Schlüsselrolle bei der Theoriebildung übernimmt dabei die Methodologie des Vergleichs, die systematische komparative Analyse.

Als die Leipziger und Bayreuther Forschergruppen ihr Projekt planten, wussten sie (außer dem klaren Erkenntnisinteresse und der Wahl der Methode des Gruppendiskussionsverfahrens) nicht, wie sie die große Anzahl an Transkripten im konkreten Prozess der Auswertung bewältigen können würden. Auch aus diesem Grund sei im Folgenden

---

149 Vgl. R. Bohnsack, Rekonstruktive Sozialforschung, a. a. O., S. 196.
150 Ders., a. a. O.
151 Ders., a. a. O., S. 193; Kursivdruck wie im Original.

die praktische Durchführung im Rückblick rekonstruiert und dargestellt.

In der ersten Projektphase gab es einen gemeinsamen Einführungsvortrag in das Gruppendiskussionsverfahren von Erich Nestler und man einigte sich auf Lektüre und Diskussion einschlägiger Methodenbücher, die Grundlage der gemeinsamen Arbeit sein sollten.[152] Von vornherein war beiden Projektteams klar, dass in einer Kombination aus bisheriger Forschungserfahrung und der Auseinandersetzung mit und der Anwendung von einer neuen Methode jede Gruppe ihren eigenen Arbeitsstil würde entwickeln müssen. Rückblickend gelang dies wesentlich zügiger und reibungsloser als ursprünglich erwartet.

Die Auswertung der Transkripte geschah nach den Maßgaben der sequenziellen Textinterpretation. Wir entschlossen uns für die so genannte dokumentarische Methode der Interpretation. Die Handhabung der Arbeitsschritte der formulierenden und reflektierenden Interpretation geschah im Anschluss an Bohnsack, jedoch nicht sklavisch (nach seinem Lehrbuch). Vielmehr wurde sie in den einzelnen Forscher- und Interpretationsgruppen unterschiedlich praktiziert. Das heißt, einzelne Forscherinnen und Forscher führten *beide* Arbeitsschritte der formulierenden und reflektierenden Interpretation in *schriftlicher* Form durch. Andere Teams konzentrierten sich gleich zu Beginn auf die reflektierende Interpretation. Man muss sich vor Augen halten, dass Bohnsack die formulierende Interpretation in *schriftlicher Ausformulierung* der reflektierenden Interpretation in erster Linie aus didaktischen Gründen vorgeschaltet hat. Beim Erlernen des sozialwissenschaftlichen Interpretierens qualitativer Daten soll auf diese Weise sichergestellt werden, dass wirklich die Perspektiven der Forschungssubjekte rekonstruiert werden und nicht einfach unterstellte Auffassungen des Interpreten in die Daten hineingelesen werden. Theologen kennen dies als Unterschied zwischen

---

152 Ders., a. a. O. und P. Loos/B. Schäffer, Das Gruppendiskussionsverfahren, a. a. O.

Exegese und Eisegese biblischer Texte, als das „Hineinlesen" bloßer Vorannahmen gegenüber dem „Herauslesen" sachgerechter Interpretationsmöglichkeiten.[153]

Selbstverständlich liefert der Arbeitsschritt der formulierenden Interpretation die Grundlage für das Verständnis der in den Gruppendiskussionen erhobenen qualitativen Daten. Dies kann auch rein gedanklich erfolgen, ohne Niederschrift. Für den wissenschaftlichen Kommunikationsprozess genügt es, wenn die *Ergebnisse* aus dem Arbeitsschritt der reflektierenden Interpretation *schriftlich* festgehalten werden. Die meisten Forscher in beiden Arbeitsgruppen wählten diesen Weg.

Auch hierzu gilt es eine Ergänzung zu machen. Im Forschungsprozess kristallisierte sich in der Bayreuther Projektgruppe heraus, dass es für die wissenschaftliche Kommunikation innerhalb des Teams sinnvoll wäre, die Ergebnisse, die sich auf der Ebene der reflektierenden Interpretation einstellten, in Thesenform zu bringen. Auf diese Weise wäre es möglich, die sich im Zuge der Interpretation jeden Falles, also jeder einzelnen Gruppendiskussion, ergebenden Interpretationen in eine präzise, gut kommunizierbare und schnell zugängliche Form zu bringen. Rückblickend zeigt sich, dass es die griffige Thesenform allen Interpretenteams erlaubte, im Rückgriff auf das jeweilige den Thesen zugrunde liegende Transkript schnell die Plausibilität der jeweiligen Interpretation zu überprüfen oder die These anhand der Gruppendiskussionen zu falsifizieren, modifizieren, ergänzen oder zu erweitern.

Wir arbeiteten also im Rahmen des Bayreuther Interpretenteams, das sich anfangs als gesamte Bayreuther Forschergruppe traf, später häufiger in Zweierteams, aber parallel dazu auch als Einzelpersonen, mit in Bezug auf die Zusammenfassung der Untersuchungsergebnisse unterschiedlichen Texttypen. Die Vereinheitlichung fand im Bayreuther

---

153 Ohne Vorannahmen kann überhaupt nicht interpretiert werden. Im Zuge „kontrastierender Vergleiche" können diese bei sozialwissenschaftlichen Daten jedoch schrittweise durch empirische Sichtweisen ersetzt werden. Vgl. das Kapitel „Dokumentarische Methode" in R. Bohnsack, Rekonstruktive Sozialforschung, a. a. O., S. 34ff.

Team in Form eines Thesenpapiers statt, das Erich Nestler initiierte und das schließlich Zug um Zug von der gesamten Forschergruppe, einschließlich den Leipzigern, präzisiert und erweitert wurde. Aufgrund der Formulierung der Ergebnisse in Thesenform war es relativ einfach zu erkennen, wann einzelne Behauptungen durch das eine oder andere Transkript falsifiziert und damit verworfen werden mussten oder differenziert und ergänzt werden konnten und so das Spektrum der Ergebnisse erweiterten oder vertieften. Dieses Thesenpapier war hinsichtlich der Ergebnissicherung das erste schriftlich ausgearbeitete Kommunikationsmedium zwischen der Bayreuther und der Leipziger Forschergruppe.

Es entspannen sich intensive Diskussionen, die durch ein langes erstes Ergebnispapier der Leipziger Projektgruppe aufgefangen und bereichert wurden. Hierzu muss ergänzt werden, dass die Leipziger Gruppe anfangs an den Gruppendiskussionen, die in ihrer Stadt erhoben worden waren, arbeitete und die Bayreuther an den Nürnberger Transkripten. Erst im Zuge des weiteren Fortschreitens wurden auch die Transkripte aus der jeweils anderen Stadt einbezogen. Anders als das Bayreuther Thesenpapier war der erste Leipziger Ergebnistext in eine narrative Form gefasst, bei dem die einzelnen Fälle, nach Jahrgängen und Schularten aufgegliedert, im Zuge einer reflektierenden Interpretation präsentiert wurden. Helmut Hanisch hatte zur Validierung der Interpretationsergebnisse des Leipziger Teams bereits in einem frühen Stadium Studierende zum „Gegenlesen" einbezogen, was sich als sehr hilfreich erwies.

Der Leipziger Text – gemeinsam mit dem fortlaufend ergänzten Bayreuther Thesenpapier – wurde die Grundlage des ersten gemeinsamen Arbeitstreffen beider Forschergruppen in Bad Alexandersbad. Zu diesem Zeitpunkt waren noch nicht alle Gruppendiskussionen ausgewertet. Die für uns damals noch spannende und in ihrem Ausgang ungewisse Frage, ob und wie wir zu einer gemeinsamen Synopse unserer Ergebnisse kommen könnten und würden, stellte sich im Zuge der gemeinsamen Arbeit als konstruktiv lösbar heraus. Die Lösung bestand darin, dass der kritisch überarbeitete Leipziger Text Schritt für Schritt bei den folgenden Treffen in Bad Alexandersbad in den Text überführt wurde, der in diesem Buch als Ergebnisteil der empirischen Untersuchung vorliegt.[154] Dabei wurde darauf geachtet, dass der narrative Stil erhalten blieb. Die jeweiligen narrativen Abschnitte erhielten Überschriften in Thesenform. Auf diese Weise wurden große Teile des Bayreuther Thesenpapiers in den Ergebnistext der Leipziger Forschergruppe integriert. Helmut Hanisch hatte den narrativen Text geschrieben, Christoph Gramzow entwickelte die Thesen zu den Gotteskonzepten der Kinder und Jugendlichen im laufenden Kontrast mit der traditionellen christlichen Gotteslehre weiter.

Die Leipziger Gruppe erarbeitete anschließend eine thematische Synopse für das Leipziger Sample. Diese war entsprechend der sich als relevant herauskristallisierten Kategorien aufgebaut. Die Kategorien wurden induktiv generiert, wie es beispielsweise auch das Vorgehen nach der Grounded Theory kennzeichnet.[155] Sie enthielt neben den Kategorien und Thesen einschlägige Textstellen aus den Transkripten mit einer Länge von zirka ein bis zwei Sätzen. Auf diese Weise waren uns wichtige Stellen der Transkripte schnell zugänglich. Wir konnten jedoch auch gleichzeitig weiterhin zügig auf die Originaltranskripte zurückgreifen. Diese thematische Synopse ergänzte die Bayreuther Gruppe mit den Auswertungsergebnissen aller Nürnberger Gruppendiskussionen.

Was waren nun die Vor- und Nachteile unserer Vorgehensweise? Unser Vorgehen hatte im Nachhinein betrachtet zwar den Nachteil, dass es in seinen konkreten Schritten beim Vergleich der Leipziger und Bayreuther Arbeitsweisen, ja sogar noch innerhalb dieser auch in ihren Untergruppen, doch recht heterogen war. Der ganz offensichtliche Vorteil bestand jedoch darin, dass jede Forschergruppe im Wesentlichen ihren bereits in anderen qualitativen Un-

154 Vgl. Kapitel II.4.
155 Vgl. A. L. Strauss, Grundlagen qualitativer Sozialforschung, München 1994.

tersuchungsprojekten eingeübten Forschungsstil, mit dem sie auch bereits vertraut war, zwar modifizieren musste, jedoch im Wesentlichen beibehalten konnte. Ergänzend erwies sich der Wechsel zwischen induktiven und deduktiven Arbeitsschritten, wie Anselm Strauss sie darstellt, als sehr produktiv.[156]

156 Ders., a. a. O., S. 37–40.

4 Auswertung der Gruppengespräche von Nürnberg und Leipzig

Im Folgenden sollen die Ergebnisse der Gruppendiskussionen an den Evangelischen Schulzentren in Leipzig und Nürnberg, die im 4. Schuljahr der Grundschule und in den Schuljahren 6, 8, 10 am Gymnasium und an der Realschule bzw. der Mittelschule sowie im 12. Schuljahr Gymnasium im Grund- und Leistungskurs stattgefunden haben, dargestellt werden. Die Auswertung erfolgt unter thematischen Gesichtspunkten. Unterschiede im Hinblick auf Alter, Geschlecht, Schulstandort und Schulart erschienen uns so unerheblich, dass sie zu vernachlässigen waren. Aus der Analyse der protokollierten Gruppendiskussionen lassen sich fünf Grundtendenzen als Ergebnis festhalten:

a) Die Diskutierenden sprechen die Frage der Theodizee nicht an.

b) Die Diskutierenden gehen beiläufig auf die Frage der Theodizee ein, sehen sie jedoch nicht als Problem.

c) Die Diskutierenden lösen die Frage der Theodizee auf, indem sie dem Leid in der Welt Sinn zuschreiben.

d) Für die Diskutierenden führt Leid dazu, dass Menschen ihren Glauben an Gott aufgeben.

e) Den Diskutierenden scheinen andere Themen wichtiger zu sein als die Frage nach der Theodizee.

Es geht in diesem Ergebnisteil darum, diese fünf Grundtendenzen zu erläutern und sie mit Beispielen aus den Gesprächsprotokollen aus Leipzig und Nürnberg zu belegen. Dabei kommt es uns vor allem darauf an, differenziert herauszuarbeiten, welche Gründe die Schülerinnen und Schüler haben, auf unterschiedliche Weise mit dem Thema „Theodizee" umzugehen.

4.1 Die Diskutierenden sprechen die Frage der Theodizee nicht an

Bei der Durchsicht der formulierenden und reflektierenden Interpretation[157] der Gesprächsprotokolle fällt auf, dass das Thema „Theodizee" keineswegs von allen Schülerinnen und Schülern im Zusammenhang mit der Diskussion des vorgegebenen Textes über die Krankheit Peters und dem entsprechenden Fragekatalog aufgegriffen wird. Statistisch gesehen ist dies sogar der weitaus größte Teil der Stichprobe. Warum dies so ist, dafür gibt es nach sorgsamer Analyse der vorliegenden Transkripte eine Reihe von Gründen, die im Folgenden darzustellen sind.

Nicht ausgesprochene oder fehlende Leiderfahrungen. In den Gesprächen vieler Gruppen sprechen die Schülerinnen und Schüler keine sie persönlich betreffenden Leiderfahrungen an. Daneben betonen sie mehrfach im Anschluss an die Geschichte von Peter, dass sie keine vergleichbaren Erfahrungen gemacht hätten. Weil dies so ist, so haben wir zu schlussfolgern, fühlen sie sich während der Gruppendiskussion weder emotional noch rational herausgefordert, sich mit dem Thema „Theodizee" auseinander zu setzen. Wie wir später sehen werden (vgl. II.4.5), sind es ganz andere Themen als die Frage der Theodizee, die dieser Text bei den Gruppendiskussionen wachruft. Exemplarisch können wir diese Grundtendenz u. a. mit folgenden Auszüge aus den Gesprächsprotokollen belegen:

Ich hatte zum Glück noch nie so 'ne Erfahrung. (J 4, 2. Gr., 6. Klasse G, 23)[158]

---

157 Vgl. II.3 unserer Studie.
158 Für die Kennzeichnung der Zitate gilt Folgendes: Junge/Mädchen, Nummer innerhalb der Gruppe, Nummer der Gruppe, Klasse, Schulart, Gesprächsabschnitt. Entsprechend bedeutet die Abkürzung J 4, 2. Gr., 6. Klasse G, 23: der vierte Junge, Gruppe 2 der 6. Klasse des Gymnasiums, Gesprächsabschnitt 23. Auf eine Ortsangabe wurde bewusst verzichtet. Wechselt der Gesprächspartner innerhalb eines Gesprächsabschnittes, so erfolgt die Angabe der Person vor der wiedergegebenen Aussage.

Ich war noch nie in so 'ner leidvollen Lebenssituation. (J 1, 2. Gr., 8. Klasse G, 19)

Hm, so richtige Erfahrungen mit leidvollen Lebenssituationen hab' ich selbst noch nicht gemacht. (J 4, 2. Gr., 10. Klasse G, 233)

Man war wahrscheinlich noch nie in der Situation, wo man dachte, einem kann nichts mehr helfen. Weil in dieser Situation befindet sich dieser Peter da. (M 1, 6. Gr., 10. Klasse G, 61)

J 2: Hast du schon mal größeres Leid an deinem Körper erfahren? M 2: Nein! (6. Gr., 10. Klasse G, 137, 138)

... ich hab' leidvolle Lebenserfahrungen mit meine fast 16 Jahren jetzt auch noch net gemacht, und mit Gott hat ja bei mir fast gar nichts zu tun, also von daher. (M 1, 2. Gr., 10. Klasse G, 250)

Fehlende Betroffenheit. Neben dem Hinweis auf das Fehlen von Leiderfahrungen nennen manche Schülerinnen und Schüler Beispiele, in denen sie mit Leid konfrontiert waren, ohne dass sie dadurch sonderlich berührt oder betroffen schienen. Dies hängt u. a. offenbar damit zusammen, dass sie mit den leidenden Personen in keinem besonders innigen Verhältnis stehen, dass die familiären Beziehungen nicht sehr intensiv sind oder dass das Erlebnis, von dem die Diskutierenden berichten, weit zurückliegt. Dies geht aus folgendem Zitat hervor.

Aber in der Familie kam so was noch nicht vor zum Glück ... Ja noch nicht mal ein ernster Todesfall oder so. Die waren alle schon alt. Also meine Urgroßeltern, die hab' ich sowieso nicht (gekannt). Vielleicht mal irgendwann mal kennen gelernt, aber da war ich, was weiß ich, total klein. Und meine Großeltern leben alle noch. (J 3, 2. Gr., 10. Klasse G, 53–55)

Unausweichlichkeit des Leides. Manche Schülerinnen und Schüler gehen davon aus, dass Leid unausweichlich und daher fraglos hinzunehmen ist. Wir können daraus schließen, dass Gott für die Diskutierenden mit dem erfahrenen Leid nichts zu tun hat. Es wird als immanentes Geschehen aufgefasst. Davon zeugt das folgende Beispiel:

Also ich hatte mal eine Erfahrung und ähm das war mit meinem Opa, der is' auch schwer erkrankt an einem Tumor im Hals und ähm, da hatten wir auch ähm großes Leid und ham dann gebetet und ham immer gedacht, ob es klappen wird, dass er wieder gesund wird, aber ähm die Ärzte ham auch gesagt, dass er zu alt ist schon zu operieren und dann musste er ähm künstlich ernährt werden und musste dann auch sterben und dann ham wir auch noch gebetet, dass es ihm gut geht. (M 1, 1. Gr., 6. Klasse G, 2)

Offensichtlich nimmt das Mädchen die Krankheit und den Tod des Opas als unausweichlich hin. Darauf deuten die Hinweise auf dessen Alter und die ärztliche Diagnose. Diese plausibel scheinenden Gründe genügen dem Mädchen vermutlich zu akzeptieren, warum der Opa sterben musste. Daher gibt es auch keinen Grund mit Gott zu hadern, obwohl die Gebete der Familie um Genesung des Opas unerhört geblieben sind. Dass Gott wegen des Todes des Großvaters kein Vorwurf gemacht wird, ist nicht zuletzt auch daran erkennbar, dass die Familie nach dem Tod des Opas für dessen Wohlergehen betet. Zugleich ist zu vermuten, dass die Beziehung des Mädchens zu dem Verstorbenen nicht sehr eng war, denn die Fürbittengebete, von denen sie spricht, scheinen von der Familie auszugehen, nicht von ihr selbst.

Schwach ausgeprägte oder fehlende Gottesbeziehung. Die Frage nach der Theodizee wird deshalb nicht thematisiert, weil die Gesprächsteilnehmerinnen und Gesprächsteilnehmer der Gruppendiskussion Zweifel haben im Hinblick auf die Existenz Gottes, über keine intensive Gottesbeziehung verfügen und sich teilweise sogar als Atheisten verstehen. Vor diesem Hintergrund leuchtet es unmittelbar ein, dass Gott von ihnen für das Leid in der Welt nicht zur Verantwortung gezogen wird und sich damit das Problem der Gerechtigkeit Gottes für die betreffenden Schülerinnen und Schüler nicht stellt. Folgende Zitate weisen darauf hin:

Also ich bin nicht gläubig, und aber ich versteh' die, die an Gott glauben und die, äh also die machen sich mit Gott sozusagen Hoffnung. Ich mach' mir mit andren also mit andren Beispielen Hoffnung. (M 2, 1. Gr., 6. Klasse G, 21)

Also ich denk nicht an Gott, sondern ich hab' meinen Glückspfennig (lacht) und na ja gut, da halt ich mich an den Glücksbringer. (M 1, 1. Gr., 6. Klasse G, 32)

Ich glaub' nicht mal an Gott. (J 2, 2. Gr., 6. Klasse G, 53)

Also, ich glaube an den Schutzengel, aber nicht an Gott. (J 1, 2. Gr., 6. Klasse G, 60)

Ähm, es gibt ja keinen Beweis ähm, dass Gott wirklich existiert. Äh also, und Gott haben sie auch nur deswegen, also die brauchen ja jemanden, also ich glaub', das waren die Juden, die Gott irgendwie, oder wer war das? Irgendjemand so ... Na, ja und ähm, die brauchten irgendjemanden, an den sie glauben können und so. Und dann haben sie eben den Gott erfunden. Also ich denke nicht, dass es ihn gibt. Ich glaub' auch nicht so an ihn. (M 1, 3. Gr., 6. Klasse G, 52)

Also ich glaub' zwar nicht so richtig an Gott, aber ich geh' auch manchmal in die Kirche, hauptsächlich weil ich irgendwas auf der Flöte vorspielen muss oder will, je nachdem, wie man das sieht, und da ich eben wie J 3 nicht christlich bin, versteh' ich zwar, warum der das macht, also beten und so was, aber ich würde das selber nicht machen und würde auch meine Beziehung zu Gott, da ich keine besonders große habe, auch nicht mit der von Peter vergleichen. ... Allerdings glaube ich insoweit an Gott, dass es ja irgendjemand gegeben hat, der den Urknall gemacht hat. (J 2, 4. Gr., 6. Klasse G, 41, 43)

M 2: Ich glaub' an Gott net wirklich. Ich glaub' nicht an die Bibel. Ich glaub' des gibt schon irgendjemand, der das so macht.
M 1: Jetzt hör' mal zu, wenn du an irgendetwas nicht glaubst, dann hast du doch irgendeinen Grund dazu, ja ich glaub' net.
M 2: Ja, was glaubst du denn, das is' so ein Bild, das wir immer vorgestellt bekommen?
M 1: Da latscht da so ein Kerl da hoch, die Treppe und dann sagst du: Hallo, Gott.
M 2: Warum glaub' ich net an die Bibel? Des is' alles so streng.
M 1: Unrealistisch?
M 2: Ja, so ungefähr ...
M 1: Ich glaube an Gott, aber ich kann mir den nicht richtig

vorstellen und deswegen weßs ich net, was abgeht.
M 2: Aber wenn du den dir als irgend so ein Freund vorstellst,
dann geht ...
M 1: Mich interessiert zwar voll, was dahinter sich verbirgt, wie
es früher war, wie des mit Jesus und Gott war.
M 2: Ich hoff immer, dass er mir mal ein Zeichen gibt. (2. Gr.,
8. Klasse R, 162, 163)

Also wenn ich Probleme hab', oder ähm sozusagen Leid verspürte,
hab' ich nicht unbedingt an Gott gedacht. (J 1, 4. Gr., 8. Klasse
G, 27)

... Also ich hab' keine besondere Beziehung zu Gott und, ich kann
nicht verstehen, ich kann irgendwie nich' glauben, dass es Gott
wirklich gibt, weil das irgendwie ein bisschen seltsam ist, dass da
jemand im Himmel is' und so ... Und na ja, der die heilt und so.
Warum hat er sie dann in die Welt gesetzt, wenn er dann wieder
tötet, oder so. (J 1, 3. Gr., 8. Klasse MS, 198)

Also ich bin ja Atheist, könnte man sagen. Und ich würde jetzt
nicht sagen, o bitte, Gott, hilf mir. (J 1, 6. Gr., 10. Klasse G, 44)

Also ich denke, wenn welche, also was du gesagt hast, dass die
dann Gott brauchen, wenn jemand gestorben ist, nee ... Also ich
brauch' den nicht, ich glaube nicht an ihn, und ich denke och
nicht, dass es den gibt. Mensch, guck ma', so viele Menschen ster-
ben und so viele sagen, dass es den gibt ... (M 1, 6. Gr., 8. Klasse
MS, 94)

... da muss man als Kind schon extrem erzogen sein, dass die
Eltern einem sagen, Gott hilft bei allem und bla. (M 1, 5. Gr.,
10. Klasse G, 215)

Wenn jemand stirbt, dann mach' ich das doch mit mir aus und
nicht mit Gott. (M 2, 7. Gr., 10. Klasse G, 14)

M 2: Hast du einen ähnlichen Glauben wie Peter?
J: Ich bin nicht in der Kirche.
M 1: Bist du Atheist?
J: Ja, ein ganz brutaler. (1. Gr., 10. Klasse MS, 75–79)

Ich glaub' nicht an Gott, sondern ich glaub' an ein Schicksal irgendwie. (M 1, 1. Gr., 10. Klasse G, 116)

An die lieben Leute, die sich das jetzt anhören, sie gehen davon aus, dass wir alle an Gott glauben, aber das ist nicht so, auch wenn's eine christliche Schule ist. (J 1, 2. Gr., 10. Klasse G, 315)

... ich bin ein Mensch, der total an die Wissenschaft glaubt, also ich kann mit Gott nichts anfangen, weil ich einfach damit keinen Bezug hab' irgendwie. Und wenn ich jemanden nicht sehe, nicht sehen und nicht fühlen oder riechen oder was auch immer nicht kann, dann kann ich mir nichts darunter vorstellen. (M 2, 1. Gr., 10. Klasse G, 93)

Ich bin so einer, der nicht an Gott glaubt. (M 2, 1. Gr., 12. Klasse G, 44)

Auffallend ist bei der näheren Analyse der zitierten Aussagen, dass manche Schülerinnen und Schüler betonen, nicht an Gott zu glauben. Andere geben Gründe an, warum sie zu Gott keine Beziehung haben. So ist Gott für ein Mädchen eines sechsten Schuljahres offenbar eine Erfindung der Juden, die ihr zufolge jemanden brauchten, um an ihn glauben zu können. Für eine Schülerin des zehnten Schuljahres ist Gott das Produkt „extremer" elterlicher Erziehung. Daneben erfahren wir von einzelnen Diskussionspartner, dass sie Gott nicht brauchen, weil sie angesichts von Leid auf eigene Bewältigungsstrategien zurückgreifen. Ein Mädchen verlässt sich auf ihren Glückspfennig, ein anderes greift auf „andere Beispiele" zurück, wobei unklar bleibt, worin sie bestehen. Ein Junge vertraut auf seinen Schutzengel, der aber nach ihm mit Gott nichts zu tun hat. Ein anderer Jugendlicher versteht sich bei der Bewältigung des Todes als autonom. Dazu brauche er Gott nicht. Interessant ist, dass ein Junge den Glauben an Gott ablehnt, aber dennoch auf Gott zurückgreift, um sich zu erklären, wer der Verursacher des Urknalls gewesen sein mag. Gott erscheint für diesen Probanden im Zusammenhang mit der Weltentstehung als ein notwendiges Postulat, das ihn in die Lage versetzt, von einer prima causa auszugehen. In seiner Vorstellung hat Gott offensichtlich den Anstoß zur Entstehung der Welt gegeben. Mit der weiteren Entwicklung der Welt scheint er jedoch nichts zu tun zu haben. Im Gegensatz dazu gibt es aber auch den „radikalen" Wissenschaftsglauben, der für Gott keinen Platz lässt. Schließlich gibt es den Fall, dass an die Stelle Gottes das Schicksal gesetzt wird.

Prinzipielle Gebetserhörung. Ein weiterer Grund, warum nicht nach der Theodizee gefragt wird, besteht darin, dass manche Schülerinnen und Schüler davon ausgehen oder die Erfahrung gemacht haben, dass Gott prinzipiell alle Gebete erhört. Wenn Gott nun dem Wünschen der Menschen nachkommt, dann gibt es keinen Anlass an seiner Güte zu zweifeln. Folgende Zitate belegen diese Tendenz:

Ich habe sehr gute Erfahrungen zu Gott gemacht. Ich bete abends immer. Nur wenn mich manchmal Mama ins Bett bringt, dann vergess' ich manchmal. Aber sonst vergess' ich's nie. Und er ist immer gut zu mir. Und ich hab' auch sehr oft Glück gehabt, wenn ich zu ihm gebetet hab', ging immer alles ganz toll. (J 1, 1. Gr., 4. Klasse, 67)

J 1 berichtet, dass er, als er an Gehirnhautentzündung erkrankt war, betet, und kommentiert dies damit: *. . . und des hat geklappt. Jetzt bin ich wieder gesund. (4. Gr., 6. Klasse G, 138)*

M 2: Jedes Mal, wenn man beim Herrn Ding, am, am Beim Herrn Gm, ja, am Freitag frühs beten müssen, ja, dann müssen wir doch immer selber beten, und da bet' ich immer: Bitte lieber Gott, mach' dass er mich nicht abfrägt.
M 2: Er frägt mich nie ab.
M 3: Mich hat er aber abgefragt.
M 2: Ich glaube auch an Gott, weil ich werde nie abgefragt, wenn ich es bete. Aber wenn wir nicht beten, werde ich abgefragt. Also müssen wir immer beten . . . (2. Gr., 8. Klasse G, 152–156)

Der ist da oben. Also ich denke, der hilft ein bisserl, wenn man da betet. (J 5, 3. Gr., 8. Klasse G, 84)

J 3: Du kannst dir alles wünschen.
J 4: Du kannst dir auch nicht wünschen, dass du plötzlich gesund wirst.

J 2: Der Wunsch ist nicht immer so geeignet.
J 3: Doch natürlich.
J 4: Und das macht der hier och.
J 3: Natürlich kannst du dir das wünschen. ...
J 4: Du kannst es ja versuchen. ...
J 3: Jedes Gebet wird erhört. (2. Gr., 10. Klasse G, 86–97)

Ähm, manche Leute sagen auch, dass das mit Gott 'ne Erfindung is'. Und ich denke, dass es (das, Verf.) nicht is', denn wenn ich nämlich krank bin, dann bete ich meistens und dann nach 'ner Weile, dann ist 'ne Krankheit dann ebend weg. Und darum denk' ich schon, dass Gott da ist. Also, dass es ihn gibt und, ja, dass es keine Erfindung ist. (M 2, 4. Gr., 4. Klasse, 43)

Aufgrund der Belegstellen sind wir in der Lage, die Motive zu nennen, die die obige Grundtendenz, dass Gott alle Gebete erhört, stützen. Es ist offensichtlich das Vertrauen in die Güte Gottes, von der sich das Mädchen im vierten Schuljahr leiten lässt. Aufgrund ihrer Erfahrung gilt sie uneingeschränkt. Denn alle ihre Gebete sind bislang erhört worden. Von der prinzipiellen Gebetserhörung gehen zumindest auch die Gymnasiasten im 6., 8. und 10. Schuljahr aus. Das Mädchen, das sich im letzten Zitat äußert, verbindet die Gebetserhörung mit der Frage nach der Existenz Gottes. Weil ihre Gebete erhört werden, existiert für sie Gott. Offensichtlich verbindet sie die Existenz Gottes mit dessen Güte. Wenn nun aufgrund der persönlichen Erfahrung der Jugendlichen von der uneingeschränkten Güte Gottes auszugehen ist, dann besteht kein Anlass, die Frage nach der Theodizee zu stellen.

Beistand Gottes im Leid. Einige wenige junge Menschen gibt es, die davon ausgehen, dass Gott für leidende Menschen da ist. Er kann Mut geben, Ruhe schenken oder Hoffnung spenden. Gott wird als jemand gesehen, der die Leidenden begleitet und seelisch stärkt. Dieses Verständnis Gottes lässt die Frage nach der Theodizee nicht aufkommen, weil Gott für das Leid in der Welt offensichtlich nicht verantwortlich gemacht wird. Er erscheint vielmehr als derjenige, der sich mit den Leidenden solidarisch weiß.

108

Ja, Gott hat mir schon sehr oft geholfen. In schweren Situationen hat er mir Mut gegeben. (M 2, 2. Gr., 8. Klasse G, 72,74)

Er kann mir vielleicht Ruhe schenken. (M 4, 2. Gr., 8. Klasse G, 151)

In schweren Stunden, da brauchst jemand. (M 2, 1. Gr., 8. Klasse R, 19)

Ich denk' Gott ist einer, der Hoffnung spendet für viele Menschen. (M 1, 2. Gr., 10. Klasse G, 108)

Zusammenfassend können wir im Hinblick auf die erste Grundtendenz festhalten, dass es für die Schülerinnen und Schüler die folgenden Gründe gibt, die Frage der Theodizee nicht anzusprechen:

– Die Schülerinnen und Schüler verfügen über keine Leiderfahrungen oder sprechen sie nicht an.
– Sie nehmen Leid als unausweichlich hin.
– Sie glauben nur schwach ausgeprägt oder gar nicht an Gott.
– Sie gehen davon aus, dass alle Gebetsbitten, die sie an Gott richten, erfüllt werden.
– Sie vertrauen auf den Beistand Gottes im Leid.

In diesem Zusammenhang ist zu betonen, dass es vor allem nicht ausgesprochene oder fehlende Leiderfahrungen sind, die die Frage nach der Theodizee nicht aufkommen lassen. Dies mag für manche junge Menschen damit zusammenhängen, dass es für sie Gott gibt, der in seiner Güte ihre Gebete erhört. Daher haben die Betreffenden keinen Grund, angesichts von Leid nach der Gerechtigkeit Gottes zu fragen. Im Unterschied dazu gibt es eine Reihe von Jugendlichen, für die die Frage nach der Theodizee deshalb bedeutungslos ist, weil sie kaum oder nicht an Gott glauben. Daher bringen sie Leid in dieser Welt mit Gott nicht in Verbindung. Die Frage nach der Theodizee ist für sie daher kein Thema. Der mit der jüdisch-christlichen Religionsgeschichte tradierte Zusammenhang, der in der ältesten Form bereits im Alten Testament enthalten ist, scheint damit offenbar für die Mehrzahl der Kinder und Jugendlichen nicht zu bestehen.

4.2 Die Diskutierenden gehen beiläufig auf die Frage der Theodizee ein, sehen sie jedoch nicht als Problem

Hinter dieser Grundtendenz verbirgt sich die Beobachtung, dass Schülerinnen und Schüler in manchen Gruppen vereinzelt zwar die Frage der Theodizee aufwerfen, aber rasch Antworten parat haben, die es weder notwendig noch lohnend erscheinen lassen, vertiefend darüber nachzudenken. Auf welche Überlegungen sie dabei zurückgreifen, wird im Folgenden deutlich werden.

Unvermögen Gottes. Das Stichwort „Unvermögen Gottes" bezieht sich auf die Aussage mancher Diskutierender, dass Gott nicht alles weiß oder nicht alles kann. Gottes Macht erscheint beispielsweise angesichts unheilbarer Krankheiten eingeschränkt. Er ist nicht in der Lage, sie zu heilen. Dazu sind die Ärzte da. Ihnen ist offensichtlich mehr zuzutrauen als Gott. Ein Junge geht sogar von der Vorstellung aus, dass Gott nur heilbare Krankheiten heilen könne. Zugleich scheint Gott aufgrund der vielen leidenden Menschen auf der Welt zahlenmäßig überfordert zu sein. Für ihn ist es unmöglich, allen Menschen, die seinen Beistand brauchen, gleichzeitig zu helfen. Verschärft wird dieses Problem aus der Sicht mancher Diskutierenden dadurch, dass Gott nicht überall sein kann und letztlich nach der Schwere der Fälle handeln muss. Neben Gott gibt es andere Mächte, die offensichtlich wirkungsvoller sind als er. Dazu sind u. a. Ärzte oder das Geld zu zählen. Vor diesem Hintergrund legt sich die Schlussfolgerung nahe: Wenn es Gott nicht vermag, Leid abzuwenden oder Leid zu beenden, dann besteht kein Grund, ihn für Leid verantwortlich zu machen und an seiner Gerechtigkeit oder Güte zu zweifeln, weil die Aussage, dass Gott gütig und gerecht ist, letztlich bedeutungslos ist. Folgende Zitate belegen das Gesagte:

... Gott kann die Krankheit nicht verhindern ... Aber nur, wenn's 'ne heilbare Krankheit ist, aber es ist ja keine heilbare Krankheit. (J 3, 5. Gr., 6. Klasse G, 143, 145)

... Ich glaube, dass Gott nicht überall sein kann und dass der jeden Menschen helfen muss, und wenn's ihm halt gut gehen würde und ähm keine Probleme hätt', ich keine Probleme hätte, dann glaub' ich ähm, dann müsste ich ähm Gott abgeben, weil der muss ja dann zu Menschen, denen es überhaupt nicht gut geht, und wenn ich der dann, wenn ich dann verlange was von ihm, was ähm eigentlich nicht so wichtig ist, zum Beispiel mit guten Noten, dass man gute Noten, das gehört nicht dazu, weil es gibt nur einen Gott, und ähm der kann nicht überall sein zur gleichen Zeit. Und in dem Moment, wo ich sage, bitte, bitte darf ich eine eins schreiben, geht's für einen, is' vielleicht irgendwo Krieg oder is' halt ganz schlimm dort, und da würd' ich lieber, dass Gott denen hilft, die dort sind. (M 1, 1. Gr., 6. Klasse G, 78)

M 4: Ich hab' die Erfahrung gemacht, dass Gott einem eigentlich überhaupt net helfen kann.
M 1: Hab' ich auch gemacht.
M 2: Ich nicht.
M 3: Bei der Mathe-Schulaufgabe ... (2. Gr., 8. Klasse G, 147–150)

Das ist zu Ende mit Peter. Es gibt halt auch manche Sachen, da kann Gott nix mehr machen. (J 2, 7. Gr., 8. Klasse G, 165)

Na, ich find' das nicht so toll. Was will'n Gott da machen, wenn du'n Tumor hast? (M 4, 2. Gr., 8. Klasse MS, 102)

Aber Gott, Gott, wenn Gott jeden einzelnen Menschen helfen sollte, dann wär' der ein Jahr beschäftigt – mindestens. (M 1, 2. Gr., 8. Klasse MS, 155)

Die Diskutierenden gelangen zu der Feststellung, dass Gott angesichts von Krankheiten und Terroranschlägen überfordert und hilflos ist. In diesem Zusammenhang stellt M 2 die Frage:

Was soll'n der machen? Der kann gar nichts machen. (M 2, 6. Gr., 8. Klasse MS, 125)

Gott, der kann doch jetzt eigentlich keene Krankheiten heilen.
(J 2, 7. Gr., 8. Klasse MS, 180)

Ein Junge tadelt das Verhalten Peters, der sich fortgesetzt im Gebet an Gott wendet. Er sagt:

Ich würd' sagen, weil das ein bisschen übertrieben von dem (Peter, Verf.) is' mit dem Gott. Ich mein, selbst wenn's den gäbe ..., so lange er nich' Krankheiten heilen kann, weil er ... Wozu sind denn Chirurgen da? (J 1, 7. Gr., 8. Klasse MS, 224)

Er betet ja auch an Gott und fragt ihn ja, ob er nicht seine Schmerzen weg machen kann, ob und so. Also für mich, also ich glaube nicht so an Gott wie Peter. Ich mein', ich glaube schon, dass es 'nen Gott gibt und eine höhere Macht, aber ich glaub' nicht, dass der alles gut machen kann, schön machen kann, toll machen kann. (M 1, 1. Gr., 10. Klasse G, 23)

... aber ich glaube nicht daran, dass der zum Lahmen sagt: „Komm, steh auf!" und dann steht der. Das kann ich mir nicht vorstellen. Also da glaub' ich nicht dran. (M 2, 3. Gr., 10. Klasse MS, 108)

... ich denk jetzt nicht so wie Peter, dass Gott alles gut machen kann. (M 1, 1. Gr., 10. Klasse G, 41)

Ich begreif' Gott nicht als ein Individuum, das den Menschen helfen kann, sondern nur als das Individuum, das für alle verantwortlich ist ... (J 1, 2. Gr., 10 Klasse G, 84)

Gott regiert nicht die Welt, sondern das Geld. (J 4, 7. Gr., 8. Klasse MS, 254)

Gott ohne Schuld. Es gibt einige Schülerinnen und Schüler, die davon ausgehen, dass Gott nichts dafür kann, dass es auf der Welt Leid gibt. Warum Gott an dem bestehenden Leid nicht schuld ist, führen die Diskutierenden darauf zurück, dass Gott keine Kontrolle über die Entstehung und die Existenz des Leides besitzt. Zwei Mädchen sind sogar der Auffassung, dass das Leid vom Satan herrührt, der mächtiger als Gott erscheint. Aufgrund dieser Annahmen erweist sich die Frage nach der Theodizee als unberechtigt, denn wenn das Leid nicht auf Gott zurückgeführt werden kann, dann erscheinen die Eigenschaftszuweisungen Gottes als gütig und gerecht bedeutungslos, weil er nichts damit zu tun hat, dass manche Menschen leiden müssen und andere nicht. Leid erscheint als unausweichlich gegeben und damit unumgänglich. Dafür einige Beispiele:

Na, du kannst doch aber auch nicht sagen: „Scheißgott. Warum hast du nichts gemacht?" Weil, was soll'n der machen? ... Aber ich sag' mal, da ist doch der Gott nicht schuld, oder? (J 1, 6. Gr., 8. Klasse MS, 174, 178)

M 1: Ich glaub' sowieso net, dass Gott uns mit Krankheiten bestraft. Hm. Des kommt net von Gott. Eben, warum sollt man denn dann Gott die Schuld geben? Das macht eigentlich der Teufel (verlegenes Lachen). Na, eben, weshalb soll man dann Gott die Schuld geben?
M 2: Der Satan gewinnt, deswegen kann Gott gegen die Krankheit nix machen. (2. Gr., 8. Klasse R, 193–200)

Eine Gruppe kommt darauf zu sprechen, dass Menschen sterben und sogar kleine Kinder ermordet werden. J 1 fragt vor diesem Hintergrund: *Na siehst du. Und kann Gott da was dafür? Nee!* M 2 fügt bekräftigend hinzu: *Na, das ist klar. (6. Gr., 8. Klasse MS, 100 u. 101)*

... das ist so 'ne Wachstumskrankheit. Das heißt, ich wachse nicht mehr. Und ich habe mich, uff, zehn Jahre lang gespritzt, wenn nicht sogar noch ein bisschen länger. Äh, wenn ich das nicht gemacht hätt', wär' ich heute echt zehn Zentimeter kleiner. Also das wär' schon ein ganzes Stück. Und ich weiß nicht, also ich würd' Gott nicht beschuldigen. Ich würd' nicht sagen, dass Gott was dafür kann. (M 1, 1. Gr., 10. Klasse G, 211)

Leid, das M 1 empfindet, kommentiert sie mit folgenden Worten: *Dann denke ich nicht, dass es von Gott kommt. (4. Gr., 12. Klasse G, 66)*

Selbstverständlichkeit von Leben und Tod. Für einige Schülerinnen und Schüler erscheint es selbstverständlich, dass Krankheit und Tod zum Leben dazu gehören. Weil dies so ist, kann niemand Gott einen Vorwurf dafür machen, dass Menschen erkranken oder sterben. Als Beleg für die Richtigkeit dieser Annahme zitiert ein Junge aus der sechsten Klasse Mittelschule die *Toten Hosen*, die in einem Lied ausdrücklich darauf Bezug nehmen. Als Schlussfolgerung ergibt sich in diesem Zusammenhang, dass die Frage der Theodizee für die Diskutierenden kein Problem darstellt, weil Krankheit, Sterben und Tod gegebene Vorgänge sind, auf die Gott keinen Einfluss hat. Dies geht aus folgenden Zitaten hervor:

Na ja, aber kuck' mal! Da gibt's auch 'nen Lied von den Toten Hosen, das ist 'n neues, da singen die, dass Leben und Tod zusammengehört, genauso wie Tag und Nacht und wie Schlafen und wach sein. (J 1, 3. Gr., 6. Klasse MS, 119)

Wir sind doch keine Paradies-Männer, die wir alle im Paradies leben, also ich denk ma', so 'ne Krankheit gehört schon dazu. ... Jeder Mensch muss mal sterben. ... Das gehört doch einfach dazu, weest du. Das Leben und der Tod. (J 1, 6. Gr., 8. Klasse MS, 147, 111, 166)

So was is' nie so, wenn man dann so Sachen erlebt und betrifft so übelst nahe Personen und sterben, da kannst du doch nicht sagen, der hat mich nicht erhört oder so. Der hat mich im Stich gelassen. So ein Käse. Das gehört doch einfach zusammen, weeßt du: das Leben und der Tod. (J 1, 6. Gr., 8. Klasse MS, 166)

Der Tod ist der Anfang vom Leben. Sobald man lebt, ist man mit dem Tod verbunden. (M 4, 4. Gr., 8. Klasse R, 71)

Nein, Leid ist Bestandteil des irdischen Lebens, wegen mir. (J 2, 3. Gr., 10. Klasse G, 129)

... Aber du bist einfach so da mit reingenommen in diese ganze Trauersphäre, dass du das wirklich auch als leidvoll empfindest. Aber so im Nachhinein denke ich mir mal: Der Tod gehört genauso zum Leben wie das Leben. (M 1, 2. Gr., 12. Klasse G, 173)

Zweifel an der Existenz Gottes. Einige wenige Schülerinnen und Schüler gehen kurz auf die Frage nach der Theodizee ein, beantworten sie aber damit, dass es Gott für sie nicht gibt, weil er nicht in das Geschehen auf der Erde eingreift und damit Leid verhindert bzw. ausmerzt.[159]

Und manchmal, also glaub' auch nicht so an Gott, aber manchmal überleg' ich schon, dass des vielleicht war, dass es Gott gäbe, dann wäre die Welt nicht so wie sie ist, weil der die sicherlich nicht so hätte haben wollen. (M 3, 3. Gruppe, 6. Klasse G, 10)

Ja, also ich zweifle auch manchmal daran, dass es Gott gibt, weil ähm also, ja man zweifelt manchmal schon daran eben. Also, wenn's Gott geben würde, der würde ja so was nie zulassen, also dass wir uns gegenseitig bekämpfen und so, oder dass die Kinder in Afrika eben kein Geld haben, um sich was anziehen zu können, oder dass ganz viele da an Krebs sterben, oder dass in Griechenland dann irgendwie vor Christus oder nach Christus irgendwann die Pest oder so, also ganz viele Krankheiten, oder dass Atombomben explodieren und so, dass ganz viele Leute sterben, also ich denk', also ich zweifle dann manchmal daran, dass Gott wirklich, dass Gott wirklich existiert, weil, ja. (M 1, 3. Gr., 6. Klasse G, 46)

... dass man einfach auch dann noch mal denkt, ja gibt's denn Gott also gibt's, dass man sich öfters die Frage stellt, ob's ihn überhaupt gibt, na, wenn so Sachen passieren, wo man sich dann fragt, warum lässt er das zu ... (M1, 1. Gr., 10. Klasse G, 92)

Gott als distanzierter Beobachter. Gelegentlich weisen Schülerinnen und Schüler darauf hin, dass es Gott zwar geben mag, dass er aber in das Geschehen auf der Erde nicht eingreift. Er erscheint den betreffenden Jugendlichen als distanzierter Beobachter, der teilnahmslos zusieht, wie Menschen leiden und zugrunde gehen. Weil dies so ist, schlussfolgern wir, dass sie die Theodizeefrage zwar berühren, aber nicht ausführlich erörtern. Exemplarisch ist dies folgenden Gesprächsausschnitten zu entnehmen:

---

159 Unter II.4.1 sind wir bereits auf Zweifel an der Existenz Gottes eingegangen. Hier werden sie jedoch im Kontext der Theodizeefrage geäußert.

M 4: Ich glaub' vielleicht, dass Gott existiert und so aber na ja.
M 3: Es gibt schon Glauben, aber mehr net.
M 2: Ne, ne, ich denk' schon, dass da oben einer sitzt und über alle wacht.
M 1: So wie Zauberei?
M 4: Aber nur mal zu bedenken. Ich hab' voll viele, die jetzt dann Krebs haben in der Verwandtschaft. Mein Opa, mein zweiter Opa is' an Krebs gestorben. (3. Gr., 8. Klasse V, 18–23)

M 1: Gott war nicht da am 11. September.
M 4: Da war er wohl im Urlaub oder was?
M 1: Hä? Was soll der Scheiß? Die Legende von New York ist weg und Gott hätt' des verhindern können, aber er hat es nicht gemacht.
M 2: Gott passt zwar auf alle Menschen auf, aber nicht auf Saddam bin Laden, Scheiße, Osama bin Laden. (2. Gr., 8. Klasse G, 175–180)

M 1: Wobei ich ja immer schon denk', dass es schon irgendwie einen Gott gibt. Und alles, was passiert, hat seinen Sinn. Das denke ich schon.
M 2: Na ja, das ist dann zwiespältig. Ich denke dann, ist es wirklich von Gott gegeben, oder ist es halt einfach so.
M 1: Sind das alles Zufälle?
M 2: Hat es einfach so seinen Sinn? Oder ob das Zufälle sind? Ich weiß net, ob es da irgendwo jemanden gibt oder geben soll, der sich dann denkt: Das soll so laufen – oder so.
M 1: Der weiß über jeden ganz genau Bescheid und so was.
M 3: Das glaub' ich irgendwie eher net. (4. Gr., 12. Klasse G, 43–48)

Zweifel an der Gerechtigkeit und Liebe Gottes. Vereinzelt äußern die Diskutierenden Zweifel an der Gerechtigkeit und Liebe Gottes. Auffallend ist dabei, dass sie dies aufgrund konkreter Vorkommnisse tun, ohne dass sie Gott dadurch gänzlich in Frage stellen würden, wie die folgenden Zitate belegen:

... Also bei mir war es so, ähm, ist mein Uropa auch gestorben, und da war das auch ein Problem für mich ... Und da dacht' ich schon, dass das irgendwie unfair ist, dass der gestorben ist, und da war ich auch mal sauer auf Gott, wenn er jetzt Sachen gemacht

116

hat, die ich ganz unfair fand und da wo ich traurig drüber war.
(M 2, 1. Gr., 6. Klasse G, 71)

... Ich wees nicht, un' wo das mit den Flutopfern is', wo wir uns
dann in der Klasse darüber unterhalten haben ... Da war ich
total sauer auf Gott, weil – kuck ma', die ganzen Menschen, die
da tot sind. (M 1, 1. Gr., 8. Klasse MS, 231, 233)

Aber der sagt ja, dass der alle Menschen liebt. Und wenn der alle
Menschen liebt, dann auch solche, die ... och, dass er die errettet.
Ja klar! Wenn es Gott geben würde, ich sach' ma', dann auch so,
dass der eingreifen würde. (M 2, 6. Gr., 8. Klasse MS, 129)

M 3: Das ist ja keine Gerechtigkeit. Genau so unser Freund, der
... Der sitzt im Rollstuhl seit der Geburt praktisch. Ich meine, das
ist ja auch nicht gerecht. Warum, warum hat er nur diese Chance
und muss den anderen zuschauen, wie sie Sport machen und al-
les. Das ist doch einfach nicht fair.
M 2: Nee, das ist nicht fair. Aber ich finde es toll, wie er damit
umgeht und wie auch die anderen damit umgehen. Dass keiner
sagt: ‚Äh, der ist irgendwie anders.' Sondern dass sich alle, ihn
im Prinzip ganz normal behandeln. Oder versuchen, ihn ganz
normal zu behandeln.
M 3: Ja klar. Ich mein, das kriegt er wirklich gut hin und da bewun-
dere ich ihn auch dafür. Aber, (räuspert sich) man muss da auch
lernen, damit umzugehen. Aber trotzdem denke ich mir da echt: Wo
ist da Gott? Warum lässt er das zu bei dem einen und bei dem
anderen nicht? Ich meine, es kann ja nicht sein, dass die einen diese
Voraussetzungen bekommen und die anderen ganz andere.
M 1: Stimmt, ja.
M 2: Obwohl, ich mal denk, vielleicht findet Gott gar nicht, dass
das irgendwie ungerecht verteilt ist. Sondern dass er sagt: Ich
mach den Menschen so und den so. Und, es sind irgendwie, es
sollten alle gleich sein, alle gleich behandelt werden und so.
M 1: Na, also. Das gehört jetzt wahrscheinlich gar nicht mehr zur
ersten Frage, aber. Ich denke mir dann immer, dass es dann. Die
ganze Ungerechtigkeit auf der Welt ist halt eher ein Zeichen dafür,
dass es Gott gibt und dass nach dem Leben eben erst noch was
kommt. (1. Gr., 12. Klasse G, 28–33)

Zentraler Gegenstand dieses längeren Gesprächsabschnittes von Schülerinnen einer zwölften Klasse ist die offensichtliche Ungerechtigkeit hinsichtlich der Voraussetzungen und Chancen, die den Menschen mit auf den Weg gegeben sind. Der Vorwurf, Gott selbst sei ungerecht, fällt allerdings nicht. Vielmehr legt die Ungerechtigkeit der Welt nahe, dass es (einen) Gott und ein (besseres) Leben nach dem Tod gibt. Ohne dem Leid selbst ausdrücklich einen Sinn zuzuschreiben, bekennen sich die Schülerinnen an späterer Stelle zur Liebe und Barmherzigkeit Gottes.

M 1: Ich weiß nicht, wie meine Oma gestorben ist, da war es halt schon so, bevor sie gestorben ist, da habe ich viel gebetet, dass sie wieder gesund wird, weil die hatte Krebs im Magen und an den Eierstöcken und so. Und die haben sie dreimal operiert, aber es ist nie besser geworden. Aber ich habe immer gehofft, dass es besser wird, und habe zu Gott gebetet, dass es irgendwie wieder wird. Und es ist immer schlimmer geworden und dann habe ich mich irgendwo gefragt: Wo ist da Gott? Warum lässt er das zu, dass meine Oma sich so quält? So alt ist die noch gar nicht, Ende 60 war die. Und irgendwann habe ich mir überlegt: Vielleicht liegt es auch daran, dass sie nicht an Gott glaubt. Weil meine Oma ist nie in die Kirche, die hat nie gebetet, die hat nie an Gott geglaubt. Aber dann habe ich mir gedacht: Gott liebt doch alle Menschen gleich, egal ob sie an ihn glauben oder nicht.
M 3: Das glaube ich nämlich eigentlich auch.
M 2: Und es trifft ja Glaubende genauso.
M 3: Und ich kann mir nicht vorstellen, dass Gott so jemand ist, der da irgendwie einen, also Leute im Stich lässt. Also für mich ist es, wenn es vielleicht auch irgendwo anders drinsteht, aber für mich ist Gott viel barmherziger da in dieser Beziehung.
M 1: Ja. (1. Gr., 12. Klasse G, 86–90)

Theodizee als „tausend Mal durchgekautes" Thema. Schließlich gilt es noch eine Stimme zu erwähnen, die darauf verweist, dass die Frage, wie Gott Leid zulassen kann, offensichtlich ein Thema ist, das zum wiederholten Mal im Unterricht besprochen worden ist. Dieses Votum wird von den anderen Gruppenmitgliedern unwidersprochen hingenommen, so dass davon auszugehen ist, dass die anderen zumindest die Richtigkeit dieser Aussage nicht in Frage stellen.

Na ja, das ist halt die Sache: Wie kann Gott das Leid zulassen? Das ist halt die alte Geschichte, die wir schon tausend Mal durchgekaut haben. (M 2, 3. Gr., 12. Klasse G, 20)

Zusammenfassend können wir im Hinblick auf die zweite Grundtendenz Folgendes festhalten: Warum die Frage der Theodizee bei den Diskutierenden zu keinem ausdrücklichen Thema wird, hängt damit zusammen, dass sie eine Reihe von Erklärungen haben, die Gottes Nichteingreifen plausibel erscheinen lassen. Im Einzelnen gehören dazu:

– Gottes Macht ist begrenzt. Er kann weder unheilbare Krankheiten heilen noch aus räumlichen und zeitlichen Gründen allen Menschen helfen.
– Gott hat am Leid in dieser Welt keine Schuld. Er kann nichts dafür, dass es Leid gibt.
– Der Tod und das Leid sind natürliche Bestandteile des Lebens.
– Gott gibt es nicht, denn wenn es ihn geben würde, dann wäre die Welt anders.
– Gott hat sich als distanzierter Beobachter von dem Geschehen auf der Erde zurückgezogen.
– Gott erscheint aufgrund persönlicher Erfahrungen und Eindrücke ungerecht und lieblos.
– Es langweilt manche Jugendliche, ständig im Religionsunterricht über die Frage der Theodizee zu reden.

Während der letzte angegebene Grund Ausdruck allgemeinen Desinteresses am Thema und vielleicht an der Gottesfrage schlechthin verrät, enthalten die übrigen sechs Aspekte deutliche Hinweise auf das Verständnis, das die Schülerinnen und Schüler von Gott haben. Offensichtlich erscheint er ihnen angesichts des Leides in dieser Welt als völlig hilflos, gelegentlich ungerecht und lieblos, distanziert beobachtend oder gar nicht existent. Vor dem Hintergrund dieser Ergebnisse können wir davon ausgehen, dass das Gotteskonzept vieler Schülerinnen und Schüler nicht im herkömmlichen theistischen Plausibilitätskontext verankert ist. Sie verbinden Gott – von wenigen Ausnahmen abgesehen – nicht mit den traditionellen Attributen wie zum Beispiel „gerecht", „barmherzig" oder „gütig".[160] Daher erübrigt es sich für die Betreffenden nach der Theodizee zu fragen.

4.3 Die Diskutierenden lösen die Frage nach der Theodizee auf, indem sie dem Leid in der Welt Sinn zuschreiben

Diese Grundtendenz bringt zum Ausdruck, dass die Frage nach der Theodizee für manche der Diskutierenden kein Problem darstellt, weil ihnen Leid, das Menschen zustößt, auf unterschiedliche Weise sinnvoll erscheint. Wie sie sich die Plausibilität von Leid erklären, wollen wir im Folgenden verdeutlichen. Vorweg sei darauf hingewiesen, dass in diesem Zusammenhang die Gottesbeziehung eine zentrale Rolle spielt.

Aufnahme und Intensivierung der Gottesbeziehung. Für manche Jugendliche führen Leiderfahrungen, wie beispielsweise Krankheit, dazu, dass sie sich an Gott erinnern und (wieder) an ihn glauben. Für andere führen Leiderfahrungen zu einer verstärkten Gottesbeziehung oder dazu, dass man Gott näher kommt. Die Intensivierung der Gottesbeziehung kann sich auch bei Krankheit in der vermehrten Gebetshäufigkeit ausdrücken. Eine interessante Theorie findet sich bei M 1 aus der ersten Gruppe des Grundkurses Religion im zwölften Schuljahr. Sie ist der Meinung, dass es notwendig sei, ein bisschen Leid von Jesus Christus selbst zu erleben, um ihm näher zu sein.

Also, wenn ich krank bin, das is' bei mir so, wenn ich krank bin, dann glaub' ich halt doch 'nen bisschen an Gott, und wenn nicht, ich weiß nicht, da halt nicht so. (J 2, 1. Gr., 6. Klasse G, 16)

Ich glaub', der (Gott) macht des, weil man erst sieht, was man verloren hat, wenn man's nimmer hat. (M 2, 2. Gr., 8. Klasse R, 192)

---

160 Vgl. II.1.1 und II.5.

Aber manchmal bringt ja das Leid erst die Menschen zu Gott. (M 3, 3. Gr., 12. Klasse G, 53)

Ich glaube aber, den Glauben erlebst du in solchen Zeiten viel besser, als wenn du nicht solches Leid hast. (J 4, 2. Gr., 10. Klasse MS, 143)

M 1 antwortet auf die verlesene Frage: „Welche Erfahrungen haben Sie in leidvollen Lebenssituationen mit ihrem Glauben, mit ihrer Beziehung zu Gott gemacht?" mit: *Der wurde eher stärker bei mir. ... Ich mein', wenn man in eine schwierige Lebenssituation irgendwie kommt oder so, sucht man halt die Ursache herauszufinden, versucht das zu lösen. Ich mein', aber, wenn ja, der Glaube an Gott einfach dann auch noch verstärkt. (M 1, 1. Gr., 10. Klasse G, 55, 57)*

Und ich kann mir auch vorstellen, dass eine Beziehung zu Gott viel enger wird, wenn du irgendwie leidest. (M 1, 2. Gr., 12. Klasse G, 158)

J 1: Wie, denkst du, dass man durch Leid näher oder weiter zu Gott kommt?
M 2: Näher. (3. Gr., 12. Klasse G, 177, 178)

Als ich, ich war ja Montag und Dienstag krank, und da hatt' ich auch viel Zeit für beten. Da hab' ich halt viel öfter gebetet, weil, wenn man da halt im Bett liegt, kann man halt nichts anderes machen, oder so ... (M 3, 4. Gr., 10. Klasse G, 93)

Das ist so, was wir hatten: indicatio (sc. Imitatio, Verf.) Christi, ne. Den Schmerz auf Christus legen, ne! So ein bisschen Leid von Christus musst du selber nachempfinden, um ihm näher zu sein. ... Und ich kann mir auch vorstellen, dass eine Beziehung zu Gott viel enger wird, wenn du irgendwie leidest. (M 1, 2. Gr., 12. Klasse G, 151)

Nachdenken über Gott. Manche Schülerinnen und Schüler sehen den Sinn des Leides darin, dass es dazu führt, über die Beziehung zu Gott nachzudenken. Darauf verweist beispielsweise M 4 aus dem 6. Schuljahr eines Gymnasiums angesichts des bevorstehenden Todes. Dieses Nachdenken kann zu einer Wertschätzung des von Gott gegebenen Lebens führen, wie dies etwa bei M 1 aus der vierten Gruppe des 10. Schuljahres des Gymnasiums der Fall ist.

Wenn du ne Krankheit hast ... und du weißt, dass du stirbst, da das ist ganz anders, da denkst du ganz anders über Gott nach und da denkst du mehr nach. (M 4, 2. Gr., 6. Klasse G, 84)

Ich glaube, wenn man, wenn man richtig krank ist, dann, oder irgendein Leid hat, dass man dann eher sich dessen bewusst wird, dass, was man für ein schönes Leben eigentlich hat. Und dann auch eher darauf kommt, dass das einem von Gott gegeben ist. (M 1, 4. Gr., 10. Klasse G, 220)

Strafe Gottes. Ausgehend von der Krankheit Peters vertreten manche Schülerinnen und Schüler die Ansicht, dass das Krebsleiden Peters als Strafe Gottes zu verstehen sei oder zumindest von Peter so verstanden werden könnte. Mit dem Problem des Leidens als Strafe Gottes ringen auch Gymnasiastinnen des zehnten Schuljahres, ohne dabei, wie wir sehen werden, zu einer endgültigen Klärung der Beziehung von Leid und Strafe Gottes zu gelangen.[161]

Gott will strafen. (J 4, 2. Gr., 6. Klasse MS, 22)

Ja, und der (Peter) denkt ja nun, alle die an Gott glauben, denen passiert nun nichts. Der wird sich da übelst bestraft fühlen und wird denken, na was hab' ich falsch gemacht, dass Gott mich nun sterben lässt. (M 4, 3. Gr., 6. Klasse MS, 118)

Wenn man krank ist, dass man für irgendetwas bestraft wird. ... (M 2, 1. Gr., 10. Klasse G, 36)

Und auf einmal ist irgendwie alles eingebrochen, und da war ich echt total fertig, dacht' ich mir auch, eh komm, was soll das, ich mein', wer, wenn, wenn ich schon dran glaub', warum will er das, dass ich das hier durchmach'? Hab' ich irgendwas ähm falsch gemacht oder so? Ich könnt' mich nicht daran entsinnen, dass ich

---

161 Vgl. II.1.2.

irgendwas total Furchtbares gemacht habe, ja. (M 1, 1. Gr., 10. Klasse G, 273)

Ich bete halt zum Beispiel, dass ich was ähm Bescheuertes gemacht hab', und da kommt irgend 'ne Strafe zum Beispiel, das ich irgendwas verliere, denk' ich dann, das ist die Strafe, weil ich was Bescheuertes gemacht habe. Und dann bet' ich und sag': Entschuldigung und so, und irgendwann kommt dann wieder was Gutes, und dann bedank' ich mich dafür. (M 2, 3. Gr., 10. Klasse G, 272)

... ich hab' irgendwie was Beleidigendes getan und da, zwei Minuten später ist mein Geldbeutel verschwunden ... da denk' ich, das ist die Strafe. (M 3, 3. Gr., 10. Klasse G, 379)

M 2: Nein, daran habe ich, als es das erste Mal gesagt wurde, schon gedacht, ob das nun eine Strafe von Gott ist, oder?
M 1: Daran habe ich auch schon mal gedacht.
M 2: Darüber kann man vielleicht noch mal ...
M 3: Bei der Geschichte, oder wo, überhaupt?
M 2: Überhaupt. Auch bei der Geschichte.
M 3: Wir hatten das doch mal mit Hiob behandelt, und da gab's dann doch auch immer tausend verschiedene Antworten. Also die einen sagen: eine Strafe, und die ganze Zeit irgendwie, na ja.
M 1: Fragt sich bloß wofür?
M 2: Ja, also mit so Strafe und ...
M 3: Oder es ist Erziehung.
M 2: Ja, das find' ich nicht so.
M 1: Ne, ich auch nicht.
M 2: Ja, Erziehung, vielleicht.
M 1: Wie jetzt? Erziehung Peters durch Gott? Oder durch die Eltern?
M 2: Erziehung der Eltern durch Gott mit Hilfe der Krankheit? Oder?
M 1: Das ist ja fies.
M 2: Natürlich.
M 1: Das ist ungerecht.
M 2: Aber wenn sie ...
M 3: Aber wenn, wenn irgendwas Kleenes, wenn der Peter mal zwei Monate krank wär', oder ja. Ne, ein paar Wochen krank wär', du dann ist wieder alles in Ordnung. Da vergessen das die

Eltern schon so wieder. Aber wenn das so schlimm ist, dann, ir-
gendwie.
M 4: 'Ne Strafe fürs Leben.
M 1: Oder, dass Gott eben auch mal zeigen wollte, dass er auch
ins Leben eingreifen kann. Na irgendwie die Menschen ihn ver-
gessen ham.
(4. Gr., 10. Klasse G, 160–180)

Deutlich wird in diesem Gesprächsabschnitt, dass die Mädchen intensiv darüber nachdenken, wie das Leid Peters zu
bewerten ist. Dabei gehen sie im Anschluss an Hiob davon
aus, dass es als Strafe verstanden werden könnte. Weil für
sie offensichtlich nicht erkennbar ist, wofür Peter gestraft
werden sollte, spielen sie mit dem Gedanken, dass das Leid
Peters als Erziehung Gottes zu verstehen sei, die nicht Peter,
wohl aber seinen Eltern gilt. Warum und wozu die Eltern
erzogen werden sollen, wird nicht näher erörtert. Deutlich
wird aber, dass die Wirksamkeit der Erziehung von der Dauer des Leidens, dem Peter ausgesetzt ist, abhängt. Schließlich wird von M 1 ein neuer Gedanke in die Diskussion ge-
worfen: Es könnte sein, dass Gott durch das Leid den
Menschen, die ihn vergessen haben, zeigen wollte, dass er
in das Leben der Menschen eingreifen kann. Zusammenfassend lassen sich vier Funktionen hervorheben, die die Mädchen dem Leid zuschreiben: Leid als Strafe Gottes, als Erziehungsmittel Gottes, als Machterweis Gottes und als
Maßnahmen dagegen, Gott zu vergessen.

Leid führt zum Glauben. In manchen Gruppendiskussionen
kommen die Schülerinnen und Schüler zu der Einsicht, dass
Leiderfahrungen Menschen zum Glauben an Gott führen.
Dabei berichten einige von persönlichem Erleben. Das gilt
vor allem für M 1, die in die sechste Klasse geht und uns
mitteilt, dass ihr der Glaube an Gott geholfen hat, den Tod
ihres Opas zu überwinden.[162]

... Aber ich glaube, wenn man so 'ne Erfahrung macht, dass
jemand stirbt, fängt man, glaub' ich, auch an etwas an Gott zu

---

162 Vgl. II.1.2.

*glauben, denn wo mein Vater, äh mein Opa gestorben ist, da hab'
ich auch angefangen an Gott zu glauben, weil dann waren wir
bei der Beerdigung, und da ham sie auch von Gott geredet, und
seitdem bin ich auch in eine Gemeinde eingetreten. Und ähm das
hat ja mir halt etwas gut getan darüber zu kommen, denn ich hab'
meinen Opa sehr gemocht, also. (M 1, 1. Gr., 6. Klasse G, 55)*

Andere gelangen zu der allgemeinen Schlussfolgerung, dass
Menschen durch Leiderfahrungen zum Glauben gelangen,
wobei der Glaube an Gott als letzte Hoffnung oder Rettung
angesehen wird. Darüber geben die nachfolgenden Zitate
Auskunft. Hilfreich kann es sein, wie das zweite Beispiel
zeigt, wenn es Menschen gibt, die zum Glauben einladen.
In diesem Fall ist es wohl der Gefängnisseelsorger, an den
M 3 denkt:

*J 2: Also zur letzten Frage würde ich sagen: Viele Menschen glau-
ben dann vielleicht an Gott, weil sie denken, äh, es kann ja sein,
vielleicht die letzte Rettung.
M 1: Also du meinst, auch wenn die vorher nicht dran geglaubt
haben, dass die dann …
J 2: Genau! (4. Gr., 10. Klasse MS, 109–111)*

*M 2: Aber vielleicht kommen die dann auch ins Grübeln.
M 3: Ja klar, da, wenn, wenn so, äh, da gibt's ja immer solche
Christen, wenn Leute im Gefängnis sitzen, dass die da halt gerade
zum Glauben kommen.
M 2: Aha
M 3: Na ja, dass die, dass die dann beim Leid dann immer mehr
darüber nachdenken und dann, wenn der Pfarrer dann auch noch
…
M 2: Ja, dann macht's klick. (4. Gr., 10. Klasse G, 108–112)*

*M 3: Na ja, das auch. Aber sie sagen halt: ‚Na gut, wenn der Arzt
nicht mehr, dann ist der Glaube das einzige, woran sie sich festhalten können.'
M 2: Die bekehren sich dann sozusagen noch kurz vor dem Tod
… (3. Gr., 12. Klasse G, 25, 26)*

Gott als Freund im Leid. Eine Schülerin aus dem zehnten
Schuljahr einer Mittelschule weist mit Nachdruck darauf

hin, dass Gott der Freund der Menschen ist, der einem im Leid beisteht und begleitet. Dabei kommt es ihr darauf an zu zeigen, dass Gott vergleichbar mit dem Ehemann oder dem Liebhaber bei den Leidenden seinen Platz hat. Der Glaube, dass Gott der Freund des Menschen und in Freude und Leid bei ihm ist, ist für sie für das Verständnis des Christseins grundlegend. Leidenschaftlich versucht sie ihren Gesprächspartnerinnen an Beispielen anschaulich zu verdeutlichen, was es damit für eine Bewandtnis hat, wenn Gott der beste Freund des Menschen ist. Wörtlich heißt es in dem entsprechenden Diskussionsausschnitt:

M 3: Na Christen ... na, da steht doch jetzt nicht da (in der Bibel, Verf.), dass ich jeden Sonntag in die Kirche gehe. Ja letztendlich ist es so, wenn du eine Beziehung hast, wenn du beispielsweise einen Freund hast, und du bist total in den verliebt, dann sagst du ja auch nicht, wenn er zu dir kommt, und dir geht es übelst dreckig, dann sagst du ja auch nicht zu ihm: ,Du bist mir scheiß-egal jetzt, lass mich in Ruhe.' Dann ist es dir doch gerade lieb, wenn der bei dir ist und dich ein Stück weit begleitet, oder? Du bist doch froh – nicht immer vielleicht – aber wenn du weißt, da ist jemand, der mich trotzdem versteht und der mich trotzdem so annimmt, wie ich bin.
M 2: Na, das ist doch klar. Natürlich.
M 3: Na klar, aber so ist es auch mit Gott.
M 2: Hmm.
M 3: Also zumindest steht es so in der Bibel. Also ich glaub' da total dran. Aber genau so ist es mit Gott.
M 2: Hmm.
M 3: Aber den, den du liebst, würdest du doch auch nicht so einfach in der Ecke stehen lassen.
M 2: Na, dann liebe ich ihn vielleicht nicht total – den Gott.
M 3: Na ja, daraus besteht jetzt eigentlich Christsein, weißt du.
M 2: Das ist ja das Ding.
M 3: Ich mein', ich kann jetzt nicht so darüber urteilen. Ich sag' nur, das kann man eben vergleichen. Mit den Menschen und so – ähm – letztendlich ist es ja so, dass Gott sich ja uns gegenüber als Freund zeigt, und wenn du einen Freund hast, dann ist es dir wichtig, dass er bei dir ist – egal ob es dir gut oder schlecht geht – dann ist es dir wichtig, dass er bei dir ist, dass er dich begleitet –

egal wie es dir geht, dass er dich besuchen kommt und dass er mit dir redet. Weißt du?

M 2: Hmm.

M 3: Und genau so ist es halt mit Gott. Und deswegen ist er halt ... und deswegen ist der kleine Junge wahrscheinlich auch so, dass er sagt: „O. K., ich bin froh, dass es Gott gibt. Vielleicht sehe ich total beschissen aus, wenn ich schwach bin. Ich weiß, dass er da ist – trotzdem – auch wenn es mir Scheiße geht. Aber ich möchte vielleicht noch nicht sterben, und mir geht es jetzt übelst Scheiße, aber ich weiß trotzdem, dass es Gott gibt." Weißt du? So, und das ist vielleicht auch das Ding, was er denkt. Weißt du? Der sagt dann halt nicht: „Oh, Gott, du Arsch, jetzt sterbe ich und keiner weiß, was ich machen kann." Weißt du? Sondern dann verbringt er die Zeit, die er noch hat, mit seinem besten Freund. Na für ihn ist Gott dann der beste Freund.

M 2: Na ja ...

M 3: Er verbringt die Zeit mit seinem Freund! Wie das von uns wahrscheinlich auch jeder machen würde. Na gut, es gibt jetzt vielleicht Leute, die würden sagen: „Ich möchte jetzt die letzten Tage noch auf die Malediven", oder was weiß ich ... Und manche würden am liebsten mit ihrem Freund zusammen sein – und der macht das jetzt einfach. Und das Ding ist – weißt du – bevor ich mir die letzten Tage noch beschissener mache und sage: „Hach, alles so Scheiße, keiner liebt mich, weil jeder denkt, Gott wünscht mir das." So – weißt du? Da mache ich es mir doch noch beschissener! Da werde ich doch noch depressiver als wenn ich einfach sage: „O. K., ich bin krank, ich werde sterben, aber ich kann damit umgehen, und ich werde mir die letzten Tage so gut wie möglich gestalten." ... So! Also so würde ich es machen.

M 2: Ja, also ich würde jetzt auch nicht auf Gott rumkacken.

M 1: Hahahaha.

M 2: Na ja, ich würde mir eben eine schöne Zeit machen und ...

M 3: Ja, aber da gehört Gott mit dazu.

M 2: Genau!

M 3: Und deswegen sag' ich halt und denk' ich halt, es ist genau das Ding: Wenn du Christ bist, gehört Gott immer dazu, egal, was los ist. Egal, wie es dir geht. Er gehört einfach dazu, und das ist genau das Ding, was ich meine – verstehst du?

(Pause)

M 3: Und dann gehört er gerade eben dazu. Weil eben dein bester

Freund, dein Ehemann oder dein Liebhaber dir in so einer Situation auch wichtig ist. Und genau so hat auch Gott seinen Platz. (3. Gr., 10. Klasse MS, 121–146)

Ein Junge aus dem zwölften Schuljahr, der sich als Atheist versteht, hebt hervor, dass Gott vielleicht nur in extremem Leid als guter Freund erkennbar ist. Dies geht aus folgendem Gesprächsverlauf hervor:

M 2: Dann kannst du dich auch vollkommen losreißen zu sagen: „Na ja, wenn es Gott gäbe …"
M 1: … dann würde ich jetzt nicht so hinvegetieren …
M 2: … dann müsste ich jetzt nicht so leiden müssen.
M 1: Stimmt.
J 1: Aber vielleicht ist es auch so wie mit dem guten Freund, den man nur in der Situation erkennt, wo man ihn braucht. (4. Gr., 12. Klasse G, 163–167)

Gott als mächtiger und unergründlicher Herrscher. Die gleiche Schülerin, von der wir hörten, dass Gott für sie der Freund ist, der den Menschen in allen Lebenslagen – besonders im Leid – begleitet, sieht Gott angesichts des Leides als uneingeschränkten Herrscher, der für alles, was er tut, einen Grund hat, wobei seine Wege letztlich für den Menschen unergründlich sind.[163] Folgender Ausschnitt aus der Diskussion der dritten Gruppe in der zehnten Klasse einer Mittelschule verdeutlicht dies:

M 3: Ich meine, letztendlich ist das so, wenn es Gott wirklich gibt, dann ist ja Gott derjenige, der alles in dieser Welt bestimmt, also wirklich jedes einzelne Ding, was passiert, was sich bewegt und wann was wächst oder zur Ruhe beispielsweise auch kommt. … Also er hat praktisch die größte Macht in dieser Welt – sage ich. Das würde bedeuten … ich meine, das kannst du dir auch so vorstellen, dass er ein König ist und irgendwas soll jetzt gemacht werden. Und zuerst muss ja diese Anfrage, wenn jetzt Krieg – oder was auch immer – ob der geführt werden kann, muss ja erst der König gefragt werden. Und nur wenn der König sagt: „Ähm, o.k.

163 Vgl. II.1.2.

macht das, ich geb' euch grünes Licht dafür", dann kann der Krieg gemacht werden. Eigentlich, wenn es Gott gibt, dann muss das auch so sein. Weißt du? Wenn das wirklich – also wenn es Gott gibt, dann wäre das nicht passiert, wenn Gott kein grünes Licht dafür gegeben hätte. . . .

M 2: Ach so. Ja?

M 3: . . . dass es einen Grund gibt. Also ich persönlich glaub' dran . . . Hmm. Zum Beispiel in der Bibel steht ja auch, dass alles zum Besten geschehen wird. Ja?

M 2: Hmm.

M 3: Und ich denke schon, dass das einen Grund gehabt hat und dass . . . Amerika und auch die Flut, dass das alles einen Grund gehabt haben wird. Dass sich Gott hinsetzt und sagt: „O. K. hier, ich guck' jetzt ma' nicht hin." Oder so. „Mach ma', was ihr denkt'. . ." Ich denk', der hat das gesehen, und der hätte es verhindern können, wenn er gewollt hätte. Aber ich denke, der hatte einen Grund gehabt, das nicht zu verhindern.

M 2: Also, dass er einen Grund dazu hätte, das kann ich nicht glauben.

M 3: Gottes Wege sind unergründlich! Ich wees es nicht. Ich meine, wir kennen ja seine Gedanken nicht. Ah, ich weiß es wirklich nicht, aber ich denke, es hatte einen Grund gehabt. Vielleicht ist Gott ja da und wir übersehen ihn, weil wir uns mal die Augen putzen sollten. Das kann auch sein! Aber ich denke, es hatte auf jeden Fall einen Grund. (3. Gr., 10. Klasse MS, 200–206)

Plan Gottes. Neben der Überlegung von M 3, dass Gott wohl begründet uneingeschränkt herrscht, wobei für den Menschen die Wege Gottes unergründlich sind, gibt es bei einer Gruppe die Vorstellung, dass Gott nach einem ihm eigenen Plan handelt, der sich dem wissentlichen Zugriff des Menschen entzieht:

J 2: Eigentlich denk' ich mir im Hinterkopf, das passiert doch sowieso nicht.

J 4: Wer weiß, vielleicht passiert's bloß zu einer anderen Zeit.

J 2: Obwohl ja in der Bibel steht: „Bei Gott ist nichts unmöglich", ne, da, da mein ich, ob das was ändert, wenn . . .

J 1: Ja, manchmal bet' ich auch solche Sachen, und auch die werden wahrscheinlich nicht erfüllt.

J 4: Gott wird das nach seinem eigenen Plan machen.
J 2: Was?
J 4: Wenn das so ist, dann wird der doch seinen eigenen Kopf haben und das nach seinem eigenen Plan machen.
(2. Gr., 10. Klasse G, 119–125)

Aus diesem Diskussionsausschnitt können wir schlussfolgern: Gott wird unterstellt, dass er Menschen nach seinem eigenen Plan Leid zumutet und damit bestimmte Zwecke verfolgt, die für den Menschen (zunächst) nicht erklärlich erscheinen. Aufgrund dieser Überlegung kann J 2 weiterhin von der Richtigkeit der Aussage in der Bibel ausgehen, dass für Gott nichts unmöglich ist.

Leid als Prüfung Gottes. Der Vollständigkeit halber sei schließlich im Zusammenhang mit der vierten Grundtendenz darauf hingewiesen, dass ein Junge der achten Klasse eines Gymnasiums das Leid, dem er sich ausgesetzt sah, als Prüfstein Gottes aufgefasst hat. Interessant ist in diesem Zusammenhang, dass er seine Gesprächsteilnehmerinnen nicht wissen lässt, worum es sich dabei handelte. Unabhängig davon ist er in der Lage, dem persönlich erfahrenen Leid Sinn zuzuschreiben, so dass sich für ihn die Frage nach der Theodizee auflöst.[164] Wörtlich sagt er:

Na, das war so, als wär's so 'ne Art Prüfstein von Gott, der auf mein Weg gelegt wird. (J 1, 3. Gr., 8. Klasse G, 123)

Ich glaub', der macht die Krankheit und des Böse deswegen, damit der in die Seele einsehen kann. (M 1, 2. Gr., 8. Klasse R, 191)

Zusammenfassend können wir im Hinblick auf die dritte Grundtendenz hervorheben, dass die Frage der Theodizee von einigen der Diskutierenden insofern erklärt wird, als dem Leid, das Menschen widerfährt, Sinn zugewiesen wird. Im Einzelnen heben die Schülerinnen und Schüler die folgenden Aspekte hervor:

164 Vgl. II.1.2.

- Durch das Leid beginnen Menschen verstärkt an Gott zu glauben.
- Sie fangen an, über Gott nachzudenken.
- Das Leid erscheint als eine Strafe, die als erzieherische Maßnahme Gottes verstanden werden kann.
- Das Leid führt zum Glauben bei denen, die bislang nicht an Gott geglaubt haben.
- Gott erscheint im Leid als begleitender Freund.
- Gott offenbart sich im Leid als uneingeschränkter Herrscher, dessen Handlungsweise für den Menschen jedoch unergründlich ist.
- Gott handelt nach einem bestimmten Plan, der dem Menschen verschlossen ist.
- Mit dem Leid will Gott die Menschen prüfen.

Es leuchtet unmittelbar ein, dass die Schülerinnen und Schüler, die Leid in der beschriebenen Weise mit Sinn verbinden, davon ausgehen, dass Gott offensichtlich das Leid will und damit eine bestimmte Absicht verfolgt. Unter dieser Voraussetzung ist es für die betreffenden jungen Menschen offenbar durchaus akzeptabel und hinnehmbar, dass Menschen leiden. Vor diesem Hintergrund löst sich die Frage nach der Theodizee auf, denn obwohl das Handeln Gottes nicht immer verstehbar erscheint, enthält es einen – vielleicht auch nur verborgenen – Sinn.

4.4 Für die Diskutierenden führt Leid dazu, dass Menschen ihren Glauben an Gott aufgeben

Auffallend ist, dass nur vereinzelt Schülerinnen und Schüler angesichts des Theodizeeproblems die Ansicht vertreten, dass Menschen aufgrund erfahrenen Leides aufhören an Gott zu glauben. Streng genommen haben wir dafür nur die zwei folgenden Diskussionsbeiträge gefunden, wobei das zweite Beispiel keine persönliche Stellungnahme, sondern eine Aussage über eine dritte Person darstellt:

Weißt, wenn ich so eine Krankheit hätte, dann würd' ich auch nicht mehr an Gott glauben. (M 2, 5. Gr., 10. Klasse G, 78)

... Aber zum Beispiel bei Bw, äh, die das hat, ja, ich mein', die hat auch an Gott geglaubt und dann ist sie, durch die Krankheit ist dann einfach so. Für sie hat sich der Glaube zu Gott total verändert. Die glaubt halt nicht mehr wirklich an Gott. Weil sie fragt sich halt wirklich: warum? (M 1, 1. Gr., 10. Klasse G, 196)

Aufgrund dieses Ergebnisses liegt die Schlussfolgerung nahe, dass die Frage der Theodizee bei den von uns untersuchten Probandinnen und Probanden keineswegs zum Verlust ihres Gottesglaubens führen muss.[165]

4.5 Den Diskutierenden scheinen andere Themen wichtiger zu sein als die Frage der Theodizee

Wenn für die Mehrheit der Schülerinnen und Schüler die Theodizee aus den in der ersten Tendenz angeführten Gründen kein Thema darstellt, dann drängt sich die Frage auf, womit sie sich in den Gruppendiskussionen beschäftigen. Welche Themen sprechen sie von sich aus an? Welche sind für sie vordringlich? Religionspädagogisch interessant ist in diesem Zusammenhang, dass die mediale Vorgabe der Geschichte von Peter zu einer großen Bandbreite unterschiedlicher Themen führt, die teilweise auf singuläre Probleme der Schülerinnen und Schüler aufmerksam machen, teilweise aber auch von allgemeinem Interesse sind. Dies ist daran erkennbar, dass sie unabhängig von den jeweiligen Klassenstufen in verschiedenen Altersgruppen aufgegriffen und erörtert werden. Exemplarisch seien zunächst einige der allgemeinen Themen genannt und mit Beispielen belegt. Im Anschluss daran werden wir noch auf einige singuläre Themen eingehen.

Naher Tod. In einigen Gruppen unterschiedlicher Klassenstufen wird die Frage erörtert: „Wie würde ich mich verhalten, wenn ich wüsste, dass ich bald sterben müsste?" Dabei gelangen die Diskutierenden zu unterschiedlichen Vorstel-

---

165 Vgl. II.5.3.

lungen. Manche würden in tiefe Trauer und Depression verfallen. Andere würden das Leben genießen und sich von ihren Eltern verwöhnen lassen. Wieder anderen ist es wichtig, sich von bestimmten Personen zu verabschieden. Einige würden zu Drogen greifen. Darüber geben die folgenden Beiträge in den Gruppendiskussionen beredt Auskunft:

Wenn ich wüsste, dass ich bald sterben müsste, da würd' ich noch mal irgendwas Schönes machen. (J 4, 2. Gr., 6. Klasse G, 36)

Ja und noch'n Rest genießen, also Familie und Haustier. (M 2, 6. Gr., 6. Klasse MS, 191)

Na, ich würd' an die schönsten Stellen in seinem Leben, wo er war, hinfahren noch mal. (M 2, 3. Gr., 6. Klasse G, 129)

Na ja, irgendwie, ich weiß gar nicht, ob ich da überhaupt noch so leben wollte, wenn ich weiß, dass ich irgendwann sterbe. (M 4, 5. Gr., 6. Klasse G, 147)

Wenn ich erfahren würde, dass ich irgend'ne lebensgefährliche Krankheit hab' und nur noch ein oder zwei Wochen ha', bis ich sterbe, würd' ich mich wahrscheinlich hinsetzen und die ganze Zeit heulen, bis ich sterbe ... Ich würd' dann auch all' meine Spielsachen und so erst mal all' meine Freunden, erst mal bei meinen Freunden rumfragten, hier, was wollt ihr haben? Dann würd' ich erst mal alles verschenken und mir ein paar Dinge raussuchen, die mir mit ins Grab gelegt werden sollen. (J 2, 4. Gr., 6. Klasse G, 121, 127)

Wenn ich Krebs hätte, dann würd' ich erst ma' kiffen! (M 3, 4. Gr., 8. Klasse G, 73)

Verhalten der Eltern. Für manche der Diskutierenden ist es eine große Anfechtung, dass Peter von seinen Eltern nicht rechtzeitig über seine Krankheit informiert worden ist. Sie hätten erwartet, dass ihn seine Eltern darüber aufklären, worunter er leidet, wobei sie es als besonders schlimm ansehen, wenn die Eltern die Krankheit „schön reden". Andere verteidigen das Verhalten der Eltern, wobei sie u. a. davon ausgehen, dass Peter zu klein ist, um das Ausmaß seiner

Krankheit zu verstehen, und dass er die möglichen Folgen nicht ertragen könnte. Oder sie gehen auf die Gemütslage der Eltern ein, die das Kind über seinen Zustand aufzuklären haben. Dies ist den nachstehenden Zitaten zu entnehmen:

Also sobald es die Mutter erfahren hat, dass man da wirklich schon ä'nen Schock bekommt, wirklich wahr, dass ist doch wohl verständlich, aber ich hätte trotzdem wenigstens den Vater losgeschickt, dass er das wenigstens dem Sohn mal erklärt. Dass er es wenigstens mal erklärt. (M 1, 1. Gr., 6. Klasse MS, 227)

Das find' ich aber auch blöde, dass die Eltern dem das nicht gesagt haben. Ich mein', ich hätte das sofort verlangt zu wissen, was mit mir los ist. (J 1, 7. Gr., 6. Klasse MS, 20)

Dass sie einfach ewig lang gewartet haben, dass er selbst sie ansprechen musste, das find' ich ziemlich schlimm. (M 3, 5. Gr., 8. Klasse MS, 125)

M 5: Aber guck' mal, eigentlich hat man doch aus der Geschichte heraus gehört, dass die Mutter das noch nicht ganz verkraftet hat, als er gefragt hat: „Mama, Papa, was habe ich für eine Krankheit?" Da hat man ja eigentlich ...
M 3: Ja, na klar ...
M 5: Also, ich konnte mir so richtig vorstellen, wie meine Mutter vor mir sitzen würde und mir das sagen müsste.
M 1: Hmmm.
M 5: Und dabei weint.
M 3: Na klar, das ist bestimmt ganz, ganz hart, aber irgendwie ... ich finde es einfach so ungerecht dem Kind gegenüber. (5. Gr., 8. Klasse MS, 200–205)

Ich muss sagen, dass ich das eigentlich auch nicht o.k. finde von den Eltern, das alles so zu verschweigen. Man kann das ja auch immer alles schön reden. (M 1, 3. Gr., 12. Klasse G, 36)

J 3: Also ich finde auch, dass den seine Eltern dem das glei' hätten sagen müssen. Weil doch ...
J 4: Der is' viel zu jung, Mann.
J 2: Ja, warum? Wenn das ... am Ende ...

134

J 4: Wenn der krachen geht ...
J 3: Ja gerade deshalb!
J 2: Ja, vielleicht versteht der das ja nicht und sieht das noch ein bisschen anders, weil der noch so klein is' ... (2. Gr., 10. Klasse MS, 59–64)

Gebet. Ein wichtiger Gesprächsanlass ist in fast allen Gruppen verschiedener Jahrgangsstufen das Thema Gebet. Dabei fällt auf, dass Unterschiedliches zur Sprache kommt. Zuweilen bemerken die Schülerinnen und Schüler nur, dass sie wie Peter beten oder auch nicht. Manche gehen davon aus, dass Gebete erhört werden, andere problematisieren die Gebetserhörung. Wieder andere gehen auf Gebetsanlässe ein oder beschreiben, wann und wie sie beten. Einige der Diskutierenden denken über die Funktion des Gebets nach. Schließlich sind auch kritische Stimmen zu hören, die es für fragwürdig erachten, nur dann zu beten, wenn es einem schlecht geht. Andere stellen das Gebet in Frage, weil es letztlich nichts bringen würde. Folgende Beispiele geben darüber Auskunft:

Ich bete dann auch immer, wenn ich etwas Schlimmes hab'. (J 3, 1. Gr., 4. Klasse, 61)

Also, als da der 11. September war, da ham wir eben auch gebetet und so und das macht man bei anderen Leidenssituationen halt auch. (M 3, 5. Gr., 4. Klasse, 28)

J 1: Betest du?
M 1: Ich hab' früher, da konnt' ich net einschlafen, da hab' ich immer gebetet, dass ich einschlafen kann. Des hat fei jedes Mal geholfen, ohne Scheiß. ... Also meine Mutter, wenn ich früher voll Kopfschmerzen hatte, da konnte ich ja keine ganze Aspirin nehmen als Kind, da hatt' sie mir manchmal Leitungswasser mit Zitrone gegeben.
M 3: Also des hilft scho, wenn man jemand zum Beten hat.
M 2: Also ich bin jetzt jemand, der jeden Abend betet, aber wenn ma weiss, dass man krank ist, da is' das was anderes, da macht man das automatisch. (3. Gr., 8. Klasse R, 28–31)

Das war in der zweiten Klasse, dritten Klasse so und einmal, da hab' ich mich auch schweißgebadet ... als meine Eltern weg wa-

ren, da hab' ich auch zu Gott gebetet. Und fünf Minuten später, da kam'n meine Eltern wieder. (J 2, 1. Gr., 8. Klasse, G, 159)

... ich bet' eigentlich jeden Tag zu Gott, und auch meistens immer was anderes, weil ich, meistens sag' ich ... um mich zu bedanken, was ich von dem Tag gehabt hab'. (J 1, 3. Gr., 8. Klasse, G, 64)

Ich find' das, also wenn ich abends bete, dann überleg' ich immer, warum bet' ich jetzt. Bets de, weil's dir gerade Scheiße geht oder so, weil de hoffst, dass dann irgendwas Großes passiert oder so, und dann denk' ich immer: na ja doch eigentlich Kacke nur zu beten, wenn 's einem Scheiße geht, oder, weil ... das is ja eigentlich nich' so Sinn so. (M 1, 3. Gr., 8. Klasse G, 79)

Ich bete manchmal für die, ich bete manchmal für die, die ähm also, die in den Krieg müssen, oder ja zum Beispiel für die, die an Krebs sterben müssen oder so, und manchmal bet' ich auch für also für nicht so wichtige Sachen, also die zum Beispiel bei meinem Sport, dass jemand ne Prüfung besteht, das is' ja nicht so wichtig, aber mich macht's dann immer traurig, egal, wer es is', wenn sie die Prüfung nicht bestanden haben. (M 2, 1. Gr., 6. Klasse G, 81)

Na ja, ich bete zwar schon, aber ähm na ja, es ist eben so und so, dass eben nicht alle Wünsche in Erfüllung gehen, die man sich eben wünscht. ... Ich hatte einmal gebetet, wo ich Liebeskummer hatte. (M 4, 5. Gr., 6. Klasse G, 49, 67).

Na im Kindergarten, da hab' ich eigentlich auch immer, also da, ich war auch in so'n evangelischen Kindergarten irgendwie, und na ja, haben wir auch vorm Essen immer gebetet, aber ich glaub', ich hab' trotzdem nicht unbedingt daran geglaubt halt. ... jeder sollte halt irgend so'n das Lied halt mitsingen und das haben halt alle gemacht oder so. (M 3, 5. Gr., 6. Klasse G, 77)

Außerdem muss man ja nicht nur beten, wenn es einem schlecht geht, sondern auch, wenn es einem gut geht. (M 1, 3. Gr., 12. Klasse GK, 413)

Wozu soll man beten, wenn es einem gut geht? (J 1, 1. Gr., 12. Klasse LK, 428)

Na ja, beten ist so eine Null-acht-fuffzehn Variante. Ich weiß nicht.

Ich finde das ein bisschen komisch, wenn er so krank ist. (M 2, 4. Gr., 12. Klasse GK, 114)

Aber ich glaube, wenn ich schlimm erkrankt wäre und würde dann anfangen zu beten, dann würde ich mir schlecht vorkommen. Weil es dann für mich so wie Ausnutzen wäre, vorher nie daran gedacht zu haben (M 1, 3. Gr., 12. Klasse G, 50)

Vielleicht ist man da beruhigt, wenn man gebetet hat, aber das hilft eigentlich nicht. (J 2, 7. Gr., 6. Klasse MS, 55)

M 1: Aber ich denke, also ich finde es ja gut, wenn jemand jeden Abend betet und so. Aber ich denke Gott oder irgend so 'ne höhere Macht hört einen halt och an, wenn, wenn man halt nicht immer zu ihm gebetet hat, sondern halt, wenn's einem schlecht geht oder so. Also, dass man jetzt nicht immer gebetet haben muss . . . dass er einen halt in dem Moment, wo's einem Scheiße geht, anhört. Oder wo's einem schlecht geht und man krank ist.
J 2: Gott hat nämlich alle lieb. (6. Gr., 10. Klasse G, 307)

J 1: Ich bete immer nur, wenn ich irgendetwas will.
J 2: Ich bet' immer, wenn ich Probleme hab', wenn ich glücklich bin, bet' ich net . . . Ich bet' immer, wenn ich unglücklich bin, wenn ich glücklich bin, bet' ich net.
M 1: Bei mir is' nur so, wenn ich was will oder wenn ich unglücklich bin.
J 1: Wenn ich was will oder meine Mutter krank ist. Wenn ich unglücklich bin oder vor der Schulaufgab' steh' und irgendwie net so den richtigen Durchblick hab' und . . .
M 1: . . . dann wird dir Gott helfen . . .
J 1: . . . und wenn's ma eben so einfällt.
J 2: Bet' ich immer, dass besser wird. Un' dann wird es nie besser. Denk' ich immer, ich könnt jeden Tag aufhören, weil des net bringt. (2. Gr., 8. Klasse R, 97–103)

J 1: Du musst ja mit, musst dir halt erst mal im Kopf klar sein, was du wirklich willst. Und dann redest du halt darüber, und du . . . es ja mit dir selbst total vor Auge, wenn du betest . . . was du willst, warum es dir schlecht geht, und dass du dadurch dann einfach . . .
J 2: Genau, denn Gott ist dafür da, dass du darüber redest und

dich selber aus der (Patsche) holst. (2. Gr., 10. Klasse G, 113, 114)

Vorstellungen vom Himmel. Im Zusammenhang mit dem vermutlichen Tod Peters beschäftigen sich einige Schülerinnen und Schüler mit dem, was nach dem Tod kommt. Dabei geht es vor allem um die Frage nach dem Himmel oder dem Himmel und der Hölle. Besonders eine Gruppe Mädchen malt sich mit großer Phantasie aus, was sie wohl im Himmel erwarten würde, wobei sie letztlich davon ausgehen, dass es keinen Himmel gibt.

Sie (die Ungläubigen) können es nicht verstehen, wenn man betet. Das können sie nicht verstehen, weil sie nicht glauben, dass es da oben einen Himmel gibt. (J 4, 1. Gr., 4. Klasse, 117)

Also ich glaube, dass die Menschen, die nicht an Gott glauben, die glauben garantiert an den Teufel und an den, die Engel. Also, dass man, wenn man stirbt, entweder in die Hölle oder in den Himmel kommt. (M 2, 4. Gr., 4. Klasse, 77)

Umm! Da gibt es ganz viel Cola im Himmel. – Und so Chips! Ganz viele Chips gibt's im Himmel ... Da gibt's Drogen im Himmel, ganz viele Drogen und alle und da kann man sich alles wünschen und alles von der Straße nehmen ... und ganz viele Fernseher gibt's im Himmel. ... Und ganz viele Jungs. ... Und ich glaub' auch nicht, dass es nen Himmel gibt, und ich glaub' auch nicht, dass es Gott gibt, und? (M 2, 1. Gr., 6. Klasse MS, 381, 390, 394, 396, 432)

Weltentstehung. Neben dem Thema Himmel gibt es einige Gruppen, die auf die Weltentstehung zu sprechen kommen. Neben dem Bekenntnis, dass Gott die Welt geschaffen hat, entwickeln sie Theorien, wie die Erschaffung der Erde zu verstehen sei. Ansätze naturwissenschaftlicher Erklärungsmodelle treten offensichtlich in Konkurrenz zu dem Schöpfungsglauben, wie er in der Kindheit entstanden ist. Dies verdeutlichen die nachfolgenden Zitate:

Ich glaub' ja den (Gott) gibt's ja irgendwie gar nicht. Die Welt ist ja durch en Urknall entstanden, dann waren die ganz kleinen

*Viecher, dann sind's Schimpansen geworden, dann sind aus die-
sen unterbelichteten Affen Menschen geworden. Und deshalb, also
die Wissenschaft weiß des ja, dass die Welt alles und alleine entstanden is'. Und überhaupt. Und dass es Menschen auf dem Mars
gibt, des kann ja sein. Vielleicht keine Menschen, aber Lebewesen.
(M 2, 3. Gr., 6. Klasse G, 51)*

*Also ich glaub' zwar nicht an Gott, bin auch nicht getauft und
bete auch nicht, aber ich denk' schon, dass irgendwie irgendjemand den Urknall gemacht hat und dass, und dazu geführt hat,
dass sich alles so entwickelt, wie's sich entwickelt hat und auch
weiter entwickeln wird, wie sich's eben entwickeln wird. Und das
können manche als Natur bezeichnen, das können manche als
Gott bezeichnen, das können manche als Zufall bezeichnen. (J 2,
4. Gr., 6. Klasse G, 61)*

*Also ich glaube, dass es Gott gibt, weil, der hat ja die Welt geschaf-
fen, wer hat sie sonst geschaffen? (J 2, 3. Gr., 8. Klasse MS, 82)*

*Aber hast du schon mal Stephen Hawkings Devise zu Gott gehört?
Der sagt: Also für ihn existiert Gott nicht, aber wenn man so will,
ist Gott in den physikalischen Gesetzen verankert, zu dem man
natürlich keine persönliche Beziehung haben kann. (J 2, 2. Gr.,
10. Klasse G, 290)*

Kommen wir nun auf die „singulären" Themen zu sprechen. Darunter verstehen wir Gesprächsgegenstände, die
exklusiv von jeweils einer Gruppe aufgegriffen und teilweise sehr nachdrücklich und leidenschaftlich erörtert werden.
Exemplarisch soll dies an zwei Beispielen gezeigt werden. Es
handelt sich dabei um die Themen Kuscheltiere und „Enttaufung", die in der gleichen Gruppe im sechsten Schuljahr
Gymnasium von zentraler Bedeutung zu sein scheinen.

Kuscheltiere. Beide Mädchen sprechen darüber, welche Funktion die Kuscheltiere, die sie seit langer Zeit begleiten, für
sie haben. In erster Linie dienen sie als Adressaten, wenn
es den Mädchen schlecht geht und sie von ihrer Familien
oder den Freunden nicht hinreichend Unterstützung und
Zuwendung erhalten. Interessant ist der Gedanke des zweiten Mädchens, dass sie sich mit Hilfe ihres Kuscheltieres an

schöne Zeiten erinnert, die früher für sie gegeben waren, und was sie in Zukunft besser machen könnte. In diesem Zusammenhang bekommt das Kuscheltier eine wichtige orientierende Funktion.

Also mir hilft, also ich hab' ein Plüschtier, das hab' ich schon seit der Geburt, und das is' halt auch wie der Teddy von Peters Schwester, is' der auch total abgenutzt und dann ähm dann ... brauch ich ihn auch ... Schutz von meinen Eltern oder meiner Familie, wenn's mir schlecht geht, tut mir das auch gut ... (M 3, 1. Gr., 6. Klasse G, 89)

Also bei mir ähm also bei mir is' es meistens so, weil ich hab' auch so'n altes Kuscheltier, und ich nehm' das, wenn ich krank bin oder so oder irgendetwas Schlechtes erlebt habe, drück' ich das immer ganz fest und dann denk' ich sozusagen ähm, überleg' ich mir immer, was früher für ne schöne Zeit oder so war oder was man alles da gemacht hat, und dann man da vielleicht auch zurück auf den Gedanken kommt, wie man das ja besser machen könnte oder so. (M 1, 1. Gr., 6. Klasse G, 91)

„Enttaufung". Aus der gleichen Klasse stammt die Gruppe, die ernsthafte über die Taufe nachdenkt. Dabei ist das Thema die „Enttaufung". Hinter dieser Wortschöpfung eines Mädchens verbirgt sich die Forderung, dass es möglich sein sollte, die Taufe, zu der man als Säugling keine Zustimmung geben konnte, rückgängig machen zu können. Zwei Mädchen äußern sich in längeren Redebeiträgen dazu:

Zum Beispiel ich werd' als Baby getauft und ähm na ja, und das bin ich eigentlich gar nicht, weil als Baby wird man ja nicht nach seiner Meinung gefragt, is' ja klar. Ich mein', ein Baby kann ja nicht sagen: Ja, ich will, oder, das find ich dann ganz schön doof, dass man sich nicht enttaufen lassen kann. Aber taufen lassen kann man sich, oder, ja genau. (M 1, 3. Gr., 6. Klasse G, 42)

Mein Vati is' auch getauft. Und manchmal seh' ich den ja, weil der wohnt in A-Stadt, dort wohnen auch meine Großeltern, und dann seh' ich den manchmal, weil der nämlich manchmal mit mir was unternimmt, und der is' auch getauft, und des is' irgendwie komisch, eigentlich würde man sich so einen Mann ganz anders vorstellen, und der glaubt eigentlich kaum, dass der an Gott glaubt oder so, und die Eltern haben ihn halt taufen lassen, und das is' wie, wie mit nem Namen, wenn jetzt jemand en ganz bescheuerten Namen kriegt zur Geburt, du dann später kann man sich umbenennen lassen, aber wenn man getauft ist, kann man das nicht rückgängig machen. (M 3, 3. Gr., 6. Klasse G, 42)

Des is' ja auch so, also die Christlichen, die stellt man sich ja immer so als Heilige vor, die jetzt alle Gesetze und so beachten, also und das is' ja meistens nicht so. Also zum Beispiel mein Bruder, der is', der is' auch getauft, der is' evangelisch wie ich, und na ja, der hat so, eigentlich nicht so, der beachtet auch die Gesetze und so nicht, also eben normal also äh, ich find des schon, also das ändert ja nichts, also ich meine, Taufen oder nicht Taufen ist genau so, als wolltest du dir jetzt jeden Tag die Zähne putzen und dann einmal nicht und dann ja. (M 1, 3. Gr., 6. Klasse G, 44)

Offensichtlich kritisiert M 1, dass die Taufe keine Verhaltensänderung bewirkt. Deshalb sei sie „nutzlos". Daher ist es für nicht einsichtig, dass sich Menschen taufen lassen. Und sie fordert entsprechend konsequent, dass Menschen das Recht haben sollten, die Taufe rückgängig zu machen, wenn sie sich nicht als die „Heiligen" erweisen, die sie in der Vorstellung von M 1 sein sollten.

Zusammenfassend seien noch einmal die wesentlichen Themen genannt, die den Schülerinnen und Schülern offensichtlich teilweise näher liegen als die Frage der Theodizee bzw. die sich den Befragten über die Theodizeeproblematik hinaus stellen.

– Die Schülerinnen und Schüler beschäftigen sich mit der Möglichkeit eines bald bevorstehenden Todes.
– Sie beurteilen das Verhalten der Eltern von Peter.
– Sie gehen auf die Frage von Gebet und Gebetserhörung ein.
– Sie äußern ihre Erwartungen im Blick auf ein Leben im Himmel.
– Sie suchen nach Erklärung für die Entstehung der Welt.

– Sie erfahren durch den Bezug zu Kuscheltieren Beglei-
  tung und Orientierung.
– Sie diskutieren die Möglichkeit, sich „enttaufen" zu lassen.

Wenn die hier angesprochenen Themen etwas gemeinsam
haben, so wohl die sich darin ausdrückende Suche nach
Halt und Orientierung in Gegenwart und Zukunft.

5 | Interpretation

Die Darstellung unseres Projektes zum Thema Leid und Gott aus der Perspektive von Kindern und Jugendlichen schließt mit einer Interpretation der gewonnenen Ergebnisse. Aufgabe des Interpretationsteils ist es, die Ergebnisse mit den eingangs gestellten Fragen zu konfrontieren. Wie lassen sich die aufgeworfenen Fragen auf dem Hintergrund unserer Ergebnisse beantworten?

Ein erster Gliederungspunkt II.5.1 orientiert sich dabei unmittelbar an der Darstellung der Untersuchungsergebnisse, will aber zugleich die wesentlichen Ergebnisse unter Rückgriff auf die Begrifflichkeit der klassischen Gotteslehre noch einmal bündeln. Leitende Frage ist: Lassen sich mit Blick auf die Theodizeefrage Beziehungen zu klassischen Aussagen der Gotteslehre herstellen?

Richtet sich Punkt II.5.1 unmittelbar am Ergebnisteil aus, so gehen die Abschnitte II.5.2 und II.5.3 ganz an den Anfang unserer Untersuchung zurück. Hier kommt es darauf an, dass wir uns mit der unter II.2.7 und II.2.8 dargestellten Forschungslage zum Theodizeeproblem und mit den Ergebnissen unserer Untersuchung auseinander setzen.

5.1 Einordnung der Daten in die klassische Gotteslehre

Wenn wir die Untersuchungsergebnisse mit der Systematik theologischer Gotteslehre in Beziehung setzen, wird schnell deutlich, dass in den Gesprächen keine klassischen Argumente ausgetauscht werden. Vielmehr stellt sich die Theodizeefrage konkret auf dem Hintergrund persönlicher Betroffenheit von Leid oder mit Blick auf gesellschaftliche und weltpolitische Ereignisse wie den 11. September 2001, den Irakkrieg oder die Flutkatastrophe vom Sommer 2002 in Ostdeutschland. Zu beobachten ist aber, dass Gott bzw. der Gottesbegriff für die Schülerinnen und Schüler alles andere als ein Tabu-Begriff ist. Gottes Existenz wird frei behauptet wie heftig bestritten, seine Gerechtigkeit verteidigt und in Frage gestellt, seine Macht wird anerkannt oder auf ein Minimum reduziert, seine Gegenwart ganz nah erfahren oder sein Dasein in die Ferne des Universums verbannt.[166] Gott begegnet in einer Vielfalt von Gottesvorstellungen. Im Einzelnen ergibt sich folgendes Bild:

Existenz Gottes. Eine Frage, die in mehreren Gruppen aller untersuchten Jahrgänge zur Sprache kommt, ist die nach der Existenz Gottes. Mehr oder weniger ausführlich wird darüber diskutiert, ob es Gott gibt oder nicht. Dabei lassen sich unterschiedliche Argumente finden, mit denen die Existenz Gottes von den Schülerinnen und Schülern bezweifelt oder begründet wird. Eingeleitet und überschrieben durch wörtliche Schüleräußerungen sollen die Argumente hier kurz vorgestellt werden. Mitunter handelt es sich bei diesen Argumenten um Einzelfälle.

„Wenn's denn Gott gäbe, dann wäre die Welt nicht so wie sie ist"
Anlass, in Zweifel zu ziehen, dass es Gott gibt, ist in den meisten Fällen der Zustand der Welt. Wenn es Gott gäbe, dann dürfte es nicht so viel Not, Krankheit und Leid geben. Bei diesem Argumentationsmuster ist das Nachdenken über die Existenz Gottes in geradezu klassischer Weise mit dem Theodizeeproblem verbunden. Das weltweite Leid

---

166 Unter der Zielstellung der „Elementarisierung der Theodizeefrage mit Kindern und Jugendlichen" erörtert K. E. Nipkow, Pädagogik und Religionspädagogik zum neuen Jahrhundert, Bd. 1, Bildungsverständnis im Umbruch. Religionspädagogik im Lebenslauf. Elementarisierung, Gütersloh 2005, S. 350–375, u. a. das Problem der Güte wie der Allmacht und Ohnmacht Gottes. Wie Religionslehrerinnen und -lehrer über diese klassischen Topoi der Gottesfrage denken, zeigt C. Gramzow, Gottesvorstellungen von Religionslehrerinnen und Religionslehrern. Eine empirische Untersuchung zu subjektiven Gottesbildern und Gottesbeziehungen von Lehrenden sowie zum Umgang mit der Gottesthematik im Religionsunterricht, Hamburg 2004, S. 159ff.

macht es den Schülerinnen und Schülern schwer zu glauben, dass es Gott gibt. Mitunter verbirgt sich hinter der Frage, ob es Gott gibt, bei den Kindern und Jugendlichen das Bedürfnis, Gott im eigenen Leben zu erfahren.

„Aber wenn man so will, ist Gott in den physikalischen Gesetzen verankert"
Eine andere Argumentationsebene bezüglich der Existenz Gottes ist die (natur)wissenschaftliche Ebene. Sozusagen repräsentativ für diese Art und Weise, mit dem Problem der Existenz Gottes umzugehen, sind der Begriff „Urknall" und der Name „Stephen Hawking". Beide bieten sich an, die Existenz der Welt aus sich selbst heraus, also ohne die „Hypothese" Gott zu erklären. Freilich begegnet auch die Überlegung, wer oder was den Urknall oder die Schöpfung in Gang gesetzt hat, sodass in einigen Fällen gefolgert wird, dass es Gott geben müsse, weil nur er die Welt erschaffen haben kann.

„Und dann haben sie eben Gott erfunden"
Bestritten wird die Existenz Gottes ferner mit der Behauptung, Gott sei von den Menschen (Juden) erfunden worden. Weil die Menschen jemanden brauchten, an den sie glauben können, haben sie Gott erfunden. In gewisser Weise klingt hier die Religionskritik von Feuerbach und Marx an. Menschliche Wünsche, Bedürfnisse oder Defizite sind demnach die Grundlage für die Behauptung, dass es Gott gibt. Auch hier begegnet ein Gegenargument, wonach Gott keine Erfindung sei, sondern persönlich erfahren werden könne.

„Wenn er dir hilft ... dann kannst du ja gar nichts lernen draus!"
Unabhängig von einer klaren Antwort auf die Frage, ob es Gott gibt oder nicht, wird mit einem vierten Argument bestritten, dass es gut wäre, wenn Gott helfend in persönlichen Krisensituationen eingreifen würde. Dies würde verhindern, aus solchen Krisen zu lernen.

Insgesamt zeigt sich, dass kein Argument vorkommt, das zwangsläufig zur Bejahung oder Negation Gottes führt. Um dennoch von Gott reden zu können, verweisen manche auf Erfahrungen, die sie mit Gott machen. Dabei wird zugleich die Ambivalenz einer Argumentation auf der Ebene der Erfahrung deutlich. Sie besteht darin, dass Ereignisse und Widerfahrnisse abhängig vom gegebenen oder fehlenden Glauben an Gott interpretiert werden. Dazu gehört auch die Meinung, dass sich Gott insbesondere in einer Art innerer Bezeugung vermitteln kann.

Gerechtigkeit Gottes. Als Nächstes soll auf die Frage eingegangen werden, ob Gott gerecht ist. Dabei fällt zunächst auf, dass der Begriff „Gerechtigkeit" selbst nicht begegnet. Offenbar meiden die Schülerinnen und Schüler einen derart abstrakten Begriff für das damit bezeichnete Phänomen. Einige wenige umschreiben die Gerechtigkeit Gottes, andere verwenden die Adjektive „gerecht", „ungerecht" und „unfair". Die Ergebnisse zeigen, dass sich die Frage nach der Gerechtigkeit Gottes auf dem Hintergrund einer persönlichen (Leid-) Erfahrung wie auch ohne persönliche Betroffenheit als allgemeines Problem stellen kann. Mitunter wird ein Zusammenhang von Gerechtigkeit und Strafe hergestellt. Leid wird als gerechte Strafe verstanden, was das Aufbrechen der Theodizeefrage verhindert. Leid kann jedoch auch der Erziehung und Prüfung dienen. Allerdings wird diese Ansicht wiederholt als ungerecht empfunden.

Liebe und Güte Gottes. Ähnlich wie mit der Gerechtigkeit Gottes verhält es sich mit der Frage nach der Liebe und Güte Gottes. Schülerinnen und Schüler reden nicht abstrakt von der Liebe oder Güte Gottes, sondern davon, ob Gott lieb, gut oder auch böse ist. Aus der Annahme der Liebe Gottes zu allen Menschen folgt für einige der Gedanke, dass Gott alle Menschen errettet. Dem entspricht die anzutreffende Behauptung, dass weniger das Gebet die Voraussetzung für Gottes Hilfe in der Not ist, sondern vielmehr seine Liebe zu allen Menschen.

Auch die Begriffe „Allgüte", „Güte" und „gütig" werden von den Schülerinnen und Schülern nicht verwendet. Offensichtlich handelt es sich dabei um für sie fremde Theologumena. In Bezug auf unsere Fragestellung wird in einigen Fällen vielmehr darüber diskutiert, ob und inwiefern Gott gut ist oder nicht. Die Frage, ob Gott gut ist, wird zum einen mit dem Hinweis auf eigene Erfahrungen beantwortet. Dabei lassen positive Erfahrungen den Schluss zu, Gott sei gut; negative Erfahrungen führen zu Gleichgültigkeit gegenüber Gott. Andererseits wird auf die Lage in der Welt verwiesen: Vor allem Kriege sprächen dagegen, dass Gott nur Gutes tut. Angesichts des Übels in der Welt wird in diesen Fällen nicht die Existenz Gottes bestritten, sondern seine Allgüte.

Anzutreffen ist auch die Überlegung, dass Leid die Menschen näher zu Gott führt. Dies verleiht dem Leid in den Augen der Schülerinnen und Schüler im Unterschied zu einem Verständnis von Leid als Strafe eine positive Qualität. Das erinnert an die Argumentation von Augustinus bis Leibniz[167], wonach das Übel „zur besten aller möglichen Welten" notwendig dazu gehört und insofern seine Qualität als Böses verliert. Wenn Leid „sinnvoll" ist und von Gott gewollt ist, dann ergibt sich kein Grund an der Güte Gottes zu zweifeln.

Allmacht Gottes. Zum Schluss wenden wir uns der Frage der Allmacht Gottes[168] zu. Dieses Problem ist in besonderer Weise mit dem Theodizeeproblem verbunden, denn gerade der Glaube an einen allmächtigen Schöpfergott, wie er im christlichen Credo bekannt wird, hat sich mit der Realität des gewaltigen Leidens in der göttlichen Schöpfung auseinander zu setzen. Wiederum ist in den Gruppengesprächen nicht von theologischen Begrifflichkeiten wie „Allmacht" oder „allmächtig" die Rede, sondern es wird darüber nachgedacht, was Gott „machen kann" und was nicht. Dabei begegnen uns folgende zwei Argumentationsmuster:

Omnipräsenz Gottes: Ein erstes Argumentationsmuster sieht Gottes Vermögen, allen Menschen zu helfen, durch sein Unvermögen, überall zugleich sein zu können, in Frage ge-

---

167 Leibniz, Theodizee, a. a. O. Siehe dazu die grundsätzlichen Ausführungen in II.1.1.
168 Vgl. auch hier II.1.1.

stellt. Gottes Allmacht ist demnach durch die ihm abgesprochene Omnipräsenz beschränkt. Gott muss in seinem helfenden Eingreifen Prioritäten setzten und zwischen großen und weniger großen Problemen unterscheiden.

Omnipotenz Gottes: Die Frage der Omnipotenz Gottes taucht bei den Schülerinnen und Schülern mehrfach im Zusammenhang von Krieg und Gewalt auf. Dabei ist Gott weder für solche Grausamkeiten wie die Ermordung kleiner Kinder verantwortlich, noch kann er etwas dagegen tun. Gott kann nichts dafür. Zum einen mag es diese Entlassung Gottes aus jeglicher Verantwortung für irdische Grausamkeiten den Jugendlichen erlauben, am Gottesglauben festzuhalten. Andererseits stellt sich uns in diesem Zusammenhang die Frage, ob sie an einen derart hilflosen Gott noch glauben können oder ob er nicht vielmehr der Rechtfertigung des eigenen Nicht-Glauben-Könnens dient. Nachzudenken wäre darüber, wo dieser machtlose Gott in positiver Weise im Leben der Jugendlichen „wirkmächtig" vorkommen könnte.

5.2 Rückbezug auf die Ausgangsfragen

Die folgenden Ausführungen gehen auf die in II.2.7 unserer Untersuchung festgehaltenen Beobachtungen und aufgeworfenen Fragen ein. Diese Fragen lauten:

a) Taucht die Theodizeefrage bei Kindern *und* Jugendlichen in gleicher Weise auf?
b) Kommt es bei Jugendlichen eher zum Verlust des Gottesglaubens als bei Kindern?
c) Sehen nur Kinder Gott als allmächtig an, als jemanden, der in die Welt eingreift, Leid zufügt und beendet?
d) Verwenden die Schülerinnen und Schüler verschiedene Theodizeekonzepte?
e) Lassen sich die anzutreffenden Theodizeekonzepte als Archetypen oder auf der Basis einer Stufentheorie verstehen?
f) Welche Rolle spielt die Dimension der religiösen Sozialisation?

Zu a) In unserer Untersuchung gingen wir der Frage nach, ob das Problem der Theodizee erst im Jugendalter aufbricht oder bereits bei Kindern relevant ist. Hier gilt es zunächst festzuhalten, dass die Theodizeefrage in unserer Untersuchung von der Mehrheit der Kinder und Jugendlichen nicht explizit gestellt wird. Trotz der vorgegebenen Leiderzählung setzt sich also nur der kleinere Teil der Schülergruppen mit der Frage nach der Beziehung von Gott und Leid auseinander. Dabei lässt sich die Beschäftigung mit der Theodizeefrage – sofern sie überhaupt erfolgt – in allen Klassenstufen finden, taucht also nicht erst mit der Adoleszenz auf. Beide Befunde lassen den Schluss zu, dass die Theodizeefrage im Wesentlichen unabhängig vom Alter der Schülerinnen und Schüler angesprochen und diskutiert wird, jedoch bei weitem nicht die Brisanz besitzt, die in früheren Untersuchungen, etwa von Karl Ernst Nipkow[169], beobachtet wurde.

Zu b) Nach Nipkow kommt es vor allem im Jugendalter zum Verlust des Glaubens an Gott. Dabei gehört die Theodizeefrage zu einer von vier „Einbruchstellen"[170] des Gottesglaubens. Unsere Ergebnisse zeigen, dass der Glaube an Gott sogar bei Kindern in evangelischen Schulen keine Selbstverständlichkeit ist. Das heißt, der Glaube, der angesichts des Leids einbrechen könnte, ist häufig gar nicht vorhanden. Darüber hinaus gilt es festzuhalten, dass der Glaube der Schülerinnen und Schüler die traditionelle Verbindung von Gott und Leid oftmals nicht herstellt. Das eigene oder das fremde Nicht-Glauben(-Können) wird nur in wenigen Ausnahmefällen damit begründet, dass es angesichts von Krankheit und Leid Gott nicht geben könne. Entsprechend können wir auf dem Hintergrund unserer Untersuchung keineswegs bestätigen, dass die Erfahrung von Leid zum Verlust des Glaubens an Gott führt.

Vor allem die in der Stufentheorie von Oser und Gmünder[171] begegnenden Stufen 1 und 2 beschreiben ein vor-

---

169 Vgl. K. E. Nipkow, Erwachsenwerden ohne Gott, a. a. O., sowie oben I. und II.1.
170 Vgl. dazu I. und II.2.1.

nehmlich bei Kindern anzutreffendes Gotteskonzept, wonach Gott alle denkbare Macht besitzt, willkürlich in die Welt einzugreifen vermag und Leid unmittelbar verursachen oder beenden kann. Wir stellten in unserer Untersuchung fest, dass Vorstellungen wie Gott bediene sich des Leids als Strafe, Erziehungsmittel oder erweise seine Macht durch Leid in der 6. Klasse ebenso wie in Klasse 10 zu finden sind, sich also keineswegs auf das Kindesalter beschränken lassen. Mindestens ebenso häufig wie diese geäußerten Erweise der Macht Gottes sind jedoch auch Aussagen über Gottes Unvermögen und die ihm fehlende Macht anzutreffen. Gott kann in diesem Sinne weder überall zur gleichen Zeit noch gleichzeitig an allen möglichen Orten der Erde sein und helfend in das Weltgeschehen eingreifen. Auch diese Aussagen über die Begrenztheit der Macht Gottes sind an kein bestimmtes Alter gebunden.

Zu c) Die eben angesprochene Frage der Macht bzw. Ohnmacht Gottes verweist unmittelbar auf das Theodizeeproblem, denn nur der Glaube an einen (all-)mächtigen Gott sieht sich mit der Realität des Leids in eminenter Weise konfrontiert. In unserer Untersuchung zeigt sich eine bunte Palette von Varianten, wie im Kontrast zu unserer Ausgangsfrage *sowohl Kinder als auch Jugendliche* mit dem Theodizeeproblem umgehen. Hierbei ist zu beachten, dass diese Antwortmöglichkeiten sich nicht zwangsläufig gegenseitig ausschließen müssen.

Im Wesentlichen begegnen die folgenden Antwortkategorien:

- Leid ist unausweichlich, ist ein immanentes Geschehen, ist selbstverständlich;
- Gott steht leidenden Menschen bei (seelsorgerliche Güte Gottes) bzw. Gott als Freund im Leid;
- Gott weiß nicht alles und kann nicht alles (Allwissenheit, Allmacht);
- Gott gibt es nicht;

171 Vgl. F. Oser/P. Gmünder, Der Mensch – Stufen seiner religiösen Entwicklung, a.a.O, sowie auch II.2.

- Zweifel an Gottes Gerechtigkeit und Güte;
- Leid führt zur Aufnahme oder Intensivierung der Gottes-
  beziehung, führt zum Glauben;
- Leid als Strafe Gottes;
- Gott als mächtiger und unergründlicher Herrscher; Plan
  Gottes;
- Leid als Prüfung Gottes;
- Leid führt zum Verlust des Glaubens.

Zu d) Die Suche nach einer Antwort auf die Frage 4 setzt
die eben angeführten Beobachtungen fort. Orientieren wir
uns an der Hauptaussage der jeweiligen Kategorie, also an
der Frage, in welchem Verhältnis Gott und Leid zueinander
stehen, so lassen sich die zehn eben genannten Kategorien
noch einmal zu vier Konzepten zusammenfassen:

- Immanenz des Leids bzw. „Abwesenheit" Gottes: Ein erstes Konzept bringt Leid und Gott nicht miteinander in
  Beziehung. Leid wird unabhängig von der Gottesfrage als
  innerweltliches, also immanentes Geschehen qualifiziert.
  Entsprechend kann kein Mensch dem Leid entgehen; es
  ist ein selbstverständliches Phänomen des Lebens.
- Nähe Gottes: Gewissermaßen positiv funktionalisiert wird
  das Leid im zweiten Konzept. Leid wird vorrangig vom
  Ziel her verstanden. Es führt zum „Erfolg", indem Menschen im Leid Gottes Nähe spüren können oder ihn als
  Freund an ihrer Seite „wahrnehmen". Die Beziehung zwischen Gott und Mensch erfährt durch das Leid eine Intensivierung. Menschen, die bisher nicht oder kaum an Gott
  glaubten, entwickeln ein neues, positiveres Verhältnis zu
  Gott.
- Macht Gottes: Ein drittes Konzept sieht im Leid vorrangig
  einen Ausdruck der Macht Gottes. Erfahrenes Leid wird
  im Sinne von Strafe oder Prüfung unmittelbar mit Gott in
  Verbindung gebracht. Dabei vermag der Mensch die Frage nach dem Warum oft nicht zu beantworten. Das Handeln und der „Plan" Gottes können für den Menschen
  unergründlich sein.
- Infragestellung Gottes: Das vierte Konzept ist davon bestimmt, dass das Leid in der Welt Gottes Allmacht, Güte

und/oder Gerechtigkeit in Frage stellt. Diese Infragestellung kann soweit gehen, dass schließlich sogar behauptet wird, dass es Gott nicht gibt. Entsprechend dominieren die Zweifel an Gott oder die Meinung, Leid führe zum Verlust des Glaubens.

Zu e) Die soeben beschriebenen Kategorien und Konzepte sind analytisch anhand der erhobenen Daten gewonnen. Wir deuten sie phänomenologisch und wollen sie weder als der individuellen Erfahrung vorausgehende „archetypische Denkmuster" (Mokrosch) noch als notwendig zu durchlaufende Entwicklungsstufen (Oser) verstanden wissen. Vielmehr begegnen sie in unserer Untersuchung unabhängig von Alter, Klassenstufe und Schultyp.

Zu f) Abschließend ist der Frage nachzugehen, welche Rolle die gegebene oder nicht gegebene religiöse Sozialisation bei der Herausbildung bestimmter Theodizeekonzepte spielt. Wir haben unsere Untersuchung an zwei evangelischen Schulzentren in Leipzig und Nürnberg durchgeführt.[172] Stärker als in staatlichen Regelschulen ist hier der Schulalltag vom christlichen Glauben und von christlichen Werten bestimmt. Das heißt jedoch nicht, dass nur christlich sozialisierte Schülerinnen und Schüler den Unterricht besuchen.[173] Für das Evangelische Schulzentrum Leipzig ist zu berücksichtigen, dass nur ca. 50 % der Schülerinnen und Schüler einer christlichen Kirche angehören. Als ein Ergebnis unserer Untersuchung konnten wir feststellen, dass vor allem in Leipzig der Glaube an Gott verneint bzw. Gottes Existenz in nicht geringem Maße bestritten wird. Ein Urteil darüber, ob die religiös sozialisierten Schülerinnen und Schüler an Gott glauben, die Kinder und Jugendlichen aus

172 Vgl. II.3.
173 Vgl. K. Klemm/P. Krauss-Hoffmann, Evangelische Schulen im Spiegel von Selbstdarstellung und Elternurteil, in: Handbuch Evangelische Schulen, hg. v. C. T. Scheilke/M. Schreiner, Gütersloh 1999, S. 60–79; C. Standfest/O. Köller/A. Scheunpflug, lernen – leben – glauben: Zur Qualität evangelischer Schulen. Eine empirische Untersuchung über die Leistungsfähigkeit von Schulen in evangelischer Trägerschaft, Münster 2005.

nichtreligiösen Elternhäusern den Gottesglauben dagegen leugnen, lassen unsere Daten jedoch nicht zu. Kirchen- und religionssoziologische Fragestellungen wie diese gehörten nicht zu unserem Untersuchungsinteresse.

5.3 Theoretische Schlussfolgerungen

Der letzte Teil dieses Interpretationskapitels setzt sich mit zwei unsere Untersuchung ständig begleitenden Fragen auseinander. Zum einen ist der Beobachtung Nipkows, wonach die Theodizeefrage den Kindern und vor allem den Jugendlichen als das theologische Problem schlechthin gilt, nachzugehen (a). Zum anderen fragen wir, wie tragfähig das Osersche Stufenkonzept im Blick auf eine Erklärung der von uns erhobenen Ergebnisse ist (b).

Zu a) Zunächst also zur Bedeutung der Theodizeefrage. Wiederholt wurde die teilweise marginale Rolle betont, die die Frage nach der Gerechtigkeit Gottes angesichts von Krankheit und Leid spielt. Unter den Schülerinnen und Schülern, die sich in ihren Gesprächen auf eine Diskussion der Theodizeefrage eingelassen haben, begegnen in unserer wie in der Untersuchung Nipkows[174] recht häufig Aussagen darüber, dass sich Gott nicht zeigt und nicht konkret eingreift.[175] Allerdings haben sie in unserer Untersuchung nicht zur Folge, dass Gott bzw. der Glaube an Gott fallen gelassen werden. Vielmehr wird das Nichteingreifen Gottes damit begründet, dass Gott angesichts von Krankheit, Terror und Naturkatastrophen auch nichts machen könne. Verschiedene Argumente werden angeführt. So wird die Meinung vertreten, Dinge wie Krankheit und Tod gehörten nun einmal zum Leben. Feststellbar ist jedoch auch ein Wandel des Gotteskonzepts insofern, als die in der Tradition Gott zugeschriebenen Eigenschaften wie seine Gerechtigkeit, Güte und Allmacht von den Schülerinnen und Schülern

---

174 K. E. Nipkow, Erwachsenwerden ohne Gott, a. a. O., S. 33, sowie oben I. und II.2.
175 Vgl. II.4.

heute oft nicht geteilt werden. Das theistische Gotteskonzept[176] verliert an Plausibilität, weil die Schülerinnen und Schüler an Gott nicht mehr die Erwartung herantragen, dass Gott eingreifen könnte. Auf diese Weise wird das Unverständliche und Unbegreifbare für sie einsichtig und fassbar. Es fragt sich: Ist der von uns beobachtete Wandel des Gottesbildes vielleicht im Sinne Nipkows ein Versuch, „mit der Wirklichkeit . . . *rational* fertig zu werden"?[177]

Ernst zu nehmen ist schließlich auch die Gruppe derjenigen Schülerinnen und Schüler, die in ihrem bisherigen Leben nie an Gott glaubten. Folglich kann es bei ihnen auch nicht zu einem „Einbruch" des Gottesglaubens kommen.

Unsere Ergebnisse legen die Schlussfolgerung nahe, dass die Frage der Theodizee bei den von uns untersuchten Probandinnen und Probanden aus Leipzig und Nürnberg keineswegs als „Einbruchstelle" für den Verlust des Glaubens an Gott im Sinne Nipkows gewertet werden kann. Das mag maßgeblich auf zwei Gründe zurückzuführen sein[178]:

– Unterschiedliche Stichproben: Die Stichprobe, von der Nipkow ausging, und unsere Stichprobe unterscheiden sich nicht unerheblich voneinander. Zum einen handelt es sich bei Nipkow um Schülerinnen und Schüler an staatlichen Berufsschulen in Baden-Württemberg, die in der Regel 16 Jahre und älter sind, bei uns um Kinder und Jugendliche an evangelischen Schulzentren in Leipzig und Nürnberg. Zum anderen liegt zwischen der Erhebung, auf die sich Nipkow stützt, und unserer Untersuchung ein Zeitraum von 20 Jahren, in denen mannigfaltige gesellschaftliche und soziale Veränderungsprozesse stattgefunden haben, die nicht ohne Folge auf unsere Fragestellung geblieben sein dürften.
– Wandel des Gotteskonzepts: Als zweiter Grund für die unterschiedlichen Ergebnisse der beiden Untersuchungen ist durchaus auch ein Wandel des Gotteskonzepts unter Kin-

176 Vgl. hierzu II.1.2 sowie III.1.2.
177 K. E. Nipkow, Theodizee – Leiden verstehen, Böses überwinden?, a. a. O., S. 34, und oben II.2.
178 Vgl. III.1.

dern und Jugendlichen zu vermuten. Abgesehen von der nicht zu vernachlässigenden Zahl der Schülerinnen und Schüler, die den Glauben an Gott nicht teilen und folglich auch kein Theodizeeproblem haben, spielen traditionelle, theistische Gottesattribute wie Allmacht und Allwissenheit, an denen die Theodizeefrage virulent wird, für einen großen Teil der Kinder und Jugendlichen heute eine weniger wichtige Rolle als noch vor 20 Jahren.

In Abgrenzung von Nipkow, der eine vorrangige Behandlung der Theodizeefrage fordert[179], legt sich uns daher der Schluss nahe, dass die Frage der Theodizee für Kinder und Jugendliche heute diesen hohen Stellenwert nicht hat. Den Kindern und Jugendlichen fehlt teils der nötige Hintergrund in Form konkreter Leiderfahrung, teils ein theistisch orientierter Gottesglaube.

Zu b) Ging die erste Frage der Bedeutung des Theodizeeproblems im Leben der Kinder und Jugendlichen nach, so ist abschließend von Interesse, ob und in welchem Maße das Osersche Stufenkonzept zur Erklärung der von uns erhobenen Befunde herangezogen werden kann.

Unsere Untersuchung arbeitete sparsam mit theoretischen Vorannahmen. Als offene Frage stand an ihrem Beginn die Überlegung, wie Kinder und Jugendliche Gott und Leid miteinander in Verbindung bringen.

Zwar begegnen im Ergebnisteil Aussagen von Schülerinnen und Schülern, die eine Zuordnung zu einer der Stufen des religiösen Urteils möglich erscheinen lassen; ebenso begegnen aber zahlreiche Aussagen, bei denen dies nicht der Fall ist. Anders formuliert, unsere Untersuchung schließt die Tauglichkeit der Stufen als ein mögliches Instrument zur Beschreibung und Ordnung beobachtbarer Qualitäten nicht aus, bestätigt sie aber auch nicht.

Im Abschnitt II.5.2 stellten wir als Ergebnis der Analyse von Varianten, mit der Theodizeeproblematik umzugehen, vier Konzepte fest: die Orientierung an der „Abwesenheit"

179 K. E. Nipkow, Erwachsenwerden ohne Gott, a. a. O., S. 57.

Gottes, der Nähe Gottes, der Macht Gottes und der Infragestellung Gottes. Diese Konzepte haben wir analytisch herausgearbeitet. Tendenziell mögen sie sich in manchen Punkten mit den Stufen Osers berühren. Dies trifft insbesondere für Osers Stufen 1 (Deus ex machina) und 2 (Do ut des!) und unser Konzept „Macht Gottes" zu. Ähnliches gilt für die Stufe 3 (Deismus) und unser Konzept „Infragestellung Gottes". Allerdings begegnen die von uns gefundenen Konzepte ohne Berücksichtigung jeder Quantifizierung quer durch alle Altersstufen. Sie dürfen daher nicht als notwendig aufeinander aufbauende Stufen im Sinne Osers verstanden werden.

Zusammenfassend halten wir fest: Vor dem Hintergrund unserer Untersuchung ist eine Neubewertung der Dringlichkeit der Theodizeethematik und des unterrichtlichen Umgangs mit ihr angezeigt. Da wir nicht von ihrer selbstverständlichen Aktualität im Bewusstsein der Schülerinnen und Schüler ausgehen können, sich ferner in unseren Befunden Tendenzen eines sich wandelnden Gotteskonzepts bzw. einer sich wandelnden Gottesbeziehung erkennen lassen, ist kritisch zu überlegen, ob und inwiefern die mittlerweile zwar etablierten, aber umstrittenen Stufenkonzepte eine hinreichende Voraussetzung bilden, theologisches Denken von Kindern und Jugendlichen zu verstehen und zu erklären.

III | Ertrag, Aufgaben, Perspektiven

Unsere bisherigen Überlegungen und Untersuchungen haben zweierlei deutlich werden lassen. Zum einen erscheint das Thema Theodizee in den Fachdiskursen von Theologie, Philosophie und Religionspädagogik der letzten zwei Jahrzehnte als hoch relevant.[1] Speziell im Bereich der Religionspädagogik sieht eine bemerkenswerte Zahl von Forschern die Theodizee als (mit-)ursächlich für den Verlust des Gottesglaubens bei Heranwachsenden an.[2] Zum anderen zeigen unsere empirischen Erhebungen in Nürnberg und in Leipzig, dass Kinder und Jugendliche heute die Theodizeefrage bei weitem nicht so hoch veranschlagen, wie man es aufgrund der wissenschaftlichen Beschäftigung damit annehmen müsste.

1 Vgl. II.1 unserer Studie.
2 Vgl. II.2 unserer Studie.

1 | Ertrag

1.1 Fokussierung der empirischen Befunde

Wir haben zusammenfassend von folgenden Befunden auszugehen, an denen wir uns bei unseren weiteren Überlegungen orientieren werden:

1) Für viele[3] der von uns Befragten hat das Thema „Theodizee" keine Relevanz, weil sie bislang in ihrem Leben noch nicht mit einem in ihrer Sicht der Peter-Geschichte analogen Form des Leids konfrontiert worden sind.

2) Die meisten Kinder und Jugendlichen unserer Untersuchung stellen keine Verbindung zwischen Gott und dem Leid her. Gott wird nicht als Verursacher von Leiderfahrungen gesehen und demzufolge auch nicht in Frage gestellt, wenn Menschen Leid widerfährt. Für diese Kinder und Jugendlichen scheint der historisch mit der jüdisch-christlichen Traditionsgeschichte gegebene „klassische" Zusammenhang von Gott und Leid nicht zu bestehen.

3) Nur vereinzelt wird die Theodizeeproblematik als Ursache eines möglichen Verlustes des Gottesglaubens erkennbar. Hier scheint im Plausibilitätssystem die Verbindung von Gott und Leid gegeben zu sein und auch eine wichtige Rolle zu spielen. In den Diskursen solcher Schülerinnen und Schüler finden sich entsprechende Argumentationen (Gottes Allmacht und Barmherzigkeit vs. Leid von Menschen), die auch den Anfechtungscharakter der Theodizeefrage für Glaubende aufscheinen lassen.

---

3 Solche quasi-statistischen Formulierungen wie „viele", „die meisten", „eine erhebliche Zahl" beschreiben – in der Sprache der Grounded Theory – Trends im Sinne einer Sättigung der Kategorien.

4) Die von uns befragten Schülerinnen und Schüler sind offensichtlich nicht an einer abstrakten philosophischen oder theologischen Auseinandersetzung mit der Theodizeefrage interessiert. Dies schließen wir daraus, dass es dafür in den Gesprächsprotokollen unserer Untersuchung so gut wie keine Hinweise gibt. Es spricht viel dafür, dass die Theodizeefrage, genauer: die Betroffenheit durch sie, an ein theistisches Symbolsystem gebunden ist. Theistisch meint, dass Gott als geschichtsmächtig wirksam vorgestellt wird, als jemand, der in menschliches Leben und in die Wirklichkeit eingreifen kann (aber bisweilen auch, weil er verborgen ist, nicht eingreift).[4] Wenn und wo dieser Theismus nicht mehr gegeben ist, verflüchtigt sich die Betroffenheit durch die Theodizeefrage, wie das bei der Mehrzahl unserer Probandinnen und Probanden der Fall zu sein scheint. Vermutlich ist deren Gotteskonzept nicht im herkömmlichen (theistischen) christlichen Symbolsystem und Plausibilitätskontext verankert, weil diese offensichtlich nicht vermittelt wurden und – wie es aussieht – auch sozialisatorisch nicht zur Verfügung standen. Die Schülerinnen und Schüler verstehen Gott nicht als allmächtig, barmherzig, gütig, gnädig – und glauben demzufolge nicht, dass er in die Welt eingreift und die leidverursachenden Bedingungen beseitigt; Gott scheint teilweise dazu auch gar nicht in der Lage zu sein.

5) Unsere Befunde stehen damit in Spannung zu Nipkows These, dass „die erste Einbruchstelle für den Verlust des Glaubens an Gott – vielleicht die zentrale – die Enttäuschung über Gott als Helfer, als den nur vermeintlich ,lieben Gott‘" sei.[5] Wir meinen dagegen, dass ein solcher Glaube an Gott, der die für das Virulentwerden der Theodizeefrage nötigen konstitutiven Momente aufweist[6], bei der Mehrzahl unserer Schülerinnen und Schüler in den beiden Schulzentren so nicht vorhanden ist. Wenn sie

---

4 Vgl. D. Ritschl, Art. Theismus, in: E. Fahlbusch (Hg.), TRT, Bd. 5, Göttingen 1983[4], S. 159–161; W. Härle, Dogmatik, a. a. O., S. 288ff; vgl. auch II.1.2 unserer Studie.
5 K. E. Nipkow, Erwachsenwerden ohne Gott, a. a. O., S. 56.
6 Vgl. II.1.2 unserer Studie.

nämlich von Gott sprechen, sind die für gewöhnlich mit der Theodizeefrage verbundenen Probleme, die zu einem Glaubensverlust führen könnten, nicht erkennbar. Die Theodizeefrage kann ja auch nur aufbrechen, wenn das biblische – oder mindestens ein theistisches – Gottesverständnis bis zu einem gewissen Grad internalisiert ist.[7]

6) Dass Schülerinnen und Schüler infolge von Veränderungen im christlichen Symbolsystem und Gottesverständnis häufig keinen Zusammenhang von Gottesfrage und Leid sehen[8], heißt aber nicht grundsätzlich, dass sie nicht an Gott glauben. Wir kommen zu dem Schluss, dass viele Kinder und Jugendliche durchaus *einen eigenen Gottesglauben* haben, der jedoch nicht notwendigerweise die Frage nach dem Leiden bzw. die Theodizeefrage aufwirft. So verfügen nicht wenige Kinder und Jugendliche über ein eher deistisches Gotteskonzept, demzufolge Gott nicht in das Geschehen auf der Erde eingreift[9]; von manchen wird Gott als Quelle der Kraft gesehen, die das Leid erträglich werden lässt, oder als Garant von Halt und Sicherheit; oder es wird die Vorstellung vertreten, dass Leid an Gott abgegeben werden kann.

7) Eine erhebliche Zahl von Probandinnen und Probanden sagt von sich, dass sie nicht an Gott glaubt. Vor diesem Hintergrund ist es unmittelbar einleuchtend, dass ihnen die Frage nach der Gerechtigkeit Gottes irrelevant erscheint.

8) Die Schülerinnen und Schüler, die sich auf der Grundlage der vorgegebenen Geschichte von Peter mit dem Thema „Leid – Gott" beschäftigen, konzentrieren sich auf die Fra-

7 Vgl. II.1.2 unserer Studie.
8 Vgl. auch III.1.2 unserer Studie.
9 Vgl. zur Sache D. Ritschl, Theismus, a. a. O., S. 160, sowie die kritischen Ausführungen von M. Kroeger, Im religiösen Umbruch der Welt: Der fällige Ruck in den Köpfen der Kirche, Stuttgart 2004, S. 75–124; Kroeger spricht von einem seit 15–20 Jahren sich vollziehenden Zusammenbruch des Theismus als weltanschaulicher Voraussetzung und plädiert für einen non-theistischen Glauben an Gott.

ge nach dem *Umgang* mit dem Leid. Sie bemühen sich darum, Erklärungen zu finden, welchen Sinn Leiden *für sie* hat.

1.2 Wandlungen im Religiositäts- und Gotteskonzept

Ursächlich für das reduzierte Vorkommen und die veränderte Relevanz der Theodizee bei Kindern und Jugendlichen heute sind unseres Erachtens massive religiös-weltanschauliche Veränderungen.

Schon seit Jahrhunderten vorbereitet, haben sich in den letzten vier bis fünf Jahrzehnten erhebliche Wandlungen sowohl in der religiösen Landschaft als auch in der religiösen Stimmungs- und Großwetterlage vollzogen[10], die auch auf Kinder und Jugendliche ausstrahlen. War Deutschland bis in die späten 60er Jahre des 20. Jahrhunderts sehr deutlich von Kirchen, christlicher Tradition und Religiosität geprägt, so setzte mit den 70er/80er Jahren ein langsamer, aber andauernder Prozess der Enttraditionalisierung ein, der durch die politischen Ereignisse des Jahres 1989 erheblich verstärkt wurde. Die deutsche Wiedervereinigung im Jahre 1990 war und ist Teil dieses Veränderungsprozesses, der auch die Lage der Religion in Deutschland bis in die Gegenwart massiv beeinflusst.[11] Demzufolge ist die religiöse Situation in Deutschland heute deutlich anders als in Westdeutschland vor 1990.[12] Zwar nahm in Ostdeutschland die Verbundenheit mit der Kirche zwischen 1991 und 1994 kurzfristig augenfällig zu, gleichwohl sind die religiösen Bindungen dort insgesamt relativ gering

---

10 Angesichts der Debatte um ein funktionales versus ein substanziales Religionsverständnis entschieden wir uns aus arbeitsökonomischen Gründen für ein Verständnis von Religiosität als subjektiver Vollzug einer Gottes- oder Transzendenzbeziehung. Religion bezeichnet dann deren „objektive" bzw. verobjektivierte, gegebene und tradierte Gestalt.

11 Vgl. dazu auch F. Schweitzer, Postmoderner Lebenszyklus und Religion, Gütersloh 2003, S. 105f.

12 Vgl. zur Veranschaulichung die statistischen Berichte der EKD aus diesem Zeitraum.

geblieben, was in der Folge dazu führte, dass bezogen auf Gesamtdeutschland derzeit (Mitte 2005) ca. 64 % der Bevölkerung Mitglieder einer Kirche sind und sich das religiöse Klima entsprechend gewandelt hat.[13]

Geschichtlich gesehen ist die deutsche Wiedervereinigung ein markantes Beispiel für einen *historischen Epochenwandel* und dessen Folgen für bzw. Einfluss auf Religiosität und religiöse Veränderungen, wie das schon in der Weimarer Republik sowie während des Dritten Reichs der Fall war. Die Erfahrung solcher gravierenden Umbrüche hinterlässt im Leben von jungen wie alten Menschen sehr wahrscheinlich nachhaltige Spuren.[14]

Infolge reduzierter Orientierung an kirchlicher bzw. jüdisch-christlicher Tradition – Enttraditionalisierung und Entkonventionalisierung – und entsprechend veränderter religiöser Sozialisation erscheinen Religion und Gottesverständnis heute erheblich stärker individualisiert, pluralisiert und privatisiert als vor fünfzig oder gar hundert bis zweihundert Jahren. Als gelebte Sinnorientierung konstituiert sich Religiosität unter den Bedingungen der modernen Gesellschaft nicht mehr selbstverständlich im unmittelbaren Verhältnis zur kirchlichen Institution. Häufig entzieht sie sich der sozialen Formation und Kontrolle. Sie manifestiert sich in unterschiedlichen Variationen explizit religiöser Mentalität und Praxis wie in der Übernahme und Pflege impliziter kulturell diffundierter religiöser Derivate. Sie organisiert sich in Gruppen und Bewegungen, aber auch in stark individualisierten Formen.[15] Sie integriert Traditionen verschiedener religiöser Herkunft oder grenzt sich von ih-

---

13 Vgl. Kirchenamt der EKD (Hg.), Evangelisch in Deutschland. Zahlen und Fakten zum kirchlichen Leben, Hannover 2005, S. 4; M. Domsgen (Hg.), Konfessionslos – eine religionspädagogische Herausforderung. Studien am Beispiel Ostdeutschlands, Leipzig 2005.

14 Vgl. F. Schweitzer, Postmoderner Lebenszyklus und Religion, a. a. O., S. 106.

15 Als exemplarisches Beispiel für einen zwar regional begrenzten Bereich, an dem sich dennoch Symptomatisches aufzeigen lässt, vgl. die Studie von C. Bochinger/M. Engelbrecht/W. Gebhard, Die unsichtbare Religion in der sichtbaren Religion. Formen spiritueller Orientierung in der religiösen Gegenwartskultur, Stuttgart 2005.

nen vehement ab, sie reiht sich selbst in den Rahmen kirchlicher Frömmigkeit ein oder distanziert sich davon. Die früher übliche kirchliche Sozialisation nimmt dabei ab, so dass der Religionsunterricht mittlerweile für nicht wenige Kinder die Erstbegegnung mit Religion darstellt.[16]

Diese Veränderungen führen zwar keineswegs zum Verschwinden von Religion, verändern aber deren Gestalt: So wird Religion im Sinn von Peter L. Berger etwas Wählbares[17]; ferner kommt es zu einer Prozessualisierung und Biografisierung von Religion entlang den Lebensläufen. Das, was ehemals – zumindest aus etymologischer Sicht – als maßgeblich für Religion erachtet wurde, die „Rückbindung" an das Vorgegebene (religari) oder das Lesen von Norm-Texten (relegere), weicht mehr und mehr der eigenen spirituellen Erfahrung, die ausprobiert und mit der experimentiert wird. Beim Stand der Dinge ist es nicht sicher, ob die religiösen Aufbrüche zu einer Wiederbelebung von Religion insgesamt führen oder ob es durch die Auflösung bzw. zumindest das Nachlassen lebendiger Bindungen an religiöse Institutionen bei der Mehrheit der Gläubigen zu einem Rückgang an Beständigkeit und Bindungstiefe kommt.[18] Näherhin lassen sich am Übergang vom 20. zum 21. Jahrhundert *drei* durchaus *widersprüchliche Entwicklungen* ausmachen:

1) *Zum einen* erscheinen Menschen – Kinder und Jugendliche eingeschlossen –, wenn auch nicht mehr so kirchlich wie vor fünfzig Jahren, durchaus *religiös*. Seit Jahren weisen Sozial- und Trendforscher wie Matthias Horx[19] darauf hin, was neue Untersuchungen und Erhebungen wie die 1999 durchgeführte Europäische Wertstudie[20] bestätigen: dass Religion

16 Vgl. G. Hilger/W. H. Ritter, Religionsdidaktik Grundschule. Handbuch für die Praxis des evangelischen und katholischen Religionsunterrichts, München/Stuttgart 2006, S. 28–41.
17 Vgl. P. L. Berger, Der Zwang zur Häresie, Frankfurt/M. 1980.
18 Vgl. C. Bochinger, Zwischen Begegnung und Vereinnahmung. Interreligiöses Lernen in religionswissenschaftlicher Perspektive, in: PrTh 38 (2003), S. 86–96, hier S. 89f.
19 Vgl. Grund zur Hoffnung. Gespräch mit Zukunftsforscher Matthias Horx, in: EK 1/1999, S. 17–20.
20 Vgl. P. M. Zulehner/H. Denz, Wie Europa lebt und glaubt, Düsseldorf 1993.

ein „Megatrend" ist. Die Bedeutung von Religion wächst gerade, aber nicht nur in Westeuropa, dem man traditionell „Säkularisierung" qua Schwund von Religion nachsagt, was mit einer wachsenden Vielfalt religiöser Orientierung in ein und derselben Gesellschaft einhergeht.

Die positive Bedeutung von Religion zeigt sich heute jedenfalls sowohl bei Kindern als auch – mit bestimmten Modifikationen – bei Jugendlichen. Zahlreichen Untersuchungen zufolge sind Kinder immer wieder erstaunlich offen für Religion und Gott.[21] Eine empirische Studie des Instituts für Demoskopie Allensbach aus dem Jahre 2003, die hier nur als ein einzelnes Beispiel von vielen genannt sei, zeigt, dass 74 % der 6–12-Jährigen an Gott glauben (Westdeutschland 82 %; Ostdeutschland 27 %). Auch Jugendliche sind nicht einfach pauschal religiös desinteressiert, sondern schwanken zwischen Interesse und Abneigung, kritischer Neugier und Distanz, Nähe und Ferne, Sympathie und Antipathie. Sie sind, so formuliert es F. Schweitzer, „auf der Suche nach eigenem Glauben".[22] Auf der Basis von Individualisierung gibt es eine Vielzahl von Gestalten bzw. Typen jugendlicher Religiosität von kirchlich-christlich, christlich-autonom, konventionell-religiös, autonom-religiös bis zu nicht-religiös[23], wobei sich natürlich die Frage stellt, ob diese vielen Spielarten sich überhaupt zureichend in eine Typologie einfangen lassen. Auf jeden Fall ist Religiosität in der Biografie von Jugendlichen – aber auch schon von Kindern – keine Selbstverständlichkeit mehr, sondern wird zunehmend zu einer (zu erbringenden) Leistung. Dies hat zur Folge, dass der und die Einzelne in Sachen Religion und Glaube einen eigenen Anspruch auf Wahrheit und Wirklichkeit erhebt, wie man es bislang nur von Kirchen und

21 Vgl. G. Hilger/W. H. Ritter, Religionsdidaktik Grundschule, a. a. O., S. 169–189; R. Oberthür, Kinder und die großen Fragen, München 1995.
22 Vgl. F. Schweitzer, Die Suche nach eigenem Glauben, Gütersloh 1996, S. 7; U. Baumann, Jugendliche und Religion, in: G. Bitter u. a. (Hg.), Neues Handbuch religionspädagogischer Grundbegriffe, München 2003, S. 199–204.
23 Vgl. dazu die Untersuchungen von H.-G. Ziebertz/B. Kalbheim/U. Riegel, Religiöse Signaturen heute, a. a. O., v. a. S. 390ff.

überlieferten Religionsgestalten gekannt hat.[24] Wenn heute nicht mehr die kirchliche Bedeutungszuschreibung den Horizont für menschliches Selbst-, Welt- und Gottesverständnis abgibt, heißt das nicht, dass Menschen zu deuten aufhören – Leben ohne solche Deutungen gibt es nämlich nicht.[25] Wohl aber tritt an die Stelle der Kirche als Interpretationsrahmen („Normalbiografie") das individuelle und soziale Leben mit seinen „Wahlbiografien", auch in religiöser Hinsicht.

2) Zum andern kommt es infolge von *Verlust- und Säkularisierungsschüben* zur Entfremdung von Gesellschaft und Religion generell, zwischen Kirchen und ihren Mitgliedern speziell.[26] Unter den Bedingungen der Moderne ist es für Individuen nämlich keineswegs mehr zwingend, sich mit der Sinnfrage abzugeben bzw. explizit religiös zu sein.[27] Die Entfremdung von Religion in Gestalt der Religionslosigkeit ist, verglichen mit den 60er, aber auch noch den frühen 90er Jahren des 20. Jahrhunderts, beträchtlich angewachsen und trifft mittlerweile auf ein knappes Drittel der bundesrepublikanischen Bevölkerung zu. So sind in den östlichen Bundesländern mehr als 70 % der Menschen ohne Konfession.[28] Da sie mehrheitlich nie die Gelegenheit hatten, sich mit Religion zu beschäftigen, kann man solche Menschen streng genommen nicht einmal areligiös nennen, weil Areligiosität Eberhard Tiefensee zufolge zumindest die Bekanntschaft mit Religion, von der man sich absetzt, voraussetzt. Wie auch immer, die erzwungene Konfessionslosigkeit v. a. im Gebiet der ehemaligen DDR hatte und hat ihre ganz

24 Vgl. U. Baumann, Jugendliche und Religion, a. a. O., S. 200.
25 Vgl. D. Korsch, Dogmatik im Grundriß, Tübingen 2000, S. 3f.
26 Vgl. K. Gabriel (Hg.), Religiöse Individualisierung oder Säkularisierung, Gütersloh 1996.
27 Vgl. N. Luhmann, Gesellschaftsstruktur und Semantik, Bd. 3, Frankfurt/M. 1989, S. 349.
28 Vgl. E. Tiefensee, Christliches Leben in einer säkularen Gesellschaft, in: rhs 48 (2005), S. 2–14; O. Müller/G. Pickel/D. Pollack, Kirchlichkeit und Religiosität in Ostdeutschland: Muster, Trends, Bestimmungsgründe, in: M. Domsgen (Hg.), Konfessionslos – eine religionspädagogische Herausforderung, a. a. O., S. 23–64.

eigene Dynamik, auch in Richtung Westen. In vielen Familien wurden und werden religiöse Bezüge der Weltdeutung und Lebensgestaltung prinzipiell abgelehnt. Dieser pragmatische Atheismus der DDR-Ideologie „ist ein identitätsstiftender Bestandteil dieser Zeit, an dem – im Gegensatz zu anderen Einstellungen – nach der Wende festgehalten werden kann und wird".[29] Mittlerweile hat er auch für Westdeutsche eine identitätsbildende Funktion bekommen.

3) Darüber hinaus gibt es zahlreiche Beobachtungen und Indizien dafür, dass sich schon bei Kindern, stärker aber noch bei Jugendlichen nicht nur religiöse Individualisierung (die ja immer noch auf die institutionell überlieferte Religion zurückgreift), vielmehr starke *religiöse Indifferenz* und *Distanziertheit* verbreiten und bemerkbar machen, und zwar durchaus im markanten Unterschied zu den bekannten religiösen Entwicklungstheorien, die lediglich positiv gefüllte Religionsvorstellungen thematisieren und schematisieren.[30] Religion und Gott werden schon von Kindern, mehr noch von Jugendlichen nicht mehr unbedingt nachgefragt – hier kann gesucht werden, ohne dass deutlich wäre, wonach gesucht wird.

Aufs Ganze gesehen sind wir damit beim Übergang vom 20. ins 21. Jahrhundert Zeugen durchaus unterschiedlicher, ja gegenläufiger Entwicklungen. Diese „Gleichzeitigkeit des Ungleichzeitigen" (Karl Mannheim) – also das zeitgleiche Vorkommen von Phänomenen, die man normalerweise im Sinne eines Nacheinanders erwartet – kennzeichnet unsere Gegenwart markant. Sie ist für die Geistes- und Sozialgeschichte der Neuzeit kein Novum; vielmehr haben sich hier immer wieder „Aufklärungsschübe mit einem Zurückweichen von der erreichten Entzauberung der Welt abgelöst".[31]

29 M. Hahn, Evangelischer Religionsunterricht in Ostdeutschland, in: H. Bedford-Strohm (Hg.), Religion unterrichten, Neukirchen-Vluyn 2003, S. 13–24, hier S. 19.
30 Vgl. dazu exemplarisch H. Oertel, Gesucht wird: Gott? Jugend, Identität und Religion in der Spätmoderne, Gütersloh 2004.
31 H.-J. Höhn, City Religion, in: Orientierung 53 (1989), S. 102–105, hier S. 102.

Veränderungen im Religions- und Religiositätskonzept von Menschen zeigen sich unmittelbar an deren *Gottesverständnis*. Nach allem, was wir wahrnehmen und (empirisch gewonnen) wissen, sind Gottesfrage und Gottesthematik heute nicht einfach erledigt, wenn auch Tendenzen der Vergleichgültigung Gottes, der „Gottesverdunstung" bzw. des Transzendenzverlustes unübersehbar sind.[32] Zwar spricht nichts für eine totale Säkularisierung im Sinne einer endgültigen Verabschiedung Gottes, doch gibt es zahlreiche Spuren der Veränderung des überlieferten jüdisch-christlichen Gotteskonzeptes und seines handelnd und eingreifend vorgestellten Gottes, das praktisch an Relevanz verloren hat. Gleichgültig, ob man nun annimmt, der klassische Theismus gehe seinem Ende entgegen, womit auch der christliche Glaube seinen Halt verliere[33], oder ob man fragt, „ob nicht auch umgekehrt die Theismuskrise eine Folge des Plausibilitätsverlustes christlicher Inhalte sein kann"[34] – die Krise des Theismus führt zu massiven Veränderungen in den Denkgewohnheiten von Menschen, ihrem Verständnis vom Sinn des Lebens und ihrem Umgang („Bewältigung") mit Leid und Kontingenz. Speziell für *Jugendliche* im durchschnittlichen Alter von 15–16 Jahren haben H.-G. Ziebertz u. a. in ihren empirischen Erhebungen bei über 700 Probandinnen und Probanden zeigen können, dass Gottesrepräsentationen bei diesen dann auf Zustimmung treffen, wenn sie drei Züge aufweisen:

- Gott ist ein Geheimnis und nicht definierbar,
- Gott bzw. das Göttliche ist anthropologisch-immanent erfahrbar,
- Gott ist eine höhere Macht im Kosmos, die Menschen sind Teil des Ganzen.[35]

32 Vgl. S. Pauly (Hg.), Der ferne Gott in unserer Zeit, Stuttgart 1999²; J. B. Metz/J. Reikersdorfer/J. Werbick (Hg.), Gottesrede, Münster 1996.
33 Vgl. so M. Welker, Kirche im Pluralismus, München 1995, S. 35ff; anders M. Kroeger, Der fällige Ruck in den Köpfen der Kirche, a. a. O., v. a. S. 91ff, der den Non-Theismus als theologisch zeitgemäß und legitim erachtet.
34 H.-G. Ziebertz/B. Kalbheim/U. Riegel, Religiöse Signaturen heute, a. a. O., S. 327f.
35 Vgl. diess., a. a. O., S. 336f; ähnlich die Befunde in: B. Vogel (Hg.),

Dazu kommen, so Ziebertz u. a., in nicht geringem Maße deistische Gedanken[36]: Gott wird als eine höhere Macht im Sinne einer Erstursache vorgestellt, die aber nicht in das Leben und die Welt eingreift; dagegen finden Begriffe und Aussagen über Gott, die als klassische christlich-theologische Konnotationen gelten können, „keine oder nur schwache Zustimmung".[37]

Diese Befunde liegen durchaus auf der Linie unserer Ergebnisse: Sehr viele der von uns explorierten Kinder und Jugendlichen habe einen (sehr) individuellen, eher allgemeinen Gottesglauben, der gewisse christliche Anklänge erkennen lässt, aber nicht mit dem von den Kirchen im Sinne der Tradition und der Bekenntnisse gelehrten Gott identisch ist. All das legt schlussendlich nahe, diese Veränderungen in einem größeren geschichtlich-kulturellen Kontext zu sehen, in dem die Bindungen an das von Kirchen gepflegte und aus jüdisch-christlicher Tradition gespeiste Religionssystem sich *lockern* und *nachlassen*. Dementsprechend wird man für die Jetztzeit, für unsere Kinder und Jugendlichen nicht von einer flächendeckenden „Abkoppelung" von der kirchlich-christlichen Überlieferung sprechen dürfen[38], wohl aber von einer nicht übersehbaren *Lockerung und Abschwächung ihrer Bindungsintensität*. Auf dem Hintergrund unserer Befunde erscheint die Abkoppelungsthese zumindest fragwürdig.[39]

Religion und Politik. Ergebnisse und Analysen einer Umfrage, Freiburg 2004.

36 H.-G. Ziebertz/B. Kalbheim/U. Riegel, Religiöse Signaturen heute, a. a. O., S. 345.

37 Diess., a. a. O., S. 340; vgl. S. 346, 350, 352.

38 Vgl. so K. E. Nipkow, Erwachsenwerden ohne Gott, a. a. O., S. 9 und passim; ders., Die Gottesfrage bei Jugendlichen – Auswertung einer empirischen Umfrage, in: U. Nembach (Hg.), Jugend und Religion in Europa, Frankfurt/M. u. a. 1987, S. 233–259, hier S. 252, 240.

39 So auch A. A. Bucher, Literaturbericht zur aktuellen empirischen Religionspädagogik, in: B. Porzelt/R. Güth (Hg.), Empirische Religionspädagogik, Münster 2005, S. 21–28, hier S. 24. Anders dagegen B. Porzelt, Jugendliche Intensiverfahrungen, Graz 1999, S. 34, der die Abkoppelungsthese empirisch untermauern will.

Für Religionspädagogik und Religionsdidaktik sowie konkreten schulischen Religionsunterricht von der Grundschule bis in die Sekundarstufe II ist es wichtig, dass die Verantwortlichen die oben gezeichneten Entwicklungen und Veränderungen im Religiositäts- und Gotteskonzept wahrnehmen, verstehen und bei ihrer Thematisierung von „Leid und Gott" berücksichtigen.

1.3 Folgen für die Stufentheorien

Die komplexen Wandlungen im Religiositäts- und Gotteskonzept haben unseres Erachtens unmittelbare Folgen für die Stufentheorien, ihre Feststellbarkeit, Relevanz und Leistungsfähigkeit. Für die bis heute in der Religionspädagogik und Religionsdidaktik wichtigsten Stufentheorien von Fritz Oser/ Paul Gmünder sowie James W. Fowler[40], die auf der Arbeit von Jean Piaget basieren, ist dies kennzeichnend: Im Rahmen des Entwicklungsprozesses bilden Kinder kognitive Strukturen aus, die ihrerseits die Wahrnehmung und das Verstehen nach Regeln organisieren. Diese Erkenntnis wenden Fowler wie Oser/Gmünder auf religiöse Sachverhalte an. Der Begriff Stufe verweist dabei – auch im religionspädagogischen Zusammenhang – nicht primär auf die Zielgerichtetheit der Entwicklung, sondern auf die qualitativen Unterschiede zwischen den verschiedenen Entwicklungsniveaus.

Viele neuere religionspädagogische und -didaktische Veröffentlichungen, auch Standardwerke, referieren die Stufenmodelle nicht selten als gesicherte Theorien, auch wenn da und dort vor der damit verbundenen Gefahr einer „pauschalen Kategorisierung der Kinder"[41] gewarnt wird. Gleichwohl wird der objektive Status dieser Theorien oft nicht hinterfragt.[42]

40 Vgl. dazu auch I und II.2 unserer Studie.
41 E. Naurath, Kognitiv-strukturalistische Entwicklungstheorien, in: G. Lämmermann/E. Naurath/U. Pohl-Patalong, Arbeitsbuch Religionspädagogik, Gütersloh 2005, S. 76–94, hier S. 93.
42 Vgl. z. B. M. Schambeck, Wie Kinder glauben und theologisieren, in: M. Bahr/U. Kropač/M. Schambeck (Hg.), Subjektwerdung und religiöses Lernen, München 2005, S. 18–28, hier S. 22ff.

Der pädagogische Gewinn der strukturkognitiven Entwicklungstheorien liegt zweifelsohne darin, dass sie einen hilfreichen Beitrag „zur Schulung des ‚pädagogischen Sehens und Denkens'"[43] von Religionslehrkräften leisten können, welcher deren pädagogischen Horizont erweitert und ihr didaktisches Handeln wach und beweglich hält.

Unsicher ist jedoch, ob die Entwicklung etwa des religiösen Urteils tatsächlich so linear, hierarchisch und allgemein ist, wie die Vertreter dieser Theorie behaupten – das ist die Crux der Stufentheorien. Unsere Befunde schließen zwar das Vorkommen der verschiedenen Stufen nach Oser/Gmünder nicht generell aus, lassen aber weder eine generelle lineare Entwicklung dieser Art erkennen noch bestätigen sie die Richtigkeit der Stufentheorie im Ganzen.

Darüber hinaus spricht unseres Erachtens viel dafür, dass die kognitiven Strukturstufentheorien zu Zeiten eines weithin allgemein akzeptierten theistischen Gottes- und Religions-Konzeptes erklärungskräftiger waren, als sie es heute sind bzw. sein können; sie hatten also in ihrer Entstehungszeit ein anderes Erklärungspotenzial als heute. Zwar ist die religiöse Entwicklung, wie wir heute annehmen, niemals das ausschließliche Produkt von geschichtlichen und soziokulturellen Sozialisationseinflüssen, sondern wird von Heranwachsenden in der Interaktion mit ihrer Um- und Mitwelt geleistet. Dennoch meinen wir aufgrund unserer Erhebung sagen zu können, dass die Religiosität von Kindern und Jugendlichen in den letzten Jahrzehnten sehr deutlich auffällige Veränderungen im Religiositäts- und Gotteskonzept widerspiegelt und erkennen lässt.

Zwar sind die bekannten Stufentheorien nicht einfach blind gegenüber Einflüssen aus der sozialen Umwelt[44], sie tragen ihnen aber nach unserer Auffassung letztlich zu wenig Rechnung, so dass die religionskulturellen Kontexte unter-

---

43 F. Schweitzer, Elementarisierung als religionspädagogische Aufgabe: Erfahrung und Perspektiven, in: ZPT 52 (2000), S. 240–252, hier S. 247f.

44 Vgl. F. Schweitzer, Postmoderner Lebenszyklus und Religion, a. a. O., S. 78, 106f.

belichtet bleiben. Anders gesagt: Die Stufentheorie nach Oser/Gmünder lässt unseres Erachtens die religiöse Groß-wetterlage ihrer Entstehungszeit massiv als selbstverständli-che, aber zu wenig reflektierte „Norm" durchscheinen, näm-lich die 70er/80er Jahre des 20. Jahrhunderts, die immer noch sehr deutlich von traditionaler Religion und einem theistischen Gottesverständnis geprägt waren, was aber so heute nicht mehr gegeben ist. Nach unserer Überzeugung lässt sich die Gültigkeit der Stufen in einem religiös veränder-ten Zeitraum so nicht mehr behaupten, vielmehr müsste die Theorie entsprechend modifiziert oder durch ein alternatives theoretisches Paradigma ersetzt werden.[45]

Vorstehende Überlegungen auf die These Nipkows be-zogen, die Theodizeefrage zeige sich als die erste und wahr-scheinlich größte Schwierigkeit für den Gottesglauben überhaupt, meinen wir: Auch Nipkows These ist nicht vo-raussetzungsfrei, sondern setzt die Gegebenheit und die Rezeption eines theistischen Gotteskonzeptes mit seinen Implikationen voraus. Folglich muss die fortbestehende Gültigkeit der (damaligen) Nipkowschen These in Frage ge-stellt werden: Das damalige Gottes- und Religiositätskon-zept von Heranwachsenden, mit dem Nipkow seit den 80er Jahren des 20. Jahrhunderts arbeitet, ist nicht das heutiger Kinder und Jugendlicher. Obwohl Nipkow wiederholt qua „Abkoppelungsthese" betonte, „daß den Schülern bei der Suche nach Antworten auf die Facetten der Gottesfrage die spezifischen christlich-kirchlichen Glaubensinhalte so gut wie gar nicht *von selbst* in den Blick kommen"[46], scheint er doch anzunehmen, dass sie den Schülerinnen und Schü-lern grundsätzlich zur Verfügung stehen – nur so macht seine These ja Sinn. Das flächendeckende Vorhandensein solcher traditionaler Glaubensinhalte[47] konnten wir aber in unserer Untersuchung empirisch nicht bestätigt finden.

Insgesamt ergibt sich damit: Die Stufentheorien erschei-nen uns wesentlich zeitbedingter, als dies ihren Rezipienten

---

45 Zum Versuch einer grundlagentheoretischen Alternative vgl. E. Nestler, Denkfähigkeiten und Denkweisen, a. a. O.
46 K. E. Nipkow, Die Gottesfrage bei Jugendlichen, a. a. O., S. 252.
47 Vgl. dazu II.1.2.

allgemein bewusst ist.[48] Dies darf in einer heutigen Reflexion auf das Thema Theodizee bzw. Gott und das Leid nicht außer Acht bleiben.

48 Entsprechend kritisch wird man mit folgender Aussage Nipkows umgehen müssen: „Wenn die religiöse Entwicklung nicht gefördert wird, wenn emotionale und soziale und vor allem besonders dringliche gedankliche Hilfen versäumt werden, schleppen die jungen Menschen unentwickelte und unangemessene Vorstellungen in ihr Erwachsenenleben weiter, die weder theologisch genügen noch ihnen selbst etwas bedeuten können. Ihre ‚Religion' nimmt dann eine abwegige und persönlich irrelevante Gestalt an ..." (K. E. Nipkow, Jugendliche und Erwachsene vor der religiösen Frage, a. a. O., S. 132).

2 | Die Aufgabe

2.1 Didaktische Legitimation des Themas

Warum und wozu soll das Thema Theodizee bzw. Gott und das Leid im Religionsunterricht vorkommen? Was legitimiert uns angesichts der oben vorgestellten veränderten Wertigkeiten und Dringlichkeiten, dieses Thema dennoch unterrichtlich zu behandeln? Wir sehen im Wesentlichen zwei Gründe, dies zu tun, zum einen einen schülerbezogenen anthropologischen und zum anderen einen sachlich-fachlichen Grund. *Anthropologisch* gesehen ist festzustellen, dass Schülerinnen und Schüler früher oder später leidvolle Erfahrungen machen werden; ist es aber die Aufgabe von Schule und Unterricht im Allgemeinen, Religionsunterricht hier speziell, die Wirklichkeit in einer sinnorientierten und wertgebundenen Weise zu erschließen, dann müssen Kinder und Jugendliche auch zum Umgang mit Leid angeleitet werden.

Von der *Sache* her gesehen soll der Religionsunterricht als Unterrichtsfach zur „Orientierung in einem Lebensbereich" beitragen[49] und Heranwachsende in ihren Bemühungen um religiöse Bildung und Kompetenz – was Wissenserwerb einschließt, ohne sich darin zu erschöpfen – unterstützen, also auch in ihrem Umgang mit dem Leid. Konkret erfordert dies fachwissenschaftliche, fachdidaktische Überlegungen ebenso wie die Reflexion auf die entsprechenden Relevanzzuschreibungen der Schülerinnen und Schüler. Hierfür erscheinen uns die nachfolgenden Aspekte wichtig.

---

49 G. R. Schmidt, Einführung in Begriff und Problemstellung der Didaktik, in: E. Feifel u. a. (Hg.), Handbuch der Religionspädagogik, Bd. 2, Gütersloh u. a. 1974, S. 23–33, hier S. 32.

2.1.1 Anbahnung religiöser Kompetenz

In anthropologischer wie in fachlicher Hinsicht ist die Anbahnung religiöser Kompetenz im Umgang mit dem Leid
für Lernen und Bildung konstitutiv. Dies schließt den Aufbau religiösen Wissens mit ein, das die notwendige Basis
dafür darstellt, dass Kinder und Jugendliche religiös deute-
und handlungsfähig werden. Schülerinnen und Schüler
sind zwar an begrifflicher Reflexion und gedanklicher Klärung oft wenig interessiert bzw. haben geringe Lust dazu
und zeigen immer wieder auch mangelnde Anpassungsof-
fenheit.[50] Gleichwohl halten wir es, mit Dietrich Benner gesprochen, für schul- und religionspädagogisch unverzichtbar, dass Religionsunterricht Kinder und Jugendliche nicht
kognitiv unterfordert. Es ist ja das Wesen kognitiver und
begrifflicher Arbeit, dass sie lernende Subjekte in die Lage
versetzt, die Wirklichkeit, in der sie leben, auch geistig ordnen und verstehen zu können. Kognitive und begriffliche
Auseinandersetzung bestimmt dabei, „was und wie viel von
der Wirklichkeit erfahren wird, wie Phänomene wahrgenommen und eingeordnet werden"[51]. Als *gebildete Religion*
denkt der christliche Glaube über Gott und das Leid nach
und sucht – soweit wie möglich – nach Erkenntnis und gedanklicher Klärung, um mit dem Kontingenten umgehen zu
lernen. Zur Religion gehört, so zeigt es sich bereits in Max
Webers Religionssoziologie, nicht-begreiflich erscheinen-
des Leid im Leben verstehbar werden zu lassen: „Religion
ist in dieser Funktion Teil der Kulturleistung des Menschen
wie Philosophie und Dichtung, der Kulturleistung, die im
Bilde gesprochen Schwimmbewegung des Menschen als eines Ertrinkenden ist. Der sterbliche Mensch ist wie einer,
über dem die Wellen zusammenschlagen und der rudert,
um nicht unterzugehen. Die Religion ist seine stärkste

---

50 Vgl. H. Hanisch, Lernen im Religionsunterricht. Lerntheoretische
Anmerkungen zur Einführung des Religionsunterrichts im Freistaat
Sachsen, in: U. Kühn (Hg.), Kirche als Kulturfaktor, Hannover 1994,
S. 216–238, hier S. 219ff.
51 T. B. Seiler/W. Wannenmacher, Begriffs- und Bedeutungsentwicklung, in: R. Oerter/L. Montada, Entwicklungspsychologie, Weinheim 1987², S. 463–505, hier S. 473.

Schwimmbewegung. Dieses Bild bringt wohl am deutlichsten zum Ausdruck, was mit der Funktion der Religion als Rationalisierung der Erfahrung des irrationalen Leidens (und alles Leid ist per se irrational) gemeint ist."[52] Ohne Religion allein auf Rationalisierung und Kontingenzbewältigung beschränken zu wollen, gehen wir in Sachen Gott und das Leid davon aus, dass Menschen diesbezüglich in den vormodernen Kulturen möglicherweise tiefer in die Geheimnisse nichtrationaler Erfahrungswelten eingetaucht sind als der moderne, säkularisierte Mensch, der dazu neigt, den heute erreichten Erkenntnisstand des nach außen gerichteten Weltbeherrschungswissens für den Höhepunkt der Menschheitsgeschichte zu halten.[53]

2.1.2 Einblick in spezifisch christliche Traditionen zu Gott und Leid

Es erscheint uns für die Gegenwart und Zukunft der Heranwachsenden wichtig, dass ihnen im Religionsunterricht z. B. in Gestalt biografischer oder literarischer Zeugnisse Menschen begegnen, die angesichts großen Leides mit Gott rangen und schließlich bei ihm Trost und Hilfe fanden. Für die Schülerinnen und Schüler können solche Beispiele eine Anregung sein, ihre Konzepte bezüglich „Gott und Leid", von denen sie sich bislang leiten ließen, zu ergänzen, zu modifizieren oder vielleicht sogar zu revidieren.[54] Für die christliche Tradition ist hierbei wichtig, dass Gott als deus absconditus bzw. revelatus geschichtswirksam mächtig ist, also eingreifen, sich aber auch aus dem Leben von Menschen zurückziehen und verborgen bleiben kann. Es ist eine theologische Frage grundsätzlicher Art, welchen Gott wir Heranwachsenden im Zusammenhang mit dem Leid vorstellen und zeigen wollen: den ohnmächtigen und hilflosen Gott, den heute viele für

---

52 E. Otto, Magie – Dämonen – göttliche Kräfte, a. a. O., S. 208.
53 So W. Gantke, Eine Welt ohne Himmel wird zur Hölle. Ein Gespräch mit dem Religionswissenschaftler Wolfgang Gantke über den Himmel in den Religionen, in: ZZ 5 (2004), S. 37–40, hier S. 38f.
54 Vgl. dazu H. Hanisch, Vortrag im Evangelischen Schulzentrum Leipzig 2004, S. 12, These 5 (unveröffentlicht).

den einzig vermittelbaren halten, oder einen, der „ganz anders" ist und mehr vermag contra experientiam, als wir ihm zutrauen.[55] Lehren, zeigen und sagen kann man unterrichtlich nicht nur das, was man liebt und was einem vertraut ist, sondern auch das, was man unter Übersteigung der eigenen armseligen Rationalität vermisst: den kommenden Gott, an den Christen nicht nur im Advent erinnern. Christlicher Glaube und christliche Theologie greifen in Sachen Gott und das Leid, weil hier die abstrakte Logik nicht wirklich weiterhilft, sondern sich eher in Aporien verstrickt[56], immer wieder auf biblische wie außerbiblische Geschichten und Gegengeschichten zurück, die Leid als überwindbar, zumindest als aushaltbar erscheinen lassen – Geschichten, die nicht argumentieren, aber uns im Erzählen in ihren Bann ziehen. Wichtig ist dabei, dass die freie religiöse Individualität in der Gestalt überlieferter Vorstellungen und im Sinne eines „kulturellen Gedächtnisses" ein tragfähiges Gegenüber hat. Ohne ein solches Gegenüber verliert Religion auf Dauer ihre Substanzialität und die Einzelnen erscheinen auf die Geschichtslosigkeit, Gedankenlosigkeit und Selbstfixiertheit ihrer subjektiven Religiosität zurückgeworfen.

Auch in Sachen Gott und das Leid besteht der eminente Vorzug „objektiver" Religion genau darin, dass sie die Einzelnen entlastet, diesbezüglich alles selbst verantworten zu müssen. Sie stellt Kindern, Jugendlichen und Erwachsenen ein gesammeltes, erfahrungsgesättigtes Deutereservoir und ein vielschichtiges, differenziertes Rollenangebot zum Bestehen und Gestalten des Lebens coram Deo über selbstreferenzielle oder ich-fixierte Religiosität hinaus zur Verfügung. Die große Mehrzahl der Individuen braucht dies, denn nur die wenigsten von ihnen sind „religiöse Virtuosen" (Max Weber), die keiner Anleitung und Tradition bedürfen. Auf jeden Fall erscheint uns der Religionsunterricht auf erfahrungsgesättigte, bewährte Vorstellungsüberlieferungen in Sachen Gott und das Leid angewiesen, welche Kindern und Jugendlichen Verstehens- und Umgangsmöglichkeiten eröffnen und sie diese erproben lassen.

55 Vgl. W. H. Ritter u. a., Der Allmächtige, a. a. O.
56 Vgl. II.1.1.

2.1.3 Aktives, nicht träges religiöses Wissen

Um dies bewerkstelligen zu können, muss der Religionsunterricht für aktives religiöses Wissen sorgen, das dann auch in bestimmten Situationen arbeitet. Lernprozesse müssten so angelegt sein, dass deklaratives Verfügungswissen („Wissen, dass") in prozedurales Handlungswissen („Wissen, wie") überführt wird.[57] Mit Franz E. Weinert wird man am bestehenden Wissens- und Bildungssystem vor allem kritisieren, dass es zu sehr inhaltsbezogen und zu wenig verständnisintensiv ist; dass zwar Wissen vermittelt wird, aber zu wenig die Fähigkeit, mit diesem Wissen selbstständig zu operieren.[58] Neben dem sicher weiterhin notwendigen instruktionalen Lernen, das für eine fundierte Wissensbasis sorgt, braucht es unbedingt auch situiertes Lernen als konstruierende Wirklichkeitsaneignung, so dass sich Lehren und Lernen zwischen „situiertem und instruktionalem" Lernen vollzieht.[59] Wichtig ist auf jeden Fall, dass die Schere zwischen dem, was akademisch auf hohem Niveau und apart von Verwendungssituationen gelehrt wird, und dem, was im Schulunterricht für Kinder und Jugendliche wichtig ist, sich nicht noch weiter öffnet. Theologie muss auch verbraucherfreundlich sein bzw. an Subjekten orientiert betrieben werden, wenn man nicht Gefahr laufen will, dass die wissenschaftlich-theologisch produzierten Distinktionen vielen Schülerinnen und Schülern nicht nur „fremd" (was ja auch heißen könnte: reizvoll, herausfordernd und provozierend) sein könnten, sondern ganz einfach nur gleichgültig. Religiöses Lernen und Wissensaufbau in Sachen Gott

---

57 A. Renkl, Träges Wissen: Wenn Erlerntes nicht genutzt wird, in: Psychologische Rundschau 47 (1996), S. 78–92, hier S. 82f.
58 F. E. Weinert, Neue Unterrichtskonzepte zwischen gesellschaftlichen Notwendigkeiten pädagogischen Visionen und psychologischen Möglichkeiten, in: Wissen und Werte für die Welt von morgen. Dokumentation zum Bildungskongress des Bayerischen Staatsministeriums für Unterricht, Kultus, Wissenschaft und Kunst, München 1998, S. 101–125, hier S. 109.
59 Vgl. außer den Ausführungen von F. E. Weinert, a. a. O., auch G. Hilger/W. H. Ritter, Religionsdidaktik Grundschule, a. a. O., S. 291–303.

und Leid dürfen also nicht einfach durch einen Kanon fixer, traditionaler und abstrakt theologischer Themen bestimmt werden, sondern müssen auch daran orientiert sein, was Kinder und Heranwachsende wirklich brauchen, wie umgekehrt auch deren Eigenrelevanzen für eine theologische Interpretation offen sein sollten, ohne dass Schülersichten monoman dazu missbraucht werden dürfen, an ihnen überkommene Sichtweisen durchzudeklinieren, um sie so zum abprüfbaren Lernstoff zu machen. Insofern braucht es für den Religionsunterricht in Sachen „Gott und das Leid" sicher einen bewahrenswerten Kern bzw. ein Kerncurriculum an Wissen und Können, Fertigkeiten und Kompetenzen, den eine Gesellschaft als ihre „Kultur" weitergeben und bewahrt wissen will; allerdings darf dies nicht dazu führen, dass zu viele Inhalte vorgeschrieben werden, die an den Erfahrungen von Kindern und Jugendlichen heute vorbeigehen. Wenn es nicht gelingt, die lebensweltliche Relevanz von theologischen Aussagen deutlich zu machen, werden sie auch nicht angeeignet. Konsistenz mit dem Leben ist wichtig, nicht an der Lehre vorbei, aber durch sie hindurch.

2.2 Mehrdimensionale Erschließung des Themas

Die Aufgabe, vor die heutige Religionspädagogik und Religionsdidaktik – nicht zuletzt im Blick auf notwendige Schlussfolgerungen sowie didaktische Perspektiven und Konkretionen – damit gestellt sind, lautet: Die hohe Bedeutung, die der Theodizeefrage bislang fachwissenschaftlich wie religionspädagogisch in der Theorie beigemessen wurde, *und* ihre reduzierte bzw. transformierte faktische Bedeutsamkeit für Kinder und Jugendliche heute müssen im Blick behalten bzw. zum Ausgleich gebracht werden.

Im Folgenden wird die Frage zu klären sein, wie wir damit in Religionspädagogik und Religionsdidaktik konstruktiv umgehen und welche Folgen das für den Religionsunterricht hat. Erforderlich erscheint uns dafür auf Seiten der Religionslehrkräfte zweierlei[60]: Zum einen benötigen sie ein noch höheres Maß an theologischer Kompetenz als zu Zeiten traditioneller religiöser Vermittlungsprozesse mit ei-

179

nem christlich-theistischen Gottesverständnis, also durchaus eine andere, aber nicht weniger anspruchsvolle Theologie. Zum anderen braucht es eine hohe Wahrnehmungs- und Deutungskompetenz hinsichtlich der religiösen und theologischen Produktivität von Kindern und Jugendlichen. Religionslehrkräfte müssen also die Äußerungen von heutigen Heranwachsenden zur Theodizeefrage genauso kundig lesen und interpretieren können wie die überlieferten und klassischen.[61]

Dementsprechend vollzieht sich die unterrichtliche Behandlung des Themas „Gott und das Leid – die Theodizee" am besten auf der Basis eines korrelationsdidaktischen Ansatzes. Meint *Korrelation* den „unabschließbare(n) Versuch, Glaubensaussagen und heutige Erfahrungen so miteinander ins Gespräch (zu) bringen, daß sie sich wechselseitig erhellen"[62], dann sind in Sachen „Gott und das Leid" die Lebens- und Glaubenserfahrungen der Schülerinnen und Schüler mit entsprechenden Gehalten der jüdisch-christlichen Erfahrungstradition in ein fruchtbares Gespräch zu verwickeln. Beides muss im Unterricht in seiner jeweiligen Besonderheit zur Geltung kommen im Sinne einer respektierenden, behutsamen und sich gegenseitig bereichernden Korrelationsdidaktik, deren Ausgang freilich offen bleiben muss.

Für die Lebens- und Glaubenserfahrungen von Schülerinnen und Schülern heißt dies: Man kann sie unterrichtlich – wie in unserer Erhebung – unmittelbar zu evozieren suchen, man kann aber auch – mit Burkhard Porzelt gesprochen – auf indirektes Korrelieren setzen, d. h. ihnen existenziell bedeutsame Erfahrungen mit Gott und Leid zeigen, „mit denen sich die Schüler *identifizierend auseinandersetzen*

60 Vgl. dazu auch H.-G. Ziebertz, Religiosität von Jugendlichen, in: ders./B. Kalbheim/U. Riegel, Religiöse Signaturen heute, a. a. O., S. 15–59, hier S. 50.
61 Vgl. zum Grundsätzlichen: Kirchenamt der EKD (Hg.), Identität und Verständigung, Gütersloh 1995², S. 28.
62 F. W. Niehl, Korrelation, in: G. Bitter/G. Miller (Hg.), Handbuch religionspädagogischer Grundbegriffe, Bd. 2, München 1986, S. 750–754, hier S. 750; vgl. grundsätzlich auch B. Porzelt, Jugendliche Intensiverfahrungen, a. a. O., 265ff.

und anhand derer sie eigene Erlebnisse und Deutung *behutsam thematisieren* können, ohne sich genötigt zu sehen, Details und Aspekte kundtun zu müssen, die sie für sich selbst als sensibel und privat einstufen".[63]

Didaktisch sind damit folgende drei Dimensionen des Themas „Gott und das Leid" zu unterscheiden[64] und zu bearbeiten:

a) die subjektiven Vorstellungen von Kindern und Jugendlichen selbst,
b) entsprechende elementare Erkenntnisse und Einsichten seitens der theologischen Fachwissenschaft,
c) entsprechende Fragen und Antworten, die im Unterricht gemeinsam mit Kindern und Jugendlichen gesucht und gefunden werden.

Zu a): Subjektive Vorstellungen *von Kindern* und Jugendlichen zum Thema „Gott und das Leid". Im Sinne eines grundlegenden Perspektivenwechsels[65] muss in Religionspädagogik und Religionsdidaktik von den Kinder und Jugendlichen als *Subjekten* her gedacht werden. Dementsprechend sind diese auch in Sachen Gott und das Leid bzw. Theodizee als Wesen zu sehen, die mittels ihrer Imaginations- und Denkmöglichkeiten eigene Antworten auf Glaubens- und Lebensfragen finden können. Sie sind insofern Experten und Expertinnen bzw. Interpreten und Interpretinnen ihrer Lebens- und Glaubenswelt. Als Theologen bzw. Theologinnen[66] entwickeln sie religiöse Verarbeitungs- und Interpretationsmuster, die im-

63 B. Porzelt, a. a. O., S. 264; vgl. dazu III.3 unserer Studie.
64 Vgl. zu dieser Unterscheidung sehr grundsätzlich die Ausführungen von F. Schweitzer, Was ist und wozu Kindertheologie?, in: A. A. Bucher u. a. (Hg.), „Im Himmelreich ist keiner sauer". Jahrbuch für Kindertheologie, Bd. 2, Stuttgart 2003, S. 9–18, hier S. 18.
65 Vgl. dazu Synode der EKD, Aufwachsen in schwieriger Zeit – Kinder in Gemeinde und Gesellschaft, Gütersloh 1995, v. a. S. 49ff.
66 Vgl. dazu A. A. Bucher, Kindertheologie: Provokation? Romantizismus? Neues Paradigma, in: ders. u. a. (Hg.), „Mittendrin ist Gott". Jahrbuch für Kindertheologie, Bd. 1, Stuttgart 2002, S. 7–27; F. Schweitzer, Was ist und wozu Kindertheologie?, a. a. O.; F. Schweitzer, Auch Jugendliche als Theologen?, in: ZPT 57 (2005), S. 46–53.

mer wieder von erstaunlichem Einfallsreichtum zeugen. Diese sind gegenüber dem, was Erwachsene generell, studierte Theologinnen und Theologen speziell denken, nicht einfach defizitär, wohl aber oft anders. Mit Blick auf unser Thema heißt das: Kinder und Jugendliche sind als religiös und theologisch produktive Subjekte wahr- und ernst zu nehmen. Denn wenn Theologie als Reflexion des Glaubens zu verstehen ist, „dann ,produziert' jeder, der über Religion und Glauben nachdenkt, so etwas wie Theologie".[67]

In Sachen Gott und das Leid haben Heranwachsende in diesem Sinne einen mehr oder weniger konsistent ausgearbeiteten (Lebens-)Glauben, der ihnen Orientierung bietet. Dieser spiegelt oft genug ihre eigenen theologischen Vorstellungen mit entsprechenden Erfahrungen, Problemen und Themen wider, die sehr häufig – siehe unsere Befunde – nicht mit den klassischen theologischen Theodizeevorstellungen koinzidieren. Daher haben wir die Äußerungen unserer Probandinnen und Probanden als Zeugnisse ihres eigenen, mehr oder weniger reflektierten Glaubens, aber auch ihres Nicht-Glaubens gelesen und zu verstehen versucht. Kinder und Jugendliche erweisen sich dabei nicht einfach als sprachlos. Auch wenn ihre Artikulations- und Darstellungsweisen nicht den traditionellen theologischen Sprachspielen entsprechen, heißt das nicht, dass ihre Äußerungen und Anschauungen gehaltlos sind, sondern dass sie eine eigene theologische Sprache sprechen[68] – was auch ein Indiz für den Plausibilitätsverlust der dogmatischen Sprache sein kann. Das aber meint: Wer Heranwachsenden weder religiöse Ansprechbarkeit noch Artikulationskraft zutraut, der wird diese auch nicht entdecken können; wer aber mit einer offenen und lernfähigen Erwartungshaltung an sie herantritt, der kann in der Tat auch mit und von ihnen lernen. Dementsprechend sollte Unterricht so geplant werden, dass Kinder und Jugendliche in Sachen „Gott und das Leid" ihre Deutungen einbringen. Unter-

---

67 H. Luther, Religion und Alltag, Stuttgart 1992, S. 13; vgl. dazu auch G. Orth, Systematische Theologie, Stuttgart 2002, S. 151ff.

68 Vgl. C. Koopsingraven, Halt doch mal die Luft an!, in: RU-Werkstatt Oberstufe (RU-WO) 4, hg. von der Gymnasialpäd. Materialstelle, Erlangen 2005, S. 7–12, hier S. 9.

richt und Unterrichtsplanung können in dem Maße gelingen, wie sich Religionslehrkräfte auf die Sichtweisen der Heranwachsenden einzulassen vermögen.

Zu b): Elementare Erkenntnisse und Einsichten theologischer Fachwissenschaft zum Themenkomplex „Gott und das Leid". Als schulisches Unterrichtsfach muss der Religionsunterricht Heranwachsenden unverzichtbar auch bedeutsame Gesichtspunkte zu Gott und Leid aus der theologischen Tradition und Gegenwart erschließen helfen. Dies kann den Gedanken an ein problematisches deduktiv-theologisches Vermittlungsdenken nahe legen, wonach die Theologie bzw. die Dogmatik den „Sollgehalt des Kerygmas"[69] zu vertreten und der Praxis vorzuschreiben habe. Das hiermit einhergehende theoretische Deduktionsdenken – das häufig am Schüler vorbei argumentiert – birgt die Gefahr einer Anhäufung von Fakten- und Fachwissen, das schnell zum *„trägen Wissen"* werden kann, welches nicht „arbeitet" und von Schülerinnen und Schülern nicht genutzt wird.[70] Es bleibt Kindern und Jugendlichen ganz häufig fremd, äußerlich und gleichgültig, so dass sie damit nicht umgehen können. Dies ist jedoch hier nicht intendiert, weil es sich nicht mit dem vereinbaren lässt, was heute unter Theologie von Kindern und Jugendlichen verstanden wird. Gleichwohl braucht es, damit es bei Schülerinnen und Schülern zu weiterführenden religiösen Lernprozessen kommen kann, theologische Perspektiven aus der Tradition, wie auch das wieder erwachte Interesse an einem (religiösen) Stoff- oder Bildungskanon zeigt. Ohne bestimmte „Inhaltlichkeit", die zunächst nicht dem Individuum entstammt, sondern „Objektivation" menschlicher Kultur und/oder Religion[71] ist,

69 W. Elert, Der christliche Glaube, Hamburg 1956[4], S. 32ff; vgl. dazu kritisch C. Henning, Von den Höhen des Geistes und den Niederungen der Empirie, in: C. Henning/E. Nestler (Hg.), Konversion. Zur Aktualität eines Jahrhundertthemas, Frankfurt/M. 2002, S. 15–41.
70 A. Renkl, Träges Wissen, a. a. O.; vgl. III.2.1.3.
71 Vgl. W. Klafki, Neue Studien zur Bildungstheorie und Didaktik, Weinheim 1991[2], S. 21; zum Kanon-Gedanken vgl. E. Tenorth, „Alle alles zu lehren". Möglichkeiten und Perspektiven Allgemeiner Bildung, Darmstadt 1994, S. 13.

wird sich ein solcher Kanon nicht gewinnen lassen. Zu ihm gehören für die Theologie sicher auch die überlieferten und klassischen Antworten auf die Theodizeefrage.

Viele Lehrpläne – gerade auch zu unserem Thema – vermitteln in diesem Sinn noch nicht genügend elementare Theologie und leisten zu wenig Elementarisierung[72]; umgekehrt werden zu viele Themen/Inhalte theologisch deduziert und vorgeschrieben, die die heutige Lebens-, Erfahrungs- und Glaubenswelt von Kindern und Jugendlichen kaum berühren. Im Hintergrund dieser Entwicklung steht eine hohe *Selbstreferenzialität* der Theologie wie auch grundsätzlich anderer Nicht-Naturwissenschaften, also die Orientierung an Einsichten, Themen und Fragestellungen, die sich aus der Binnensicht der eigenen Disziplin ergeben; dies kann zu einer Verselbstständigung des akademischen Systems führen, während wirklich dringliche Probleme und Fragen des Lebens außen vor bleiben.[73] Theologisch und religionspädagogisch muss es aber gerade um das gehen, was Kinder und Jugendliche wirklich für ihr Leben brauchen; ihre Erfahrungen und Äußerungen sind theologisch wahrzunehmen und zu interpretieren – gelingt es nicht, die *lebensweltliche Relevanz* von theologischen Aussagen im Lebenskontext deutlich zu machen, werden diese bestenfalls im Sinn von „trägem Wissen" eingeprägt, aber nicht angeeignet und stehen dann auch nicht zur Verfügung. Religionsdidaktisch kommt es dementsprechend auf einen religiösen „Wissensaufbau"[74] an, der deutungs- und hand-

72 Vgl. W. H. Ritter, Stichwort „Elementarisierung", in: KatBl 126 (2001), S. 82–84; F. Schweitzer (Hg.), Elementarisierung im Religionsunterricht, a. a. O.

73 „Dieser akademischen Eigendynamik kann auch die Theologie nicht einfach entrinnen. Aber es ist doch ein Krankheitssyndrom, wenn etwa die Systematische Theologie an den Universitäten immer weniger leistet, was sich die Studierenden vor ihr versprechen: die großen kirchlichen Zeugnistraditionen in gegenwärtige Verkündigung, Seelsorge und Unterricht *fortsetzbar* zu machen." (J. Werbick, Was das Beten der Theologie zu denken gibt oder: Ein Versuch über die Schwierigkeit, ja zu sagen, in: J. B. Metz/J. Reikersdorfer/J. Werbick (Hg.), Gottesrede, a. a. O., S. 59–94, hier S. 92.)

74 Vgl. H. Hanisch/S. Hoppe-Graff, „Ganz normal und trotzdem Kö-

lungsfähig macht und religiöser Bildung dient. Wie in Sachen Religion „keiner lediglich auf sich selber steht"[75], so sind Glaube und Religiosität beim Thema „Gott und das Leid" speziell auf „die vor uns" angewiesen – von ihnen können Heranwachsende und Lehrkräfte sich anregen, inspirieren, bereichern und auch korrigieren lassen. Auch wenn Dogmatik immer wieder und immer noch als „Normenkontrollverfahren" (Volker Drehsen) verstanden wird bzw. werden kann, ist heute auf ihr unverzichtbares *Vorschlagspotenzial* abzuheben: Sie kann die überlieferten Bestände christlicher Religion – auch in Sachen Gott und das Leid – zur subjektiv plausiblen Auslegung, Gestaltung und Aneignung vorstellen: die biblisch-theologische Überlieferung als Medium religiöser Selbstverständigung.[76] In diesem Sinne kommt es theologisch darauf an, „dialogisch und ohne Herrschaftsanspruch" relevante Aussagen zum Thema „Gott und das Leid" als *„regulative Ideen"* für religiöse Lernprozesse zu ermitteln und der Praxis entsprechende *Vorschläge* zu machen.[77]

Die entscheidende Frage ist, was wir in Sachen Gott und das Leid theologisch reflektiert erschließen und mit den Vorstellungen Heranwachsender vermitteln wollen, damit es hier nicht zu Vereinseitigungen kommt. Kinder und Jugendliche ändern und erweitern ihre mitgebrachten Vorstellungen mutmaßlich dann, wenn diese sich als ungeeignet und ungenügend erweisen und sie sich selbst am Aufbau neuer Sichtweisen beteiligen können, die ihnen plausibler und aussagekräftiger erscheinen. Was man als Charakteristikum vor allem biblischer Gottesbilder bezeichnen kann – Gottes Ferne und Unnahbarkeit *sowie* seine Nähe und Zugewandtheit, sein Offenkundigsein in Jesus Christus *und* seine Unerforschlichkeit

nig". Jesus Christus im Religions- und Ethikunterricht, Stuttgart 2002, S. 9ff.

75 E. Troeltsch, Religiöser Individualismus und Kirche (1911), in: ders., Gesammelte Schriften, Bd. 2, (Neudruck der 2. Aufl. Tübingen 1922) Aalen 1981, S. 109–130, hier S. 130.

76 Vgl. G. Orth, Systematische Theologie, a. a. O., S. 152ff; W. Gräb, Auf den Spuren der Religion, in: ZEE 39 (1995), S. 43–56.

77 Vgl. G. Büttner, „Jesus hilft!" Untersuchungen zur Christologie von Schülerinnen und Schülern, Stuttgart 2002, S. 24, 26.

(Röm 11,33)[78] –, das muss sich auch im Thema „Gott und das Leid" abbilden. Diesbezüglich gehaltvolle überlieferte theologische Vorstellungen sind weniger in ihrer Normativität als in ihrer Kausalität zu sehen: Sie zeigen und schaffen Kindern und Jugendlichen thematisch Wichtiges, das auch für sie relevant sein bzw. werden kann, und bieten religiöse „Wachstumsanreize".

Zu c): Fragen und Antworten zum Thema „Gott und das Leid", die unterrichtlich gemeinsam mit Kindern und Jugendlichen gesucht und gefunden werden können. Hier geht es darum, dass Kinder, Jugendliche und Lehrkräfte ihre Fragen, Probleme, ihre Deutungen und Argumente vorbringen können, man sich gegenseitig ernst nimmt und nicht gleich normierend korrigiert oder belehrt. Vielmehr kommt es darauf an, dass alle Beteiligten mittels Einsichten, Beobachtungen und Argumenten zu weiterführenden eigenen religiöstheologischen Ansichten gelangen können und eine eigene Position finden. Sich in Sachen „Gott und das Leid" immer wieder auch als gemeinsam Fragende und Suchende erleben zu können, ist eine wichtige Erfahrung – für Schüler und Schülerinnen, aber auch für die Lehrkräfte. Ein entsprechendes Verständnis von Lernen und Lehren im Sinne einer offenen Prozessdidaktik und (gemäßigten) konstruktivistischen Didaktik verändert herkömmliche Vorstellungen von Unterricht und Lernen qua Container-Pädagogik (Paolo Freire), so dass man von einem Perspektivenwechsel sprechen kann[79]: Sosehr wir im Religionsunterricht wie in jedem anderen Unterricht auf Mitteilung tradierten Glaubens- und Erfahrungswissens angewiesen sind, genügen fertige Wahrheiten, Belehrungen und abgepackte Überzeugungen alleine nicht. Vielmehr braucht es konstruktiv auch das Gespräch, die Kommunikation, den Austausch, die Mit-Teilung und die Eigen-Aktivität des lernenden Subjekts, welches in, mit und unter

---

78 Vgl. II.1.2.2 unserer Studie; ferner W. H. Ritter, Gott – Gottesbilder, in: G. Bitter u. a. (Hg.), Neues Handbuch religionspädagogischer Grundbegriffe, a. a. O., S. 89–93.
79 Vgl. zum Folgenden G. Hilger/W. H. Ritter, Religionsdidaktik Grundschule, a. a. O., S. 291–303.

der Tradition eigenständig auf Suche geht. Religiöse Wahrheiten und Überzeugungen müssen in Interaktionsvorgängen „ausgehandelt", errungen, auch erlitten werden. „Vermutlich hängt", schreibt Jürgen Werbick, „die Weitergabe des Glaubens an die nächste Generation entscheidend davon ab, ob es gelingt, Kommunikationsprozesse zu initiieren, in denen solche Fragen laut werden können und in denen ihnen Raum gegeben wird; in denen die Beteiligten einander mitteilen, welche Bedeutung dieses oder jenes Symbol des Glaubens auf dem Hintergrund je ihrer Erfahrung gewinnt und wozu es herausfordert ...".[80] Zu meiner persönlichen religiösen Position und zu meinem persönlichen Glauben komme ich, wenn wir uns gegenseitig unsere Geschichten, Erfahrungen und Deutungen zu Gott und dem Leid erzählen, erörtern und sie von Zeit zu Zeit von den ganz anderen Geschichten des Glaubens belichten und beleuchten lassen.

---

80 J. Werbick, Religionsdidaktik als „theologische Konkretionswissenschaft", in: KatBl 113 (1988), S. 82–99, hier S. 89.

3 | Religionsdidaktische Perspektiven

3.1 Exemplarische religionsdidaktische Überlegungen und Möglichkeiten

3.1.1 Didaktische Überlegungen

Didaktisch nahe liegend erscheint es uns, sich grundsätzlich daran zu orientieren, dass die Schülerinnen und Schüler an *lebenspraktischen* Fragen interessiert sind. Sie beschäftigt, wie Leid zu deuten ist und wie damit sinnvoll umgegangen werden kann. Dabei ist davon auszugehen, dass sie, wie unsere Untersuchung zeigt, eine Fülle eigener Vorstellungen und Ideen ins Spiel bringen. In vielfacher Weise greifen sie auf eigene Lebens- und Glaubenserfahrungen zurück. In Übereinstimmung mit dem in der Religionspädagogik geforderten Perspektivenwechsel vom „Stoff" zum „Kind"[81] sollte demnach als *erster didaktischer Grundsatz* gelten, *dass wir uns bei der Beschäftigung mit dem Thema „Leid – Gott" von der religiösen und theologischen Produktivität der Kinder und Jugendlichen leiten lassen.*[82] In diesem Zusammenhang ist hervorzuheben, dass es für uns durchaus auch eine relevante theologische Aussage ist, wenn Kinder und Jugendliche davon ausgehen, dass es Gott nicht gibt oder er im Leben des Menschen nicht vorkommt und daher im Hinblick auf den Umgang mit dem Leid bedeutungslos zu sein scheint.

---

81 Vgl. dazu Synode der EKD, Aufwachsen in schwieriger Zeit, a. a. O., v. a. S. 55ff.
82 Vgl. dazu H. Hanisch, Kinder als Philosophen und Theologen, in: R. Lux (Hg.), „Schaut auf die Kleinen" – Das Kind in Religion, Kirche und Gesellschaft, Leipzig 2002, S. 156–177; A. A. Bucher, Kindertheologie: Provokation? Romantizismus? Neues Paradigma, a. a. O.; F. Schweitzer, Was ist und wozu Kindertheologie?, a. a. O.; F. Schweitzer, Auch Jugendliche als Theologen?, a. a. O.

Umso wichtiger ist es dann zu erfahren, welche nicht religiösen Deutungen sie dem Leid geben und wie Menschen ihrer Meinung nach damit umgehen sollten.

Um den Schülerinnen und Schülern Orientierung zu geben, welche Angebote zum Umgang mit Leid der christliche Glaube bereithält, erscheint es unverzichtbar, auf das Zeugnis der Bibel zurückzugreifen. Dabei kommen u. a. dem Buch Hiob und ausgewählten Psalmentexten zentrale Bedeutung zu. Ohne diesen inhaltlichen Rückgriff bestünde die Gefahr, dass die Schülerinnen und Schüler den Eindruck gewinnen, im Hinblick auf den Umgang mit dem Leid bestehe letztlich völlige Beliebigkeit und der christliche Glaube sei angesichts der Herausforderungen menschlichen Leids zum Scheitern verurteilt. Als *zweiter didaktischer Grundsatz* soll demnach gelten, *dass wir uns bei der Beschäftigung mit dem Thema „Leid – Gott" von der biblischen Tradition leiten lassen.* Von ihr erhoffen wir Weiterführung, Vertiefung oder auch Korrektur eigener subjektiver Vorstellungen und Deutungsmuster. Dass das biblische Zeugnis bei manchen Schülerinnen und Schülern auch auf Indifferenz und Ablehnung stoßen kann, ist uns durchaus bewusst. Didaktisch bedeutet dies für uns, dass die Auseinandersetzung damit im Unterricht nicht ausgespart, sondern zugelassen und aktiv geführt werden sollte.

Vor dem Hintergrund des biblischen Zeugnisses ist danach zu fragen, wie Menschen in Geschichte und Gegenwart mit Leiderfahrungen umgegangen sind bzw. umgehen. Hierbei kommt es maßgeblich darauf an, den Schülerinnen und Schülern anschauliche „Modelle" (Albert Bandura) des Umgangs mit dem Leid anzubieten, durch die sie gleichsam in einem weiteren Schritt angeregt werden, eigene Vorstellungen zu relativieren, zu ändern oder aber zu differenzieren, zu bestätigen und zu bekräftigen. Dass es uns in diesem Zusammenhang vor allem darauf ankommt, auf Beispiele zurückzugreifen, in denen der *christliche Glaube* eine zentrale Rolle spielt, hängt damit zusammen, dass wir den Schülerinnen und Schülern auch verdeutlichen wollen, welche zentrale Bedeutung ihm beim Umgang mit Lebensproblemen zukommt. Als *dritter didaktischer Grundsatz* soll entsprechend gelten, *dass wir den Schülerinnen und Schülern Modelle vorstellen, an denen sie sich jetzt oder in ihrem späteren Leben bei der Bewältigung von Leid orientieren können.*

Eingangs betonten wir, dass wir bei der didaktischen Strukturierung des Themas „Leid – Gott" *lebenspraktische* Fragen in den Vordergrund rücken wollen. Das bedeutet nun nicht, dass wir die Frage nach der Theodizee gänzlich außer Acht lassen wollen. Selbst wenn sie von den Schülerinnen und Schülern bei unserer Untersuchung oft nicht explizit gestellt worden ist, kann sie nicht einfach als unzeitgemäß aus dem Lehrplan und dem Religionsunterricht verdrängt werden. Was nach wie vor für ihre Behandlung spricht, ist die Tatsache, dass in der Auseinandersetzung mit ihr grundlegende Einsichten über das Verständnis Gottes gewonnen werden können. Daher soll als *vierter didaktischer Grundsatz* gelten, *dass mit den Schülerinnen und Schülern die Frage nach der Wirksamkeit Gottes erörtert und in diesem Zusammenhang dem Theodizeeproblem im Unterricht nachgegangen wird.*

Die didaktische Struktur, von der wir uns leiten lassen, besteht nun zusammenfassend darin, dass wir von den subjektiven Vorstellungen und Deutungsmustern der Kinder und Jugendlichen zum Thema „Leid – Gott" ausgehen. Vor diesem Hintergrund geht es darum, die erörterten Voraussetzungen der Schülerinnen und Schülern mit der biblischen Tradition und dem christlichen Glauben zu verschränken und Orientierungen anzubieten, auf die Menschen in Leidsituationen zurückgreifen können. Anhand von Beispielen soll im Anschluss daran deutlich werden, welche Bedeutung diese Orientierungen im lebenspraktischen Vollzug haben können. In diesem Zusammenhang erscheint es lohnend, einladend auf den Sinn des christlichen Glaubens angesichts von Lebenskrisen hinzuweisen. Das könnte für jene Schülerinnen und Schüler, die bislang wenig oder nichts vom christlichen Glauben hielten, Anlass sein, über dessen Sinn für die Gestaltung des menschlichen Lebens nachzudenken. Auf der Grundlage dieser Beschäftigung ist es hilfreich, im Anschluss an die Frage nach der Wirksamkeit Gottes auf die Theodizee einzugehen und das Gotteskonzept zu entwickeln, das ihr voraus liegt.

3.1.2 Didaktische Möglichkeiten

Im Religionsunterricht von der Grundschule bis zur Sekundarstufe II geht es v. a. um zweierlei: einmal um die Darstellung der eigenen Erfahrungen der Schülerinnen und Schüler und ihrer Umwelt mit Leid; zum anderen um exemplarische Einblicke in das biblisch-theologische Leidverständnis. *Ziele* dabei können sein:[83]

1) Leid entdecken und artikulieren sowie nach dem eigenen Leidverständnis fragen.
2) Hören und lernen, wie andere Menschen in Geschichte und Gegenwart Leid erfahren haben und damit umgegangen sind.
3) Biblische, christliche und andere Verstehens- und Verhaltensmodelle für den Umgang mit Leid kennen lernen.
4) Die Frage nach Gott und dem Leid stellen und nach „Antworten" darauf in Bibel, Tradition und Gegenwart suchen, jedoch nicht im Sinne von rationalen Totalerklärungen.
5) Dem Leiden zur Expression und Sprache verhelfen und darin Befreiung erfahren: betend, bittend, klagend, singend und formgebend-gestalterisch. Texte aus Bibel und Gesangbuch können zum Aussprechen des Leids vor Gott anleiten.
6) Unterscheiden lernen zwischen menschlich-innerweltlich verursachtem und unerklärlichem Leid.
7) Möglichkeiten der Leidverminderung und Leidverhinderung, aber auch des solidarischen Dabeiseins im Leiden suchen und gebrauchen lernen.

Zugänge ergeben sich über Themen wie Jesus Christus; Passion und Ostern (Kreuzigungsdarstellungen); Gott; Schöpfung; Anthropologie; Hiob und Psalmen; Propheten (v. a. Jeremia, Hosea, Jesaja); Krankheit und Unglück; Schuld. Der Zugang kann bibelorientiert und situations-, problem- bzw. themenorientiert erfolgen, wobei beide Zugänge aufeinander zu beziehen[84] sind. Wichtig sind (Klage-)Psalmen,

---

83 Vgl. dazu W. H. Ritter, Leiden, a. a. O.
84 W. H. Ritter nennt dies „Erfahrungs-Austausch"; vgl. W. H. Ritter,

die Kindern und Jugendlichen Sprachhilfen und Ausdrucksmittel im Umgang mit dem Leid bereitstellen.[85] Die Wundergeschichten des Neuen Testaments bieten Beispiele und Rollen, in die Kinder und Jugendliche schlüpfen können, um Leid vor Gott zu tragen. Für ältere Kinder und Jugendliche sind Leid-Beispiele aus der jüdisch-christlichen Geschichte hilfreich, z. B. Hiob, Paul Gerhardt („Wenn ich einmal soll scheiden, so scheide nicht von mir"), die Geschichte des jüdischen Volkes insgesamt, Martin Luther King, Dietrich Bonhoeffer.

Elementar sind ab der Grundschule lebensweltliche Leidwiderfahrnisse im Nah- und Fernbereich gestern und heute: Behinderung, Unfall, Krankheit, Tod (der Großmutter, des Lieblingstieres), wenn Eltern sich trennen, wenn Kinder umgebracht, an Leib und Seele geschädigt werden, wenn es zu Kriegs- und Hungersnöten und Flüchtlingselend kommt. Menschliche Leidenserfahrungen werden auch erschlossen in Geschichten und Literatur (z. B. Bertolt Brecht: Mutter Courage). Geeignet zur Problemerschließung sind Kinder- und Jugendbücher[86], die Hilfen im Umgang mit Leid person- und handlungsbezogen anbieten. Kinder und Jugendliche werden am Beispiel altersgleicher Personen – z. B. im Tagebuch der Anne Frank oder im Buch „Wir treffen uns wieder in meinem Paradies" von Christel und Isabell Zachert[87] – in die Auseinandersetzung mit dem Leid hineingenommen. Wichtig ist ein *affektiv-soziales Unterrichtsklima*, in dem Kinder und Jugendliche sich öffnen und aussprechen können und die Empathie der Religionslehrkraft erfahren.

Glaube und Erfahrung im religionspädagogischen Kontext, a. a. O., v. a. 292ff.

85 Vgl. I. Baldermann, Wer hört mein Weinen? Kinder entdecken sich in den Psalmen, Neukirchen-Vluyn 1995[5].

86 Vgl. H. Mendl, Leidverarbeitung im Kinder- und Jugendbuch, in: KatBl 121 (1996), S. 274–281.

87 Vgl. dazu III.3.2.3 dieser Studie.

3.2 Eine didaktische Konkretion

Zu fragen ist nun, wie die oben aufgezeigten didaktischen Grundsätze inhaltlich fundiert werden können. Wir meinen, dass dies im Rückgriff auf den Begriff des „coping" möglich ist. Was darunter zu verstehen ist und in welcher Weise sich dieser Begriff für die Beschäftigung mit dem anstehenden Thema eignet, wollen wir im Folgenden in drei Schritten entwickeln. Zunächst werden wir darauf eingehen, was der Begriff „coping" bedeutet (3.2.1). Im Anschluss daran werden wir zu zeigen versuchen, dass er unschwer mit unseren oben ausgeführten ersten drei didaktischen Grundsätzen in Verbindung zu bringen ist (3.2.2). Schließlich wollen wir exemplarisch anhand eines praktischen Beispiels zeigen, wie die Frage der Bewältigung des Leids im Rückgriff auf den Begriff des „coping" im Unterricht behandelt werden kann (3.2.3).

3.2.1 Zum Begriff „coping"[88]

Der Begriff „coping" wurde von Richard Lazarus im Kontext der Stressforschung in die wissenschaftliche Diskussion eingebracht.[89] Angeregt durch seine Studien wurde er von der amerikanischen Religionspsychologie aufgegriffen und erweitert.[90] Hier wird er dazu benutzt, die Funktion von Religion angesichts von Sinnkrisen und existenziellen Erschütterungen im menschlichen Leben zu beschreiben.

Bei der Frage nach der Funktion von Religion in der Gesellschaft und im Leben des Einzelnen handelt es sich um eine pragmatische Perspektive, weil nach den Handlungs-

---

88 Vgl. dazu H. Hanisch, „Coping" als religionspädagogische Herausforderung. Anmerkungen zur Frage nach Sinn und Glaube im Jugendalter, in: L. Duncker/H. Hanisch (Hg.), Sinnverlust und Sinnorientierung in der Erziehung. Rekonstruktionen aus pädagogischer und theologischer Sicht, Bad Heilbrunn/Obb. 2000, S. 155–176, hier S. 156ff.
89 Vgl. R. Lazarus, Psychological Stress and the Coping Process, New York 1966.
90 Vgl. dazu z. B. R. W. Hood, Jr./B. Spilka/B. Hunsberger/R. Gorsuch, The Psychology of Religion, An Empirical Approach, New York/London 1996[2], S. 377–405.

möglichkeiten im Rahmen der Praxis von Religion gefragt wird. Auf keinen Fall wollen die nachfolgenden Überlegungen als eine Funktionalisierung des christlichen Glaubens im Sinne eines reduktionistischen Ansatzes verstanden werden. Wir halten die funktionale Beschreibung zwar für ein umfassendes theologisches Verständnis nicht für ausreichend, sind jedoch der Meinung, dass sie für eine exemplarische Erschließung des Themas Leid im Religionsunterricht gut geeignet ist.

Übersetzen lässt sich der Begriff „coping" mit „zurechtkommen", „jemandem oder etwas gewachsen sein", „mit etwas fertig werden" oder „etwas bewältigen". Inhaltlich geht es um die Meisterung von Lebenssituationen.[91] Ursachen solcher Krisensituationen, die zu der Frage nach dem Sinn des Lebens, nach dem Wert oder Unwert der eigenen Person oder nach der Stellung des Menschen in der Welt führen, sind nicht selten schmerzliche Erfahrungen aufgrund des überraschenden Todes eines geliebten Angehörigen, das Leiden eines nahestehenden Menschen, eine lebensbedrohende Krankheit, die Erfahrung schreiender Ungerechtigkeit oder gnadenloser Unterdrückung. Diese Aufzählung ließe sich beliebig fortsetzen. In all den genannten Situationen drängt sich die Frage auf, wie Menschen mit den überwältigenden Herausforderungen, die sie oftmals jäh und unvorbereitet treffen, fertig werden, wie sie sie bewältigen oder mit ihnen umgehen können.

Innerhalb der Religionspsychologie geht man aufgrund von empirischen Befunden davon aus, dass angesichts von Leiderfahrungen drei Grundbedürfnisse aufbrechen. Es handelt sich dabei um das Bedürfnis nach Sinn (*meaning*), nach Kontrolle (*control*) und nach Selbstachtung (*selfesteem*).[92] Es ist für viele Menschen nahe liegend, zur Befriedigung dieser Bedürfnisse auf Religion zurückzugreifen, weil Religion im Vergleich zu anderen Deutungsmustern und Orientierungsangeboten am ehesten in der Lage zu sein scheint, auf Grundfragen der menschlichen Existenz

91 Vgl. O. F. Bollnow, Existenzphilosophie und Pädagogik, Stuttgart u. a., 1959[4], S. 27.
92 Vgl. R. W. Hood, Jr./B. Spilka/B. Hunsberger/R. Gorsuch, The Psychology of Religion, a. a. O., S. 380.

Antworten zu geben.[93] Es ist anzunehmen, dass sich die Betreffenden dabei jeweils von den religiösen Relevanzsystemen und Deutungsmustern leiten lassen, die sie im Rahmen ihrer religiösen Sozialisation erworben haben, da sie ihnen unmittelbar zur Verfügung stehen und in der Regel auch am einleuchtendsten erscheinen.

Im Folgenden werden wir nun auf die drei genannten Grundbedürfnisse im Einzelnen eingehen und dabei wenigstens andeuten, welche Rolle der Religion beim Prozess der Bewältigung von Leidsituationen zukommt.

Das Bedürfnis nach Sinn (meaning). Es liegt nahe, dass Menschen, denen Leid widerfährt, verstehen wollen, warum es gerade sie trifft. Mit anderen Worten: Sie haben ein existenzielles Verlangen danach, Erklärungen und Deutungen zu finden, die es ihnen ermöglichen, das erfahrene Leid zu verstehen und in größere Zusammenhänge einzuordnen. Dabei geht es in letzter Konsequenz immer um die Fragen nach dem Sinn des Leidens und dem Sinn des menschlichen Lebens überhaupt.

Dies ist nun die Stelle, wo bei vielen Menschen die Religion ins Spiel kommt, denn sie stellt Interpretationsmuster bereit, die Sinnzuschreibung ermöglichen. Bei extremem Leid kann beispielsweise der Glaube daran, dass Gott Herr über Leben und Tod ist und sich der Mensch ihm bedingungslos in allen Lebenslagen anvertrauen kann, eine große Hilfe sein.

Auffallend ist, dass wir in den Ergebnissen unserer Erhebung eine Reihe von Deutungsmustern finden, in denen die Schülerinnen und Schüler auf unterschiedliche Weise dem Leiden Sinn zuschreiben. Hierzu gehört beispielsweise die Erklärung, dass Gott den Menschen durch das Leiden erziehen möchte oder dass Gott dem Menschen durch das erfahrene Leid dazu verhelfen will, sich auf Gott zu besinnen und zum Glauben zu gelangen. Andere Deutungen sind, dass Gott nach einem bestimmten Plan handelt, der für den Menschen (zunächst noch) unergründlich ist, dass Gott den

93 Vgl. diess., a. a. O.

Menschen prüfen will oder dass er sich im Leid als Freund und Begleiter offenbaren möchte. Die Deutungen der Schülerinnen und Schüler entsprechen damit dem Grundbedürfnis nach Sinn („meaning"), so wie wir es eben als Teil des coping beschrieben haben.

Bedürfnis nach Kontrolle (control). Neben der Suche nach Sinn besteht ein weiteres Ziel des coping darin, angesichts schweren seelischen oder physischen Leidens, das den einzelnen behindert, den Anforderungen des Alltags zu genügen, Kontrolle (control) über das Leben und die alltäglichen Aufgaben zurückzugewinnen. Der Glaube trägt in diesem Zusammenhang oftmals dazu bei, die bedrängenden existenziellen Probleme zu überwinden. Dabei spielt es keine Rolle, ob Menschen in der Lage sind, die objektiven Gegebenheiten, die Leid verursachen, zu verändern oder nicht. In entscheidender Weise kommt es auf den Glauben an, der sich von der Überzeugung leiten lässt, dass selbst unüberwindbar erscheinende Hindernisse beseitigt werden können. Gemessen an bloßer Faktizität ist dieser Glaube zwar vielfach illusorisch, er kann aber dazu dienen, konstruktive Bewältigungsstrategien zu kanalisieren und zu unterstützen.[94] Dies trifft vor allem dann zu, wenn die Betroffenen nicht versuchen, Krisensituationen dadurch zu meistern, dass sie sich passiv in ihr Schicksal fügen, sondern wenn sie selbst zu handeln beginnen und dabei auf die Hilfe und Unterstützung Gottes hoffen. Diese sekundäre[95] Form der Kontrolle führt zwar nur selten dazu, dass sich die äußeren Bedingungen ändern, bewirkt aber, dass sich der Mensch ändert und er seine Situation neu zu sehen lernt. Dadurch gelingt es oft, die eigenen Gefühle zu kontrollieren und in neuer Weise handlungsfähig zu werden.

Konkret wird das eben Gesagte, wenn wir auf drei Formen der sekundären Kontrolle zu sprechen kommen, die nach Fred Rothbaum, John R. Weisz und Samuel S. Sny-

---

94 Vgl. diess., a. a. O., S. 381.
95 Von „primärer" Kontrolle wird dann gesprochen, wenn auf die äußeren Bedingungen, die das Leid verursachen, selbsttätig eingewirkt wird.

der[96] dem Menschen helfen, sein Leben in den Griff zu bekommen.[97]

Die erste Form wird in der religionspsychologischen Literatur unter dem Stichwort der *„interpretative control"* (deutende Kontrolle) zusammengefasst.[98] Damit soll zum Ausdruck gebracht werden, dass Menschen, die sich in ausweglosen Situationen befinden, dadurch über sie Kontrolle zu gewinnen versuchen, dass sie ihnen Deutungen zuschreiben, die sie weniger drückend oder gefährlich erscheinen lassen, als sie es auf den ersten Blick tatsächlich sind. Denkbar ist es sogar, dass sie sie positiv bewerten. Dies äußern die Betroffenen nicht selten in Vergleichen wie „Es könnte schlimmer sein" oder „Mir geht es besser als vielen anderen Leuten".[99] Durch solche Neubewertungen der gegebenen Situation ist es in der Regel leichter, die Gefühle zu kontrollieren und mit den anstehenden Problemen konstruktiv umzugehen.

Eine zweite Form der Kontrolle angesichts gegenwärtigen Leids, die *„predictive control"* (vorhersagende Kontrolle), besteht in der Überzeugung, dass in Zukunft alles gut werden wird. Sie befähigt die Menschen, das gegenwärtige Leid zu ertragen, weil sie davon ausgehen, dass es vorübergehen und irgendwann zu Ende sein wird. Auf diese Weise gewinnen sie Kontrolle über ihre Gefühle und damit auch über ihr Schicksal[100], sie werden handlungsfähig und können sich aktiv mit ihren existenziellen Problemen auseinander setzen.

Schließlich ist als dritte Form die *„vicarious control"* (mittelbare Kontrolle) zu nennen. Wenn Menschen das Gefühl haben, dass sie mit ihren Problemen nicht fertig werden – etwa bei einer ernsten Krankheit, bei der davon auszugehen ist, dass sie tödlich enden wird – dann wenden sie sich oft an Gott und erhoffen, dass er für sie eintritt und bei ihnen ist. Dadurch, dass sie mit Gott reden und ihn um Hilfe und

---

96 F. Rothbaum/J. R. Weisz/S. S. Snyder, Changing the world and changing the self: A two process model of perceived control, in: Journal of Personality and Social Psychology 42 (1982), S. 5–37.
97 Vgl. R. W. Hood, Jr./B. Spilka/B. Hunsberger/R. Gorsuch, The Psychology of Religion, a. a. O., S. 382f.
98 Diess., a. a. O., S. 382.
99 Diess., a. a. O.
100 Diess., a. a. O.

Beistand bitten, erhalten sie Stärkung selbst angesichts des möglichen baldigen Todes. Das Reden mit Gott im Gebet ist nicht Ausdruck passiver Hingabe, sondern ein aktiver Vorgang, der zu mittelbarer Kontrolle über die ausweglos scheinende Lage führt.[101] Empirische Befunde belegen in reichem Maße, welche wichtige Bedeutung das Gebet bei der Bewältigung und Überwindung von Leidsituationen hat.[102] Besonders die Gebete, in denen von Gott Unterstützung und Hilfe erbeten wird, erweisen sich bei der Auseinandersetzung mit dem erfahrenen Leid als wirkungsvoll. Durch das Gebet fühlen sich die Menschen, die Leid erfahren, beschützt, getragen und ermutigt, was maßgeblich zur Steigerung der Selbstachtung und des Selbstwertgefühls führt.[103] Bemerkenswerterweise haben auch die von uns befragten Schülerinnen und Schüler dem Gebet große Aufmerksamkeit geschenkt und darüber nachgedacht, welche Bedeutung ihm in Leidsituationen zukommt.[104]

Zusammenfassend können wir hervorheben, dass angesichts des Leidens im Menschen das Grundbedürfnis nach Kontrolle wachgerufen wird. Die Kontrolle kann durch Interpretation und Neubewertung der leidvollen Situation erfolgen, durch Vorausschau und damit verbundener Hoffnung auf Besserung oder durch eine vertrauensvolle Gottesbeziehung, die im Leben und im Sterben Geborgenheit schenkt. Wie bereits bei dem Grundbedürfnis nach Sinn kommt auch im Hinblick auf das Bedürfnis nach Kontrolle der Religion zentrale Bedeutung zu. Sie ist es, die gleichsam das Material bereitstellt, auf das der Kontrolle suchende Mensch zurückgreifen kann.

Bedürfnis nach Selbstachtung (self-esteem). Selbstachtung ist eine unabdingbare Voraussetzung, um in ausweglos erscheinenden Situationen Gefühlen der Aussichtslosigkeit oder der Hoffnungslosigkeit entgegenzutreten. Warum dies so ist, zeigen nicht zuletzt empirische Studien, in denen nachgewiesen

101 Diess., a. a. O., S. 283.
102 Diess., a. a. O., S. 396ff.
103 Diess., a. a. O., S. 399.
104 Vgl. II.4.5.

werden konnte, dass ein hohes Maß an Selbstachtung dazu führt, dass Menschen mit Stresssituationen wesentlich besser klarkommen als andere.[105] Daraus können wir die Schlussfolgerung ziehen: In dem Maße, wie es gelingt, Selbstachtung angesichts von Leiderfahrungen zu behaupten oder wiederzugewinnen, wird es möglich sein, dem widerfahrenden Unglück handelnd zu begegnen. Auch bei der Wiedergewinnung der Selbstachtung kommt der Religion eine wichtige Rolle zu. Wenn der Mensch zum Beispiel zu der Einsicht gelangt, dass er trotz allen Leidens von Gott geliebt ist, und sich von ihm angenommen weiß, wird dies dazu beitragen, dass sein innerlich aufgewühltes oder zerrissenes Selbst neue Stärkung findet, die ihn handlungsfähig macht.

Selbstachtung stellt die dritte tragende Säule bei der Bewältigung von Leiderfahrungen dar. Sie ist diejenige Kraft, die Prozesse der Sinnfindung und der Kontrolle maßgeblich unterstützt. Dabei ist von der einfachen Formel auszugehen: Je höher die Selbstachtung eines Menschen ist, umso eher wird es ihm gelingen, existenzielle Konfliktsituationen zu bewältigen.

3.2.2 Der Begriff des „coping" als heuristisches Modell im didaktischen Kontext

Im Folgenden haben wir nun zu klären, in welcher Weise die Überlegungen zum Begriff coping mit den drei genannten didaktischen Grundsätzen (s. 3.1.2) in Verbindung gebracht werden können.

Vorab ist es jedoch wichtig, an zwei Tatsachen zu erinnern, die für unsere weiteren didaktischen Überlegungen von grundlegender Bedeutung sind:

Zum einen wissen wir aufgrund unserer Untersuchung, dass keineswegs alle Kinder und Jugendlichen, die sich im Religionsunterricht mit dem Thema „Leid – Gott" beschäftigen, über einschlägige Leiderfahrungen verfügen, die es

105 Vgl. M. A. Wisman/P. Kwon, Life stress and dysphoria: The role of self-esteem and hopelessness, in: Journal of Personality and Social Psychology 65, S. 1054–1060.

für sie nahe legen würden, dieses Thema als wichtig anzusehen.

Zum anderen ist bei einer großen Zahl der Religionsschülerinnen und Religionsschüler nicht davon auszugehen, dass sie eine intensive Gottesbeziehung haben und daher Leid überhaupt mit Gott in Verbindung bringen.

Aufgrund dieser beiden Tatsachen ist im Unterricht möglicherweise mit Motivationsproblemen zu rechnen. Sie lassen sich unseres Erachtens dadurch relativieren oder beheben, dass wir die Schülerinnen und Schüler anhand von Beispielen aus dem Alltag an das Problem des Umgangs mit Leid heranführen. Dabei ist, wie wir bereits oben betont haben, das erklärte Ziel zunächst nicht die akademische Diskussion der von Leibniz ins Spiel gebrachten Theodizeeproblematik, die eine Schülerin des zwölften Schuljahres in unserer Untersuchung genervt und frustriert mit den Worten kommentierte, dass sie „bereits tausend Mal durchgekaut" worden sei. Unser Ziel ist es vielmehr, den Schülerinnen und Schülern Möglichkeiten vorzustellen, wie Menschen verschiedenen Alters und in unterschiedlichen Zeiten existenziellen Krisen begegnet sind und sie bewältigt haben. Dies geschieht in der Annahme, dass es irgendwann in jedem menschlichen Leben zu krisenhaften Einbrüchen kommen kann, auf die der junge Mensch vorbereitet sein sollte, ohne dabei an sich und seinem Glauben zerbrechen zu müssen. Vor diesem Hintergrund geht es bei der Beschäftigung mit der Frage nach dem Umgang mit Leid nicht um „träges Wissen", sondern um die Anbahnung von Kompetenzen, die zum schöpferischen Umgang mit Lebensproblemen dienen können.

Soweit die Vorbemerkungen. Welche Rolle kommt nun dem coping bei unseren didaktischen Überlegungen zu? Wir schlagen vor, den Begriff des coping, der sich – wie wir gesehen haben – in die Grundbedürfnisse nach Sinn, Kontrolle und Selbstachtung ausdifferenzieren lässt, als heuristisches Modell zu verwenden, das dazu dienen kann, die von uns hergeleiteten didaktischen Grundsätze inhaltlich zu strukturieren. Mit anderen Worten: Durch den Rückgriff auf den Begriff des coping erscheint es uns möglich, im

Unterricht systematisch auf wesentliche Aspekte der Leid-bewältigung aufmerksam zu werden.

Im Hinblick auf unseren ersten didaktischen Grundsatz, nach dem wir uns beim Thema „Leid – Gott" von der religiösen und theologischen Produktivität der Kinder und Jugendlichen leiten lassen, kann der Begriff des coping dazu dienen, deren Vorstellungen und Deutungsmuster zu ordnen und inhaltlich zu strukturieren. Vorrangig ist dabei die Entdeckung, dass der Mensch angesichts des Leids nach *Sinn* fragt und sein Leben auf unterschiedliche Weise in den Griff zu bekommen sucht. Im Einzelnen ist vor diesem Hintergrund danach zu fragen, welchen Sinn die Schülerinnen und Schüler dem Leid geben und welche Formen der *Kontrolle* sich für sie nahe legen. An dieser Auseinandersetzung können sich auch die Schülerinnen und Schüler beteiligen, für die religiöse oder theologische Deutungsmuster irrelevant erscheinen. Statt solcher Deutungsmuster sind von ihnen andere weltanschauliche Positionen zu erwarten. Lohnend dürfte es sein, die unterschiedlichen Sinnperspektiven und Kontrollversuche, die die Schülerinnen und Schüler vorschlagen, ins Gespräch zu bringen, sie zu vergleichen und nach ihrer jeweiligen Leistungsfähigkeit zu befragen.

Die inhaltlichen Aussagen der Schülerinnen und Schüler leiten dazu über, nach den biblischen Grundlagen zu fragen, an denen sich der christliche Glaube orientiert, um Leiderfahrungen zu bewältigen. Damit kommt der zweite didaktische Grundsatz ins Spiel. Vor diesem Hintergrund ist im Sinne des coping zu fragen, welche *Deutungen* des Leids und welche Formen der *Kontrolle* und der *Selbstachtung* aufgrund des biblischen Zeugnisses gerechtfertigt erscheinen. Im Anschluss daran ist es hier unerlässlich, die nicht-religiösen Positionen, die im Zusammenhang mit dem ersten didaktischen Grundsatz ins Spiel gebracht worden sind, zu den biblischen Aussagen *in Beziehung zu setzen* und danach zu fragen, welche Handlungsmöglichkeiten sie den Betroffenen eröffnen.

Der dritte didaktische Grundsatz, bei dem es darum geht, „Modelle" der Leidbewältigung kennen zu lernen, an denen sich die jungen Menschen orientieren können, erlaubt ebenfalls die Verschränkung mit dem Begriff des coping, indem danach gefragt wird, welche Strategien des coping

im Einzelnen anhand der erörterten Beispiele deutlich werden und welche den betreffenden Menschen offensichtlich
maßgeblich helfen. An dieser Stelle sollte vor allem auch
dem Phänomen der Selbstachtung besondere Aufmerksamkeit geschenkt werden, der – wie wir oben gehört haben –
bei der Bewältigung von Leid zentrale Bedeutung zukommt. Darüber hinausgehend sollte abschließend formal
herausgearbeitet werden, welche Strategien Menschen helfen können, Leid zu bewältigen, wobei es klar sein sollte,
dass jeder letztlich selbst herausgefordert ist zu entscheiden,
welchen Sinn er dem Leiden zuschreibt und auf welche Weise er angesichts dessen sein Leben zu kontrollieren vermag
und Selbstachtung zurückgewinnt oder gewinnt.

3.2.3 Ein Beispiel für die Klassenstufe 9/10

Als Ausgangspunkt wählen wir die Hochwasserkatastrophe,
die im Jahr 2002 über weite Teile Südsachsens hereingebro-
chen ist. Schrittweise wollen wir an diesem Beispiel zu zeigen versuchen, wie die didaktischen Grundsätze, von denen
wir ausgegangen sind, in Verbindung mit den Strategien
des coping unterrichtspraktisch umgesetzt werden können.
Dabei sollte als Ziel vor Augen bleiben, dass es uns zunächst
darum geht, Schülerinnen und Schülern zu befähigen, mit
leidvollen Schicksalsschlägen umgehen zu können. Erst vor
diesem Hintergrund erscheint es uns sinnvoll, die eher
theoretische Frage der Theodizee zu erörtern.

1. Schritt: Eigene (religiöse und nicht-religiöse) Strategien zur Be-
wältigung von Leid darstellen

Die Schülerinnen und Schüler betrachten eine Fotografie,
auf der das Ausmaß der Katastrophe von 2002 im Südraum
Sachsens deutlich wird. Zugleich zeigt sie Menschen, die er-
schüttert und verzweifelt zusehen müssen, wie ihr Hab und
Gut von den Wassermassen weggerissen wird. Die Schülerinnen und Schüler äußern sich spontan zu diesem Bild und
erzählen, was ihnen dazu einfällt. Einige von ihnen waren
vielleicht selbst betroffen, manche mögen sich an Berichte

über das Hochwasser aus den Medien erinnern, andere haben vielleicht von betroffenen Freunden, Bekannten oder Verwandten darüber gehört. Im Unterrichtsgespräch gehen sie auf die Menschen ein, die auf dem Bild zu sehen sind. Sie überlegen, was in ihnen vorgehen mag, woran sie denken, was sie demnächst unternehmen werden.

Die Lehrperson gibt den Hinweis, dass vom Hochwasser sowohl Christen als auch Nicht-Christen betroffen sind.

Im Unterrichtsgespräch wird kurz darauf eingegangen, was dies im Hinblick auf den Umgang mit der Flutkatastrophe bedeuten mag.

Jede Schülerin und jeder Schüler erhält mehrere Zettel. Darauf schreiben sie jeweils einen Gedanken, den die Betroffenen haben mögen, um mit der Situation, in der sie sich befinden, klarzukommen. Dies erfolgt in Übereinstimmung mit unserem ersten didaktischen Grundsatz, den Schülerinnen und Schülern die Möglichkeit zu geben, ihre Vorstellungen zu äußern, welche Bewältigungsstrategien ihnen angesichts der Katastrophe denkbar erscheinen.

Der Hinweis, dass sowohl Christen als auch Nicht-Christen von der Flut betroffen sind, soll religiöse wie nicht religiöse Deutungsmuster provozieren. Auf diese Weise werden alle Schülerinnen und Schüler, die den Religionsunterricht besuchen, angesprochen und zur Mitarbeit herausgefordert.

Wichtig ist es, dass die Schülerinnen und Schüler nicht direkt befragt werden, wie sie in der entsprechenden Situation reagiert hätten, sondern dass sie die Möglichkeit erhalten, ihre Vorstellungen in andere zu projizieren. Dadurch wird vermieden, dass sie sich vor ihren Klassenkameradinnen und Klassenkameraden offenbaren müssen und sich auf diese Weise angreifbar machen.

Bei der Entwicklung dieses Vorschlags für einen ersten Schritt unterrichtlichen Vorgehens war der Gedanke leitend, dass es, um die Frage der Leidbewältigung möglichst für alle Schülerinnen und Schüler sinnvoll und lebenswichtig erscheinen zu lassen, notwendig ist, von Beispielen auszugehen, die für sie authentisch sind. Zudem sollte emotionale Nähe gegeben sein, die es den jungen Menschen ermöglicht, sich mit den Betroffenen zu identifizieren. Wenn diese Voraussetzungen nicht gegeben sind, besteht die Gefahr, dass die vorausgesetzte Situation auf die jungen Menschen gekünstelt wirkt und letztlich bedeutungslos erscheint, so dass sie wenig Lust verspüren, sich ernsthaft mit ihr auseinander zu setzen. Im Hinblick auf die Hochwasserkatastrophe kann man wenigstens bei den sächsischen Schülerinnen und Schülern von einem hohen Maß an Interesse ausgehen, weil viele von ihnen sie unmittelbar oder mittelbar erlebt haben.

2. Schritt: Sinnzuschreibung, Kontrolle und Selbstachtung als zentrale Elemente der Leidbewältigung entdecken und mit eigenen Vorstellungen in Verbindung bringen

Die Schülerinnen und Schüler sitzen im Halbkreis. Nachdem sie vorgelesen und erläutert haben, was auf ihren Zetteln steht, legen sie diese in der Mitte des Halbkreises so auf den Boden, dass sie von allen Schülerinnen und Schülern gelesen werden können.

Im Anschluss daran überlegen sie, nach welchen Gesichtspunkten die Aussagen auf den Zetteln geordnet werden könnten. Die Gesichtspunkte werden an der Tafel festgehalten und im Unterrichtsgespräch erörtert, bevor die Schülerinnen und Schüler die Zuordnung zu bestimmten Aspekten vornehmen. Denkbar ist es beispielsweise, die Aussagen nach den Kategorien „religiös" und „nicht-religiös" oder nach inhaltlichen Gesichtspunkten zu ordnen.

Mit dem Hinweis darauf, dass es wissenschaftliche Forschungsergebnisse gibt, die darauf aufmerksam machen, welche Strategien Menschen benutzen, um erfahrenes Leid zu bewältigen, werden die drei Kategorien des coping eingeführt: Sinnzuschreibung, Kontrolle und Selbstachtung. Sie werden auf Papierstreifen schriftlich festgehalten und auf den Boden gelegt. Die Unterrichtsperson hält einige Zettel bereit, auf denen Gedankengänge genannt sind, die diesen Kategorien entsprechen.

Auf den Zetteln bezüglich der Kategorie der Sinnzuschreibung könnte beispielsweise stehen:

– Das Hochwasser hat wieder einmal gezeigt, wie gefährdet das menschliche Leben ist. Es gibt keine vollkommene Sicherheit.

- Gott will die Menschen vielleicht darauf aufmerksam machen, dass wir verantwortlich mit der Schöpfung umgehen sollen.
- Jetzt verstehe ich, was mit der Sintflut gemeint war.
- Vielleicht ist das Hochwasser gut, damit die Menschen endlich zur Vernunft kommen und nicht sinnlos weiter Flüsse begradigen und alles zubetonieren.
- Für mich ist das Hochwasser ein Hinweis darauf, dass ich in Zukunft mein Leben besser plane.

Zur Kategorie Kontrolle passen Überlegungen wie:

- Es hätte uns noch schlimmer treffen können.
- In ein paar Wochen wird alles vergessen sein.
- Ich bete zu Gott, dass alles gut werden wird und ich genug Kraft haben werde, alles wieder in Ordnung zu bringen.

In die Kategorie Selbstachtung fallen folgende Gedanken:

- Mich wirft das nicht aus der Bahn. Ich habe genug Kraft, um mir eine neue Existenz aufzubauen.
- Gott hilft mir, auch diese Katastrophe zu überwinden.
- Gott lässt mich nicht untergehen. Er sagt mir aber, dass ich mich in Zukunft konsequenter nach seinem Willen richten muss.[106]

Die Schülerinnen und Schüler erhalten die Aufgabe, die entsprechende Zuordnung der von der Unterrichtsperson mitgebrachten Zettel zu den Kategorien des coping vorzunehmen und im Anschluss daran die eigenen Zettel diesen Kategorien zuzuordnen. Dabei können Entsprechungen und Unterschiede zu der ursprünglichen kategorialen Zuordnung herausgearbeitet werden.

---

106 Die von der Lehrperson ins Spiel gebrachten Beispiele dienen sowohl der Veranschaulichung des coping als auch der Erweiterung der von den Schülerinnen und Schülern zur Diskussion gestellten Vorschläge. Je nach bereits vorliegenden Vorschlägen wird die Lehrperson den Aspekten den Vorzug geben, die bislang von den Schülerinnen und Schülern noch nicht in den Blick genommen worden sind.

Im weiteren Verlauf des Unterrichts gehen die Schülerinnen und Schüler im Unterrichtsgespräch der Frage nach, welche der vorliegenden Überlegungen aus ihrer Sicht für die Betroffenen am hilfreichsten sein werden. Vielleicht werden sie dadurch angeregt, weitere Vorschläge zu unterbreiten, die zur Bewältigung der Flutkatastrophe beitragen könnten. Sie versuchen, im Hinblick auf die einzelnen Vorschläge eine entsprechende Rangreihe zu bilden.[107]

Psychologisch ist es wichtig, den Schülerinnen und Schülern Gelegenheit zu geben, sich wertend mit den vorliegenden Vorschlägen auseinander zu setzen. Denn dadurch erfahren sie, dass sie Urteilskompetenz besitzen, die von der Unterrichtsperson ernst genommen wird. In diesem Zusammenhang sollte auch auf das Gebet als eine zentrale Strategie der Leidbewältigung eingegangen werden und dessen Leistungsfähigkeit aus der Sicht der Schülerinnen und Schüler erörtert werden. Dabei wird wiederum deutlich werden, von welchen Relevanzsystemen sich die einzelnen Schülerinnen und Schüler leiten lassen.

3. Schritt: Zeugnisse des Glaubens als Angebote der Leidbewältigung entdecken und sie an eigenen Vorstellungen spiegeln

Im Unterricht wird das Thema aufgegriffen, wie Menschen der Bibel mit Erfahrungen des Leids umgegangen sind. Dies kann am Beispiel Hiobs geschehen.[108] Als Grundlage

107 Hierzu ist zu bemerken, dass es problematisch ist, wenn im Unterricht bloße Sammelphasen stattfinden, denn sie ermöglichen für die Schülerinnen und Schüler in der Regel keinen Lernfortschritt. Daher ist es wichtig, dass sie ihre auf Zettel geschriebenen Vorstellungen dahingehend erläutern, dass in Ansätzen deutlich wird, in welche größeren Sinnzusammenhänge ihre Überlegungen eingeordnet werden können.

108 Denkbar wäre es auch, neben Hiob z. B. auf Psalmentexte zurückzugreifen. Wir konzentrieren uns bei unserem Unterrichtsbeispiel auf die Behandlung dieses Textes, weil er in allen Lehrplänen der Sekundarstufe I zu finden ist. Möglich ist ebenfalls, anhand von Kirchenliedern zu zeigen, wie sich Menschen in Geschichte und Gegenwart in Leidsituationen ganz im Sinne Hiobs Gott anvertraut haben und trotz aller Widrigkeiten des Lebens Geborgenheit in Gott gefunden haben. Wenn im Unterricht Zeit dazu sein sollte, könnten

für die Behandlung greifen wir auf das Kursbuch 2000 für die Jahrgangsstufen 9/10[109] zurück. Die Schülerinnen und Schüler arbeiten heraus, worin das Leid Hiobs besteht und wie er darauf reagiert (vgl. S. 25). Leitend ist dabei die doppelte Frage, welche Strategien der Leidbewältigung Hiob wählt und in welcher Weise sie mit dem im zweiten Schritt herausgearbeiteten Begriff des coping korrespondieren. In diesem Zusammenhang wird zu überlegen sein, welche Sinnzuschreibungen er vornimmt, um die erfahrenen Schicksalsschläge zu bewältigen, wie er sein Leben unter Kontrolle zu bringen versucht und wie es um seine Selbstachtung steht. Dabei überlegen die Schülerinnen und Schüler, ob das Verhalten Hiobs mit den Vorschlägen, die sie selbst gemacht haben, verglichen werden kann.

Im Anschluss daran gehen die Schülerinnen und Schüler näher auf die Ratschläge der Freunde Hiobs ein (vgl. S. 26). Dabei finden sie heraus, dass die Freunde Hiobs auf nahe liegende Deutungsmuster zurückgreifen, mit denen sie Hiob verständlich machen wollen, warum er leiden muss und welche Wege der Abhilfe es gibt. Dabei orientieren sie sich an dem im Alten Testament aufweisbaren Tun-Ergehens-Zusammenhang.

Ergebnis dieser Beschäftigung sollte sein, dass die Freunde Hiob überkommene Bewältigungsstrategien anbieten, die den Versuch beinhalten, das Leiden verständlich zu machen und dadurch zu Kontrolle über das Leben zurückzufinden. Die Schülerinnen und Schüler untersuchen, ob sie selbst bei ihren Vorschlägen ähnliche Deutungsmuster ins Spiel gebracht haben, und beurteilen die Ratschläge der Freunde.

beispielsweise folgende Choräle unter der Fragestellung behandelt werden, welche Weisen des coping in ihnen sichtbar werden: „Wer nur den lieben Gott lässt walten", „Warum sollt ich mich denn grämen?", „Was Gott tut, das ist wohlgetan", „Ich steh in meines Herren Hand", „So nimm denn meine Hände", „Gott, mein Gott, warum hast du mich verlassen?". Man könnte diese Texte beispielsweise vor dem Hintergrund der Leiderfahrungen der betreffenden Dichter thematisieren.

109 Kursbuch Religion 2000, 9/10, hg. von G. Kraft u. a., Stuttgart/Frankfurt/M. 1999.

Wichtig erscheint uns der wiederholte Rückbezug zwischen den Vorschlägen, die von den Schülerinnen und Schülern stammen, und dem Verhalten Hiobs, um dadurch zu unterstreichen, wie aktuell letztlich die Geschichte Hiobs ist. Anders ausgedrückt: Es soll deutlich werden, dass die Leiderfahrungen damals und heute den Menschen vor die gleichen Herausforderungen stellen. Zugleich sollen die Schülerinnen und Schüler immer wieder die Möglichkeit erhalten, zu den biblischen Bewältigungsstrategien (Verhalten Hiobs, Ratschläge der Freunde) Stellung zu nehmen. Auf diese Weise können sie entdecken, welches Verhalten ihnen persönlich sinnvoll erscheint und welches für sie überhaupt nicht in Frage käme.

Die Schülerinnen und Schüler finden aufgrund der Auseinandersetzung mit den Ratschlägen der Freunde Hiobs heraus, dass diese Verarbeitungsstrategien Hiob unsinnig erscheinen, weil es aus seiner Sicht inhaltlich für sie keine Anhaltspunkte gibt. Der einzige Ausweg, der Hiob angesichts seines Leides bleibt, ist die Klage. Gott antwortet auf sie aus dem Sturm heraus.

Exemplarisch lernen die Schülerinnen und Schüler so die Klage als eine Form der Auseinandersetzung mit unerträglichem Leid kennen. Dabei sollte deutlich werden, dass die Klage insofern zur Bewältigung von Leid beiträgt, als der Mensch in ihr all das verbal zum Ausdruck bringt, worunter er leidet. Indem er sein Leid in Worte fasst, wird es von ihm „bearbeitet" und er bekommt dadurch seine ihn sonst überwältigenden Emotionen unter Kontrolle. Wenn Gott der Adressat der Klage ist, wird außerdem deutlich, dass er die Beziehung zu Gott keineswegs aufgegeben hat, sondern ihn nach wie vor als Gegenüber und Ansprechpartner versteht, von dem er letztlich auf Antwort hofft.

Die Schülerinnen und Schüler erfahren nun, welche Konsequenzen Hiob aus den Worten zieht, die Gott ihm entgegenschleudert (vgl. S. 27). Sie diskutieren die Frage, was Hiob davon hat, sich gänzlich Gott anzuvertrauen. Handelt es sich dabei um eine sinnvolle Form des coping? Wiederum wird die Frage aufgegriffen, ob das Verhalten Hiobs mit Verhaltensweisen korrespondiert, die die Schülerinnen und Schüler auf ihre Zettel geschrieben haben.

Die Frage wird erörtert, wie die anfängliche Beziehung Hiobs zu Gott beschrieben werden kann und welche Veränderung sie angesichts des überwältigenden Leides erfährt. Dabei werden die Gründe dafür herausgearbeitet. Die Erörterung der Gottesbeziehung Hiobs erlaubt es, danach zu fragen, wer Gott für Hiob ist und wie Gott auf das unsägliche Leid Hiobs reagiert. Dies gibt zu der Frage Anlass, wer Gott für die Schülerinnen und Schüler ist und welche Beziehung sie zu ihm unterhalten. Um sie nicht direkt mit diesem Thema zu konfrontieren, ist es hilfreich, sie zu Hiobs Verhalten gegenüber Gott Stellung nehmen zu lassen.

Zusammenfassend arbeiten die Schülerinnen und Schüler heraus, was von Hiob im Hinblick auf die Bewältigung von Leid gelernt werden kann. Welche Hilfen bietet er dem Menschen von heute an? Von welcher Gottesbeziehung ist dabei auszugehen? Was hat der Mensch angesichts unerträglichen Leids davon, wenn er sich so wie Hiob verhält?

4. Schritt: Aspekte „modellhafter" Leidbewältigung beschreiben und mit eigenen Vorstellungen des coping in Beziehung setzen

Dem Unterricht liegt für diesen Schritt das Buch „Wir treffen uns wieder in meinem Paradies"[110] zugrunde. Es handelt von Isabell Zachert, die im Alter von 15 Jahren an Krebs erkrankt. Zunächst ist sie zuversichtlich, dass ihr Leiden geheilt werden kann. Nach einigen Monaten wird ihr jedoch klar, dass sie unheilbar erkrankt ist und bald sterben muss. Ihre Mutter beschreibt aus der Rückschau, wie Isabell ihr Schicksal auf sich genommen und was ihr dabei Kraft und Hoffnung geschenkt hat.[111]

---

110 Zachert, C. u. I., Wir treffen uns wieder in meinem Paradies, Bergisch Gladbach 1993.
111 Um eine Ganzschrift zu behandeln, ist es hilfreich, wenn alle Schülerinnen und Schüler die entsprechende Publikation vorliegen haben. Dennoch ist es nicht erforderlich, das Buch im Unterricht in voller Länge zu lesen. Unser methodischer Vorschlag zielt darauf ab, dass bestimmte Schülerinnen und Schüler einzelne Aufgaben übernehmen und deren Ergebnisse im Unterricht vortragen. Zentrale Texte sollten jedoch allen zur Bearbeitung vorliegen.

Die Erarbeitung dieser Ganzschrift kann auf folgende Weise geschehen:

Einzelne Schülerinnen und Schüler arbeiten heraus, wer Isabell ist.[112] Andere Schülerinnen und Schüler widmen sich der Aufgabe, Isabells Krankheitsbild und den Krankheitsverlauf zu beschreiben.[113] Eine weitere Gruppe von Schülerinnen und Schülern stellt ausgewählte Passagen aus dem Buch zusammen, aus denen hervorgeht, wie Isabell mit ihrer Krankheit umgeht.[114]

Die Schülerinnen und Schüler lesen diese Texte gemeinsam und arbeiten schrittweise heraus, dass sie u. a. Kontrolle über ihr Leben zurückgewinnt, indem sie sich aktiv mit ihrer Krankheit auseinander setzt, ihre Gedanken und Gefühle in Briefen und im Tagebuch niederschreibt, dass sie anderen Menschen Mut macht und ihnen die Angst vor dem Tod zu nehmen versucht, dass sie sich im Gebet an Gott wendet und aus tiefstem Herzen Gott vertraut, dass sie in „ihrem Paradies" weiterleben wird. In diesem Zusammenhang könnte die Frage lohnend erscheinen, was der christliche Glaube für Isabell bedeutet.

Bevor die Schülerinnen und Schüler persönlich dazu Stellung nehmen, wie Isabell ihre Krankheit und ihr Sterben bewältigt, ist es denkbar, dass sie zusammenfassend erörtern, auf welche Weise sie die Grundbedürfnisse nach Sinn, Kontrolle und Selbstachtung befriedigt.

Abschließend schreiben die Schülerinnen und Schüler auf kleine von ihnen gestaltete Karten ein Grußwort an die Eltern oder Brüder Isabells. Sie lesen sich diese Grußworte

---

112 Dabei sind etwa folgende Fragen zu beantworten: Wie alt ist Isabell? Welchen Hobbies geht sie nach? Wie viele Geschwister hat sie? Was kann über die Beziehungen in ihrer Familie gesagt werden? Was erfahren wir über ihre Freundinnen und Freunde? Welche Personen stehen ihr besonders nahe?

113 Worunter leidet sie? Welche Therapieversuche werden unternommen? Wie verläuft die Krankheit? Wann wird Isabell bewusst, dass sie sterben wird?

114 Leitend sind dabei die Fragen: Wie gelingt es ihr, trotz des Wissens, dass sie sterben wird, damit zurechtzukommen? Welche Verhaltensweisen helfen ihr dabei? Welche Rolle spielt dabei der christliche Glaube?

gegenseitig vor, ohne sie zu diskutieren. Denkbar ist es auch, diese abschließende Phase meditativ zu gestalten.

In diesem vierten Schritt greifen wir auf den dritten didaktischen Grundsatz zurück, bei dem es darum geht, dass Schülerinnen und Schülern an „Modellen" entdecken, welche Möglichkeiten es aus christlicher Sicht gibt, Leid zu bewältigen. Wir haben deshalb auf das Beispiel von Isabell zurückgegriffen, weil es wesentliche Voraussetzungen des Modelllernens erfüllt. Dazu gehören u. a. Anschaulichkeit, Authentizität und Identifikation.[115] Nicht zuletzt ist Isabell mit 15 Jahren, als sie krank wurde, in dem Alter, in dem die meisten Schülerinnen und Schüler in den oberen Klassen der Sekundarstufe I sein dürften.

Wichtig ist, dass die Schülerinnen und Schüler im Anschluss an die Beschäftigung mit dem Buch „Wir treffen uns wieder in meinem Paradies" die Möglichkeit erhalten, zu dem mutigen Kampf Isabells Stellung zu beziehen.

In diesem Zusammenhang wird es lohnend sein zu erörtern, welche Bedeutung der christliche Glaube für den Menschen haben kann, wenn es um Leben und Tod geht.

5. Schritt: Das Problem der Theodizee erläutern und aus biblischer Sicht dazu Stellung nehmen

Die Schülerinnen und Schüler betrachten das Bild von Isabell, das sie von sich selbst gezeichnet und mit der Frage „Warum?" versehen hat. Sie klären im Unterrichtsgespräch, an wen diese Frage gerichtet sein mag und versuchen aufgrund des bisherigen Unterrichts darauf eine Antwort zu geben.

Die Schülerinnen und Schüler tragen zusammen, in welchen Situationen Menschen die Frage nach dem Warum stellen. Vor diesem Hintergrund lesen sie den folgenden Text, der bereits in vorchristlicher Zeit entstanden ist und dem Philosophen Epikur zugeschrieben wird:

---

115 Vgl. dazu H. Hanisch, „Coping" als religionspädagogische Herausforderung, a. a. O., S. 170f.

„Entweder will Gott die Übel beseitigen und kann es nicht, oder er kann es und will es nicht, oder er kann es nicht und will es nicht, oder er kann es und will es. Wenn er nun will und nicht kann, so ist er schwach, was auf Gott nicht zutrifft. Wenn er kann und nicht will, dann ist er missgünstig, was ebenfalls Gott fremd ist. Wenn er nicht will und nicht kann, dann ist er sowohl missgünstig als auch schwach und demnach auch nicht Gott. Wenn er aber will und kann, was allein sich von Gott ziemt, woher kommen dann die Übel und warum nimmt er sie nicht weg?"

Die Schülerinnen und Schüler versuchen auf die Frage des Textes Antworten zu finden. Sie tragen sie vor und erörtern sie. Im Anschluss lernen sie exemplarisch die Antwort auf diese Frage von Gottfried Wilhelm Leibniz kennen[116] und nehmen dazu Stellung.

Im Rückgriff auf das Buch Hiob arbeiten sie heraus, dass es aus biblischer Sicht auf die Frage der Theodizee letztlich keine rationale Antwort gibt. In der Bibel gibt es aber Hinweise darauf, welche Möglichkeiten der Mensch hat, mit erfahrenem Leid umzugehen. Beispielhaft kann dies im Unterricht im Rückgriff auf Psalm 22 oder an der Passionsgeschichte entfaltet werden.

In diesem letzten Lernschritt geht es um die Frage der Theodizee, von der wir aufgrund unserer Untersuchung wissen, dass sie keineswegs zu den brennenden Problemen der von uns befragten Kinder und Jugendlichen zu zählen ist. Dennoch erscheint es notwendig, auf sie einzugehen, weil sie immer wieder als Argument begegnet, den Glauben an Gott abzulehnen.

In dem Epikur zugeschriebenen Text sind alle logischen Implikationen der Theodizeefrage in knapper Form enthalten. Ergänzend zu diesem Text bietet es sich an, vertiefend auf die Gottesvorstellungen der Schülerinnen und Schüler einzugehen. Dabei könnte deutlich werden, von welchen Gotteskonzepten sie sich leiten lassen. Je weniger theistisch sie geprägt sind, desto weniger ist anzunehmen, dass die Theodizee für sie ein Problem darstellt.

116 Vgl. II.1.1.

Abschließend sollte deutlich werden, dass die Frage der Gerechtigkeit Gottes rational nicht zu beantworten ist. Unserer didaktischen Intention folgend zeigt sich hier erneut, dass die Bibel dem Menschen Anregungen und Hilfen gibt, mit Leid umzugehen. Sie enthält aber keine dogmatischen Lehrsätze zur Lösung der Theodizeefrage.

Anhang

Verlaufsplanung der Erhebungs-Religionsstunde

Um die Durchführung der Erhebung in Leipzig und Nürnberg einheitlich zu gestalten, gaben wir den Teams die folgenden schriftlichen Vorgaben an die Hand:

Vorbemerkung: Im Idealfall können die Projektmitarbeiter vor dem Beginn der Religionsstunde die Tonbandgeräte im Klassenzimmer aufstellen und – falls sie die Schülerzahl kennen – bereits Stühle und Tische für die Gesprächsgruppen entsprechend aufstellen. Der folgende Verlaufsplan für die Stunde geht jedoch nicht von diesem Idealfall aus, sondern vom zu erwartenden Normalfall. Das heißt, es wäre gut, wenn das jeweilige Untersuchungsteam schon vor der Stunde mit der Religionslehrerin oder dem Fachbetreuer klären könnte, ab wann das Forschungsteam ins Klassenzimmer kann.

A) Beginn der Religionsstunde

1. Eintritt ins Klassenzimmer
2. Begrüßung, kurze Vorstellung des Teams (die Projektmitarbeiterinnen und -mitarbeiter stellen sich nach einem kurzen Begrüßungswort der Religionslehrkraft selbst vor).

B) Beginn der Erhebungsphase

3. Erläuterung des Vorhabens:
„Wir bilden Religionslehrerinnen und Religionslehrer an der Universität aus. In dem Projekt, zu dem wir euch um eure Hilfe bitten, versuchen wir besser zu verstehen, wie Kinder und Jugendliche mit schlimmen Erlebnissen, zum Beispiel mit der schweren Erkrankung eines Freundes, Familienmitgliedes oder Verwandten religiös umgehen. Darüber weiß man in unserem Fach an der Universität noch

nicht viel. Wir würden gerne wissen, wie Ihr mit solchen Erlebnissen früher umgegangen seid bzw. wie Ihr jetzt damit umgeht. Wir haben zu diesem Zweck eine Geschichte auf CD mitgebracht, die ursprünglich für Kinder in der Grundschule geschrieben wurde, die unserer Meinung jedoch genauso für Jugendliche und Erwachsene passt, denn auch diese waren einmal in diesem Alter."

Zusatz für die Jugendlichen in den 6., 8., 10. und 12. Klassen:

„Ihr seid zwar schon wesentlich älter, wir wollen dennoch mit euch über diese Geschichte arbeiten. Zum einen lassen wir auch Grundschulkinder darüber sprechen, zum anderen glauben wir, dass die Geschichte Menschen jeden Alters betrifft. Wir wollen euch also nicht auf den Arm nehmen, sondern bitten euch, dass ihr euch trotz des Altersunterschieds zu Peter, um den es in dieser Erzählung geht, auf ein Gespräch über die Geschichte einlasst."

Fortsetzung der Erläuterung des Vorhabens für alle Altersgruppen:

„Wir werden euch diese Geschichte gleich vorspielen. Anschließend werden wir Gesprächsgruppen aus 3 bis 4 Schülerinnen und Schülern bilden (bei größeren Klassen die Zahlen entsprechend angleichen!). Im Anschluss an die Erzählung werden wir mit dem Tageslichtprojektor Fragen an die Wand werfen. Unsere Bitte an euch ist, dass ihr die Fragen in eurer Gesprächsgruppe besprecht und euch über eure Erfahrungen austauscht. Wir selbst oder eure Religionslehrerin/euer Religionslehrer ((entsprechend anpassen!)) werden uns nicht in die Gruppengespräche einmischen. Wenn ihr Schwierigkeiten mit der einen oder anderen Frage haben solltet, dann sprecht das in der Gruppe bitte ebenfalls an. Wir sind an eurer ehrlichen Meinung interessiert. Später werden wir eure Gespräche von Projektmitarbeitern vom Tonband abschreiben lassen. Dabei werden eure Namen, mit denen ihr euch gegenseitig anredet, durch Phantasienamen ersetzt, damit niemand weiß, wer gesprochen hat."

C) Durchführung der Erhebung

4. Bildung von Sitz- und Gesprächsgruppen (Größe an die Schülerzahl anpassen; im Idealfall 3 bis 4 Schülerinnen und Schüler pro

216

Gruppe, bei größeren Klassen entsprechend mehr Schülerinnen und Schüler)

5. Aufbau der Tonbandgeräte auf den Tischen
6. Einschalten der Tonbandgeräte
7. Einleitung zur Leidgeschichte mit Gesprächsimpuls: „Die Geschichte handelt von dem neunjährigen Peter. Bitte hört sie euch aufmerksam an."
8. CD vorspielen.
9. Nach dem Ende der Erzählung: Projizieren der Fragen mit dem Tageslichtprojektor (für den Fall, dass kein funktionierender Tageslichtprojektor vorhanden sein sollte, bitte pro Klasse 7 bis 10 Fotokopien, die in diesem Fall eine pro Gesprächsgruppe verteilt werden können).
10. Gesprächsauftrag: „Bitte besprecht in eurer Gruppe die Fragen. Wir sind an euren ehrlichen Empfindungen und an eurer ehrlichen Meinung interessiert. Die Tonbandgeräte bitte nicht berühren, auch nicht die Pause- oder die Stopptaste berühren!"
11. Sozialstatistischen Fragebogen im Anschluss an die Gruppengespräche verteilen (darauf achten, dass dafür am Ende der Stunde noch etwa 5 Minuten Zeit sind): „Hier haben wir noch die Bitte um ein paar Angaben, die wir für den Vergleich mit den Gesprächen anderer Kinder und Jugendlichen brauchen. Bitte schreibt keine Namen auf die Zettel. Die Angaben werden vertraulich behandelt."
12. Sozialstatistischen Fragebogen einsammeln.

D) Ende der Erhebungsphase

13. Dank am Schluss: „Wir bedanken uns ganz herzlich für eure Mitarbeit."

E) Abschluss der Religionsstunde

Wenn noch genügend Zeit bleibt, wird die Stunde von der Religionslehrkraft abgeschlossen. Die Religionslehrerin/der Religionslehrer kann an dieser Stelle noch den Hinweis geben, dass sie/er bereit ist, in der nächsten Religionsstunde den Faden noch einmal aufzugreifen, entweder um den Schülerinnen und Schülern die Möglichkeit zu geben, über die Gruppengespräche und die Erhebungssituation zu sprechen oder aber auch, um gestalterisch (siehe unsere Vorschläge in der Projektmappe) oder anderweitig thematisch an den aufgeworfenen Fragen weiter zu arbeiten.

Literatur

Arnold, Ursula; Hanisch, Helmut; Orth, Gottfried, Was Kinder glauben. 24 Gespräche über Gott und die Welt, Stuttgart 1997

Bahr, Matthias; Kropač, Ulrich; Schambeck, Mirjam (Hg.), Subjektwerdung und religiöses Lernen, München 2005

Baldermann, Ingo, Wer hört mein Weinen? Kinder entdecken sich selbst in den Psalmen, 5. Aufl., Neukirchen-Vluyn 1995

Bauke, Jan, Gottes Gerechtigkeit. Hinweise zur Theodizeeproblematik, in: ZThK 102 (2005), S. 333–351

Baumann, Ursula, Jugendliche und Religion, in: Gottfried Bitter/Rudolf Englert/Gabriele Miller/Karl Ernst Nipkow (Hg.), Neues Handbuch religionspädagogischer Grundbegriffe, München 2003, S. 199–204

Bayer, Oswald, „Erhörte Klage", in: NZSTh 25 (1983), S. 259–272

Bayer, Oswald, Art. Theodizee, in: TRT, Bd. 5, 4. Aufl., Göttingen 1983, S. 161–164

Bedford-Strohm, Heinrich (Hg.), Religion unterrichten, Neukirchen-Vluyn 2003

Berger, Peter Ludwig, Der Zwang zur Häresie, Frankfurt/M. 1980

Billmann-Mahecha, Elfriede, Entwicklung von Moralität und Religiosität, in: Christian Henning/Sebastian Murken/Erich Nestler (Hg.), Einführung in die Religionspsychologie, Paderborn 2003, S. 118–137

Bitter, Gottfried; Miller, Gabriele (Hg.), Handbuch religionspädagogischer Grundbegriffe, Bd. 2, München 1986

Bitter, Gottfried; Englert, Rudolf; Miller, Gabriele; Nipkow, Karl Ernst (Hg.), Neues Handbuch religionspädagogischer Grundbegriffe, München 2003

Bochinger, Christoph, Zwischen Begegnung und Vereinnahmung. Interreligiöses Lernen in religionswissenschaftlicher Perspektive, in: PrTh 38 (2003), S. 86–96

Bochinger, Christoph; Engelbrecht, Martin; Gebhardt, Winfried, Die unsichtbare Religion in der sichtbaren Religion. Formen spiritueller Orientierung in der religiösen Gegenwartskultur, Stuttgart 2005

Bohnsack, Ralf, Generation, Milieu und Geschlecht. Ergebnisse aus Gruppendiskussionen mit Jugendlichen, Opladen 1989

219

Bohnsack, Ralf, Rekonstruktive Sozialforschung, 5. Aufl., Opladen 2003

Bohnsack, Ralf; Loos, Peter; Schäffer, Burkhard, Die Suche nach Gemeinsamkeit und die Gewalt der Gruppe, Opladen 1995

Bollnow, Otto Friedrich, Existenzphilosophie und Pädagogik, Stuttgart u. a., 4. Aufl. 1959

Bonhoeffer, Dietrich, Widerstand und Ergebung. Neuausgabe, München 1970

Brose, Thomas (Hg.), Religionsphilosophie, Würzburg 1998

Bucher, Anton, Kinder und die Rechtfertigung Gottes? – Ein Stück Kindertheologie, in: Schweizer Schule 79 (1992), S. 7–10

Bucher, Anton, Kindertheologie: Provokation? Romantizismus? Neues Paradigma, in: Anton Bucher/Gerhard Büttner/Petra Freudenberger-Lötz/Martin Schreiner (Hg.), „Mittendrin ist Gott". Jahrbuch für Kindertheologie, Bd. 1, Stuttgart 2002, S. 7–27

Bucher, Anton, Literaturbericht zur aktuellen empirischen Religionspädagogik, in: Burkhard Porzelt/Ralph Güth (Hg.), Empirische Religionspädagogik, Münster 2005, S. 21–28

Bucher, Anton; Büttner, Gerhard; Freudenberger-Lötz, Petra; Schreiner, Martin (Hg.), „Mittendrin ist Gott". Jahrbuch für Kindertheologie, Bd. 1, Stuttgart 2002

Bucher, Anton; Büttner, Gerhard; Freudenberger-Lötz, Petra; Schreiner, Martin (Hg.), „Im Himmelreich ist keiner sauer". Kinder als Exegeten. Jahrbuch für Kindertheologie, Bd. 2, Stuttgart 2003

Bucher, Anton; Reich, Karl Helmut (Hg.), Entwicklung von Religiosität, Freiburg/Schweiz 1989

Büchner, Georg, Dantons Tod (1835), in: ders., Gesammelte Werke, 1987

Büttner, Gerhard, „Jesus hilft!" Untersuchungen zur Christologie von Schülerinnen und Schülern, Stuttgart 2002

Camus, Albert, Die Pest, in: ders., Das Frühwerk, Reinbek bei Hamburg 1967

Colpe, Carsten; Schmidt-Biggemann, Wilhelm (Hg.), Das Böse, Frankfurt/M. 1993

Dietrich, Walter; Link, Christian, Die dunklen Seiten Gottes, Neukirchen-Vluyn 1995

Domsgen, Michael (Hg.), Konfessionslos – eine religionspädagogische Herausforderung. Studien am Beispiel Ostdeutschlands, Leipzig 2005

Duncker, Ludwig; Hanisch, Helmut (Hg.), Sinnverlust und Sinnorientierung in der Erziehung. Rekonstruktionen aus pädagogischer und theologischer Sicht, Bad Heilbrunn/Obb. 2000

Elert, Werner, Der christliche Glaube, 4. Aufl., Hamburg 1956

Endruweit, Günter; Trommsdorff, Gisela (Hg.), Wörterbuch der Soziologie, Bd. 1, Stuttgart 1989

Epikur, Von der Überwindung der Furcht, hg. und übers. von O. Gigon, 2. Aufl., Zürich/Stuttgart 1968

Fahlbusch, Erwin (Hg.), TRT, Bd. 5, 4. Aufl., Göttingen 1983

Feifel, Erich; Leuenberger, Robert; Stachel, Günter; Wegenast, Klaus (Hg.), Handbuch der Religionspädagogik, Bd. 2, Gütersloh u. a. 1974

Feldmeier, Reinhard, Nicht Übermacht noch Impotenz, in: Werner Heinz Ritter/Reinhard Feldmeier/Wolfgang Schoberth/Günter Altner, Der Allmächtige, 2. Aufl., Göttingen 1997, S. 13–42

Fetz, Reto Luzius; Reich, Karl Helmut; Valentin, Peter, Weltbildentwicklung und Schöpfungsverständnis, Stuttgart/Berlin/Köln 2001

Flick, Uwe; Kardorff, Ernst von; Keupp, Heiner (Hg.), Handbuch Qualitative Sozialforschung. Grundlagen, Konzepte, Methoden und Anwendungen, 2. Aufl., Weinheim 1995

Fowler, James W., Stufen des Glaubens. Die Psychologie der menschlichen Entwicklung und die Suche nach Sinn, Gütersloh 1991

Friebertshäuser, Barbara; Prengel, Annedore (Hg.), Handbuch Qualitative Forschungsmethoden in der Erziehungswissenschaft, Weinheim/München 1997

Fuchs-Heinritz, Werner; Lautmann, Rüdiger; Rammstedt, Otthein (Hg.), Lexikon zur Soziologie, 3., völlig neu bearb. u. erw. Aufl., Opladen 1994

Gabriel, Karl (Hg.), Religiöse Individualisierung oder Säkularisierung, Gütersloh 1996

Gantke, Wolfgang, Eine Welt ohne Himmel wird zur Hölle. Ein Gespräch mit dem Religionswissenschaftler Wolfgang Gantke über den Himmel in den Religionen, in: ZZ 5 (2004), S. 37–40

Gräb, Wilhelm, Auf den Spuren der Religion, in: ZEE 39 (1995), S. 43–56

Gramzow, Christoph, Gottesvorstellungen von Religionslehrerinnen und Religionslehrern. Eine empirische Untersuchung zu subjektiven Gottesbildern und Gottesbeziehungen von Lehrenden sowie zum Umgang mit der Gottesthematik im Religionsunterricht, Hamburg 2004

Groß, Walter; Kuschel, Karl-Josel, „Ich schaffe Finsternis und Unheil!" Ist Gott verantwortlich für das Übel?, Mainz 1992

Grözinger, Albrecht, Die Sprache des Menschen, München 1991

Grund zur Hoffnung. Gespräch mit Zukunftsforscher Matthias Horx, in: EK 1/1999, S. 17–20

Hahn, Matthias, Evangelischer Religionsunterricht in Ostdeutschland, in: Heinrich Bedford-Strohm (Hg.), Religion unterrichten, Neukirchen-Vluyn 2003, S. 13–24

Hanisch, Helmut, Lernen im Religionsunterricht. Lerntheoretische Anmerkungen zur Einführung des Religionsunterrichts im Freistaat Sachsen, in: Ulrich Kühn (Hg.), Kirche als Kulturfaktor, Hannover 1994, S. 216–238

Hanisch, Helmut, „Coping" als religionspädagogische Herausforderung. Anmerkungen zur Frage nach Sinn und Glaube im Jugendalter, in: Ludwig Duncker/Helmut Hanisch (Hg.), Sinnverlust und Sinnorientierung in der Erziehung. Rekonstruktionen aus pädagogischer und theologischer Sicht, Bad Heilbrunn/Obb. 2000, S. 155–176

Hanisch, Helmut, „. . . manchmal träume ich, dass Gott eine Tochter hat, die sich um die Gedanken, Wünsche und Träume der Kinder kümmert . . ." Zur religiösen Phantasie von Kindern, in: Werner Heinz Ritter (Hg.), Religion und Phantasie, Göttingen 2000, S. 89–112

Hanisch, Helmut, Kinder als Philosophen und Theologen, in: Rüdiger Lux (Hg.), „Schaut auf die Kleinen" – Das Kind in Religion, Kirche und Gesellschaft, Leipzig 2002, S. 156–177

Hanisch, Helmut; Hoppe-Graff, Siegfried, „Ganz normal und trotzdem König". Jesus Christus im Religions- und Ethikunterricht, Stuttgart 2002

Häring, Hermann, Art. Theodizee, in: Volker Drehsen/Hermann Häring/Karl-Josef Kuschel/Helge Siemers (Hg.), Wörterbuch des Christentums, Gütersloh/Zürich 1988, 1235–1237

Härle, Wilfried, Dogmatik, Berlin/New York 1995

Heckel, Ulrich, Schwachheit und Gnade, Stuttgart 1997

Henning, Christian, Von den Höhen des Geistes und den Niederungen der Empirie, in: Christian Henning/Erich Nestler (Hg.), Konversion. Zur Aktualität eines Jahrhundertthemas, Frankfurt/M. 2002, S. 15–41

Henning, Christian; Murken, Sebastian; Nestler, Erich (Hg.), Einführung in die Religionspsychologie, Paderborn 2003

Hettlage, Robert, Ethnomethodologie, in: Günter Endruweit/Gisela Trommsdorff (Hg.), Wörterbuch der Soziologie, Bd. 1, Stuttgart 1989, S. 166–170

Hilger, Georg; Ritter, Werner Heinz, Religionsdidaktik Grundschule. Handbuch für die Praxis des evangelischen und katholischen Religionsunterrichts, München/Stuttgart 2006

Höhn, Hans-Joachim, City Religion, in: Orientierung 53 (1989), S. 102–105

Hood, Ralph W., Jr.; Spilka, Bernard; Hunsberger, Bruce; Gorsuch,

222

Richard, The Psychology of Religion, An Empirical Approach, Second Edition, New York/London 1996, S. 377–405

Jonas, Hans, Der Gottesbegriff nach Auschwitz. Eine jüdische Stimme, Tübingen 1984

Kaiser, Gerhard, Theodizee als biblisch erzählte Geschichte, in: ZThK 102 (2005), S. 115–142

Kant, Immanuel, Über das Misslingen aller philosophischen Versuche in der Theodizee (1791), in: ders., Werkausgabe, Bd. 11, hg. v. Wilhelm Weischedel, Frankfurt/M. 1991

Kirchenamt der EKD (Hg.), Identität und Verständigung, 2. Aufl., Gütersloh 1995

Kirchenamt der EKD (Hg.), Evangelisch in Deutschland. Zahlen und Fakten zum kirchlichen Leben, Hannover 2005

Klafki, Wolfgang, Neue Studien zur Bildungstheorie und Didaktik, 2. Aufl., Weinheim 1991

Kleining, Gerhard, Das qualitative Experiment, in: KZfSS 38 (1986), S. 724–750

Kleining, Gerhard, Das qualitative Experiment, in: Uwe Flick/Ernst von Kardorff/Heiner Keupp (Hg.), Handbuch Qualitative Sozialforschung. Grundlagen, Konzepte, Methoden und Anwendungen, 2. Aufl., Weinheim 1995, S. 263–266

Klemm, Klaus; Krauss-Hoffmann, Peter, Evangelische Schulen im Spiegel von Selbstdarstellung und Elternurteil, in: Christoph Theodor Scheilke/Martin Schreiner (Hg.), Handbuch Evangelische Schulen, Gütersloh 1999, S. 60–79

Klosinski, Gunter (Hg.), Religion als Chance oder Risiko. Entwicklungsfördernde und entwicklungshemmende Aspekte religiöser Erziehung, Bern u. a. 1994

Koopsingraven, Christiane, Halt doch mal die Luft an!, in: RU-Werkstatt Oberstufe (RU-WO) 4, hg. von der Gymnasialpäd. Materialstelle, Erlangen 2005, S. 7–12

Korsch, Dietrich, Dogmatik im Grundriß, Tübingen 2000

Kreiner, Armin, Gott im Leid. Zur Stichhaltigkeit der Theodizee-Argumente, Freiburg 2005

Kroeger, Matthias, Im religiösen Umbruch der Welt: Der fällige Ruck in den Köpfen der Kirche, Stuttgart 2004

Kühn, Ulrich (Hg.), Kirche als Kulturfaktor, Hannover 1994

Kursbuch Religion 2000, 9/10, hg. von Gerhard Kraft/Dieter Petri/Heinz Schmidt, Stuttgart/Frankfurt/M. 1999

Kushner, Harold, Wenn guten Menschen Böses widerfährt, Gütersloh 1986 (amerikanisch 1981)

Lachmann, Rainer; Adam, Gottfried; Ritter, Werner Heinz, Theologische Schlüsselbegriffe, 2. Aufl., Göttingen 2004

Lämmermann, Godwin; Naurath, Elisabeth; Pohl-Patalong, Uta, Arbeitsbuch Religionspädagogik, Gütersloh 2005

Lazarus, Richard, Psychological Stress and the Coping Process, New York 1966

Leibniz, Gottfried Wilhelm, Die Theodizee. Von der Güte Gottes, der Freiheit des Menschen und dem Ursprung des Übels (1710), in: ders., Philosophische Schriften. Studienausgabe, Bd. 2/1 und 2/2, übers. und hg. von H. Herring, Darmstadt 1985

Loos, Peter; Schäffer, Burkhard, Das Gruppendiskussionsverfahren, Opladen 2001

Lorenz, Kuno, Art. Forschung, in: Jürgen Mittelstraß (Hg.), Enzyklopädie Philosophie und Wissenschaftstheorie, Bd. I., Mannheim 1980, S. 663f.

Luhmann, Niklas, Gesellschaftsstruktur und Semantik, Bd. 3, Frankfurt/M. 1989

Luther, Henning, Religion und Alltag, Stuttgart 1992

Luther, Martin, De servo arbitrio (1525), WA 18, 551–787

Lux, Rüdiger (Hg.), „Schaut auf die Kleinen" – Das Kind in Religion, Kirche und Gesellschaft, Leipzig 2002

Lux, Rüdiger, Das Böse – warum lässt Gott das zu? Hiobs Fragen an den Gott, der der Allmächtige ist, in: Union der Evangelischen Kirchen in der EKD (Hg.), Leben im Schatten des Bösen, Neukirchen-Vluyn 2004, S. 26–49

Marquard, Odo, Entlastungen. Theodizeemotive in der neuzeitlichen Philosophie, in: ders., Zukunft braucht Herkunft, Stuttgart 2003, S. 124–145

Marquard, Odo, Zukunft braucht Herkunft, Stuttgart 2003

Mendl, Hans, Leidverarbeitung im Kinder- und Jugendbuch, in: KatBl 121 (1996), S. 274–281

Metz, Johann Baptist, Theologie als Theodizee, in: Willi Oelmüller (Hg.), Theodizee – Gott vor Gericht?, München 1990, S. 103–118

Metz, Johann Baptist; Kuld, Lothar; Weisbrod, Adolf (Hg.), Compassion. Weltprogramm des Christentums, Freiburg 2000

Metz, Johann Baptist; Reikersdorfer, Johann; Werbick, Jürgen (Hg.), Gottesrede, Münster 1996

Metz, Johann Baptist; Reikersdorfer, Johann, Theologie als Theodizee, in: ThR 95 (1999), S. 179–188

Mittelstraß, Jürgen, Die Häuser des Wissens, Frankfurt/M. 1998

Mokrosch, Reinhold, Kinder erfahren Leid und fragen nach Gott – Wie sollen wir reagieren?, in: RpB 35 (1995), S. 87–95

Müller, Olaf; Pickel, Gert; Pollack, Detlef, Kirchlichkeit und Religiosität in Ostdeutschland: Muster, Trends, Bestimmungsgründe, in: Michael Domsgen (Hg.), Konfessionslos – eine religionspädagogische Herausforderung. Studien am Beispiel Ostdeutschlands, Leipzig 2005, S. 23–64

Naurath, Elisabeth, Kognitiv-strukturalistische Entwicklungstheorien, in: Godwin Lämmermann/Elisabeth Naurath/Uta Pohl-Patalong, Arbeitsbuch Religionspädagogik, Gütersloh 2005, S. 76–94

Nembach, Ulrich (Hg.), Jugend und Religion in Europa, Frankfurt/ M. u. a. 1987

Nestler, Erich, Denkfähigkeiten und Denkweisen. Ein bereichs- und biographietheoretischer Rahmen zur Rekonstruktion der Entwicklung religiöser Kognition, in: Christian Henning/Erich Nestler (Hg.), Religionspsychologie heute, Frankfurt/M. u. a. 2000, S. 123–159

Niehl, Franz Wendel, Korrelation, in: Gottfried Bitter/Gabriele Miller (Hg.), Handbuch religionspädagogischer Grundbegriffe, Bd. 2, München 1986, S. 750–754

Nipkow, Karl Ernst, Die Gottesfrage bei Jugendlichen – Auswertung einer empirischen Umfrage, in: Ulrich Nembach (Hg.), Jugend und Religion in Europa, Frankfurt/M. u. a. 1987, S. 233–259

Nipkow, Karl Ernst, Gotteserfahrung im Jugendalter, in: U. Nembach (Hg.), Jugend und Religion in Europa, Frankfurt/M. 1987, S. 233–260

Nipkow, Karl Ernst, Jugendliche und junge Erwachsene vor der religiösen Frage, in: Gunter Klosinski (Hg.), Religion als Chance oder Risiko: entwicklungsfördernde und entwicklungshemmende Aspekte religiöser Erziehung, Bern u. a. 1994, S. 111–136

Nipkow, Karl Ernst, Erwachsenwerden ohne Gott? Gotteserfahrung im Lebenslauf, 5. Aufl., Gütersloh 2000

Nipkow, Karl Ernst, Kinder und Jugendliche und der Glaube an Gott, in: Michael Wermke (Hg.), Aus gutem Grund: Religionsunterricht, Göttingen 2002, S. 44–51

Nipkow, Karl Ernst, Theodizee – Leiden verstehen, Böses überwinden?, in: Friedrich Schweitzer (Hg.), Elementarisierung im Religionsunterricht, Neukirchen-Vluyn 2003, S. 31–46

Nipkow, Karl Ernst, Pädagogik und Religionspädagogik zum neuen Jahrhundert, Bd. 1, Bildungsverständnis im Umbruch. Religionspädagogik im Lebenslauf. Elementarisierung, Gütersloh 2005

Oberthür, Rainer, Kinder und die großen Fragen, München 1995

Oelmüller, Willi (Hg.), Theodizee – Gott vor Gericht?, München 1990

Oelmüller, Willi (Hg.), Worüber man nicht schweigen kann. Neue Diskussionen zur Theodizeefrage, München 1990

Oertel, Holger, Gesucht wird: Gott? Jugend, Identität und Religion in der Spätmoderne, Gütersloh 2004

Oerter, Rolf; Montada, Leo, Entwicklungspsychologie, 2. Aufl., Weinheim 1987

Olivetti, Marco N. (Hg.), Teodizea oggi?, Archivio di filosophia LVI, Padova 1988

Orth, Gottfried, Systematische Theologie, Stuttgart 2002

Oser, Fritz; Gmünder, Paul, Der Mensch – Stufen seiner religiösen Entwicklung, 4. Aufl., Gütersloh 1996

Ott, Heinrich, Die Antwort des Glaubens, Stuttgart/Berlin 1972

Ott, Heinrich, Vom Ursprung des Bösen in der Welt – Das Theodizeeproblem, in: ders., Die Antwort des Glaubens, Stuttgart/Berlin 1972, S. 187–196

Otto, Eckart, Magie – Dämonen – göttliche Kräfte. Krankheit und Heilung im Alten Orient und im Alten Testament, in: Werner Heinz Ritter/Bernhard Wolf (Hg.), Heilung – Energie – Geist, Göttingen 2005, S. 208–225

Pannenberg, Wolfhart, Gottesfrage heute, Stuttgart 1969

Pascal, Blaise, Über die Religion und über einige andere Gegenstände (Penseés) (1670), hg. von Ewald Wasmuth, Frankfurt/M. 1987

Pauly, Stefan (Hg.), Der ferne Gott in unserer Zeit, 2. Aufl., Stuttgart 1999

Porzelt, Burkhard, Jugendliche Intensiverfahrungen, Graz 1999

Porzelt, Burkhard; Güth., Ralph (Hg.), Empirische Religionspädagogik, Münster 2005

Poser, Hans, Von der Zulassung des Übels in der besten Welt. Über Leibnizens Theodizee, in: Thomas Brose (Hg.), Religionsphilosophie, Würzburg 1998, S. 113–130

Prengel, Annedore, Perspektivität anerkennen – Zur Bedeutung von Praxisforschung in Erziehung und Erziehungswissenschaft, in: Barbara Friebertshäuser/Annedore Prengel (Hg.), Handbuch Qualitative Forschungsmethoden in der Erziehungswissenschaft, Weinheim/München 1997, S. 599–627

Renkl, Alexander, Träges Wissen: Wenn Erlerntes nicht genutzt wird, in: Psychologische Rundschau 47 (1996), S. 78–92

Ritschl, Dietrich, Art. Theismus, in: Erwin Fahlbusch (Hg.), TRT, Bd. 5, 4. Aufl., Göttingen 1983, S. 159–161

Ritter, Werner Heinz, Glaube und Erfahrung im religionspädagogischen Kontext, Göttingen 1989

Ritter, Werner Heinz, „Gott, der Allmächtige" im religionspädagogischen Kontext, in: ders./Reinhard Feldmeier/Wolfgang Schoberth/Günter Altner, Der Allmächtige, 2. Aufl., Göttingen 1997, S. 97–151

Ritter, Werner Heinz (Hg.), Religion und Phantasie, Göttingen 2000

Ritter, Werner Heinz, Stichwort „Elementarisierung", in: KatBl 126 (2001), S. 82–84

Ritter, Werner Heinz, Gott – Gottesbilder, in: Gottfried Bitter/Rudolf Englert/Gabriele Miller/Karl Ernst Nipkow, Neues Handbuch religionspädagogischer Grundbegriffe, München 2002, S. 89–93

Ritter, Werner Heinz, Gebet, in: Rainer Lachmann/Gottfried Adam/Werner Heinz Ritter, Theologische Schlüsselbegriffe, Biblisch – systematisch – didaktisch, 2. Aufl., Göttingen 2004, S. 74–83

Ritter, Werner Heinz, Glaube, in: Rainer Lachmann/Gottfried Adam/Werner Heinz Ritter, Theologische Schlüsselbegriffe, Biblisch – systematisch – didaktisch, 2. Aufl., Göttingen 2004, S. 93–100

Ritter, Werner Heinz, Leiden, in: Rainer Lachmann/Gottfried Adam/Werner Heinz Ritter, Theologische Schlüsselbegriffe, Biblisch – systematisch – didaktisch, 2. Aufl., Göttingen 2004, S. 218–225

Ritter, Werner Heinz; Feldmeier, Reinhard; Schoberth, Wolfgang; Altner, Günter, Der Allmächtige, 2. Aufl., Göttingen 1997

Ritter, Werner Heinz; Wolf, Bernhard (Hg.), Heilung – Energie – Geist, Göttingen 2005

Rothbaum, Fred; Weisz, John R.; Snyder, Samuel S., Changing the world and changing the self: A two process model of perceived control, in: Journal of Personality and Social Psychology 42 (1982), S. 5–37

Rothgangel, Martin, Gehirn und Geist – „Abseitsfallen" aus religionspädagogischer Sicht, in: KatBl 127 (2002), S. 316–320

Rothgangel, Martin, Naturwissenschaft und Theologie, Göttingen 1999

RU-Werkstatt Oberstufe (RU-WO) 4, hg. von der Gymnasialpäd. Materialstelle, Erlangen 2005

Schambeck, Mirjam, Wie Kinder glauben und theologisieren, in: Matthias Bahr/Ulrich Kropač/Mirjam Schambeck (Hg.), Subjektwerdung und religiöses Lernen, München 2005, S. 18–28

Scheilke, Christoph Theodor; Schreiner, Martin (Hg.), Handbuch Evangelische Schulen, Gütersloh 1999

Schlink, Edmund, Art. Gott VI. Dogmatisch, in: RGG, Bd. 2, 3. Aufl., Tübingen 1958, Sp. 1736f.

Schmidt, Günter Rudolf, Einführung in Begriff und Problemstellung der Didaktik, in: Erich Feifel/Robert Leuenberger/Günter Stachel/Klaus Wegenast (Hg.), Handbuch der Religionspädagogik, Bd. 2, Gütersloh u. a. 1974, S. 23–33

Schmidt-Biggemann, Wilhelm, Leibniz, Gottfried Wilhelm, in:

Bernd Lutz (Hg.), Metzler Philosophen Lexikon, 2. Aufl., Stuttgart/Weimar 1995, S. 496–501

Schmitt, Eric-Emmanuel, Oskar und die Dame in Rosa, 9. Aufl., Zürich 2003

Schoberth, Wolfgang, Gottes Allmacht und das Leiden, in: Werner Heinz Ritter/Reinhard Feldmeier/Wolfgang Schoberth/Günter Altner, Der Allmächtige, 2. Aufl., Göttingen 1997, S. 43–67

Schuster, Robert (Hg.), Was sie glauben. Texte von Jugendlichen, Stuttgart 1984

Schütz, Alfred, Das Problem der Relevanz, Frankfurt/M. 1982

Schütz, Alfred; Luckmann, Thomas, Strukturen der Lebenswelt, Bd. 1, 3. Aufl., Frankfurt/M. 1988

Schütz, Alfred; Luckmann, Thomas, Strukturen der Lebenswelt, Bd. 2, 2. Aufl., Frankfurt/M. 1990

Schweitzer, Friedrich, Die Suche nach eigenem Glauben, Gütersloh 1996

Schweitzer, Friedrich, Elementarisierung als religionspädagogische Aufgabe: Erfahrung und Perspektiven, in: ZPT 52 (2000), S. 240–252

Schweitzer, Friedrich (Hg.), Elementarisierung im Religionsunterricht, Neukirchen-Vluyn 2003

Schweitzer, Friedrich, Postmoderner Lebenszyklus und Religion, Gütersloh 2003

Schweitzer, Friedrich, Was ist und wozu Kindertheologie?, in: Anton Bucher/Gerhard Büttner/Petra Freudenberger-Lötz/Martin Schreiner (Hg.), „Im Himmelreich ist keiner sauer". Kinder als Exegeten. Jahrbuch für Kindertheologie, Bd. 2, Stuttgart 2003, S. 9–18

Schweitzer, Friedrich, Auch Jugendliche als Theologen?, in: ZPT 57 (2005), S. 46–53

Seiler, Thomas Bernhard; Wannenmacher, Wolfgang, Begriffs- und Bedeutungsentwicklung, in: Rolf Oerter/Leo Montada, Entwicklungspsychologie, 2. Aufl., Weinheim 1987, S. 463–505

Sparn, Walter, Mit dem Bösen leben. Zur Aktualität des Theodizeeproblems, in: Carsten Colpe/Wilhelm Schmidt-Biggemann (Hg.), Das Böse, Frankfurt/M. 1993, S. 204–228

Standfest, Claudia; Köller, Olaf; Scheunpflug, Annette, lernen – leben – glauben: Zur Qualität evangelischer Schulen. Eine empirische Untersuchung über die Leistungsfähigkeit von Schulen in evangelischer Trägerschaft, Münster 2005

Strauss, Anselm, Grundlagen qualitativer Sozialforschung, München 1994

Synode der EKD (Hg.), Aufwachsen in schwieriger Zeit – Kinder in Gemeinde und Gesellschaft, Gütersloh 1995

Tenorth, Erhard, „Alle alles zu lehren". Möglichkeiten und Perspektiven Allgemeiner Bildung, Darmstadt 1994

Tiefensee, Eberhard, Christliches Leben in einer säkularen Gesellschaft, in: rhs 48 (2005), S. 2–14

Troeltsch, Ernst, Religiöser Individualismus und Kirche (1911), in: ders., Gesammelte Schriften, Bd. 2, (Neudruck der 2. Aufl. Tübingen 1922) Aalen 1981, S. 109–130

van der Ven, Johannes; Vossen, Eric, Entwicklung religiöser Deutungen des Leidens, in: Anton Bucher/Karl Helmut Reich (Hg.), Entwicklung von Religiosität, Freiburg/Schweiz 1989, S. 199–215

Vogel, Bernhard (Hg.), Religion und Politik. Ergebnisse und Analysen einer Umfrage, Freiburg 2004

Vollmers, Burkhard, Kreatives Experimentieren. Die Methodik von Jean Piaget, den Gestaltpsychologen und der Würzburger Schule, Wiesbaden 1992

Weinert, Franz Emanuel, Neue Unterrichtskonzepte zwischen gesellschaftlichen Notwendigkeiten pädagogischen Visionen und psychologischen Möglichkeiten, in: Wissen und Werte für die Welt von morgen. Dokumentation zum Bildungskongress des Bayerischen Staatsministeriums für Unterricht, Kultus, Wissenschaft und Kunst, München 1998, S. 101–125

Welker, Michael, Kirche im Pluralismus, München 1995

Werbick, Jürgen, Religionsdidaktik als „theologische Konkretionswissenschaft", in: KatBl 113 (1988), S. 82–99

Werbick, Jürgen, Was das Beten der Theologie zu denken gibt oder: Ein Versuch über die Schwierigkeit, ja zu sagen, in: Johann Baptist Metz/Johann Reikersdorfer/Jürgen Werbick (Hg.), Gottesrede, Münster 1996, S. 59–94

Werbick, Jürgen, Von Gott sprechen an der Grenze zum Verstummen, Münster 2004

Wermke, Michael (Hg.), Aus gutem Grund: Religionsunterricht, Göttingen 2002

Winkler, Iris, Leiderfahrung und deren mögliche Auswirkungen auf die Gottesvorstellung bzw. -beziehung von Grundschulkindern (unveröffentlichte Zulassungsarbeit zum Ersten Staatsexamen, Bayreuth Frühjahr 2001)

Wisman, M. A.; Kwon, P., Life stress and dysphoria: The role of self-esteem and hopelessness, in: Journal of Personality and Social Psychology 65, S. 1054–1060

Zachert, Christel u. Isabell, Wir treffen uns wieder in meinem Paradies, Bergisch Gladbach 1993

Ziebertz, Hans-Georg, Religiosität von Jugendlichen, in: ders./Boris Kalbheim/Ulrich Riegel, Religiöse Signaturen heute, Gütersloh/Freiburg i. Br. 2003, 15–59

Ziebertz, Hans-Georg; Kalbheim, Boris; Riegel, Ulrich, Religiöse Signaturen heute, Gütersloh/Freiburg i. Br. 2003

Zulehner, Paul Michael; Denz, Hubert, Wie Europa lebt und glaubt, Düsseldorf 1993

Theologie für Lehrerinnen und Lehrer / TLL Thema

V&R

Werner H. Ritter /
Margarete Pohlmann (Hg.)
Gut oder böse?
Urteilsbildung in Schule und Gemeinde

2004. 198 Seiten mit 7 Abb., 10 Grafiken
und zahlreichen Kopiervorlagen, kartoniert
ISBN 10: 3-525-61555-8
ISBN 13: 978-3-525-61555-3

Dieter Schupp
Muss ich Jesus gut finden?
Neue Zugänge zu Jesus in Schule und
Gemeinde

2003. 125 Seiten mit Kopiervorlagen, kart.
ISBN 10: 3-525-61553-1
ISBN 13: 978-3-525-61553-9

Bärbel Husmann / Thomas Klie
Gestalteter Glaube
Liturgisches Lernen in Schule und
Gemeinde

2005. 203 Seiten mit 2 Abb., kartoniert
ISBN 10: 3-525-61557-4
ISBN 13: 978-3-525-61557-7

Wolfgang Fenske
Ein Mensch hatte zwei Söhne
Das Gleichnis vom verlorenen Sohn in
Schule und Gemeinde

2003. 160 Seiten mit 1 Abb., kartoniert
ISBN 10: 3-525-61552-3
ISBN 13: 978-3-525-61552-2

Werner Haußmann /
Johannes Lähnemann (Hg.)
Dein Glaube – mein Glaube
Interreligiöses Lernen in Schule und
Gemeinde

2005. 200 Seiten mit zahlreichen Abb.
und Kopiervorlagen, kartoniert
ISBN 10: 3-525-61556-6
ISBN 13: 978-3-525-61556-0

Gerhard Jüngst / Ilka Kirchhoff /
Manfred Tiemann
**Es ging ein Engel durch den
Raum**
Engelsbotschaften verstehen in Schule
und Gemeinde

2003. 190 Seiten mit zahlreichen Abb.
und Kopiervorlagen, kartoniert
ISBN 10: 3-525-61554-X
ISBN 13: 978-3-525-61554-6

Ruth Bottigheimer
Eva biss mit Frevel an
Rezeptionskritisches Arbeiten mit
Kinderbibeln in Schule und Gemeinde

Übersetzt und für den Religionsunterricht
in Deutschland bearbeitet von Martina
Steinkühler. 2003. 181 Seiten mit 29 Abb.,
kartoniert
ISBN 10: 3-525-61551-5
ISBN 13: 978-3-525-61551-5

Vandenhoeck & Ruprecht